资本结构
对服务企业绩效的影响

程文莉　雷　红　冷冬雪　蒋水全　著

科学出版社

北　京

内 容 简 介

本书综合运用实证与案例两种研究方法，以服务企业为研究对象，以资本结构为话题中心，前探至服务企业资本结构影响因素，后伸至资本结构对服务企业绩效影响机理，打通了各因素影响企业绩效的逻辑路径，并以典型案例形式辅助说明，更为深刻具体。在理论梳理并剖析我国服务业发展特征、现状的基础上，实证考察了影响服务业资本结构安排的内外部因素及资本结构对服务企业绩效的影响，并以典型案例形式呈现了物流业、旅游业和高新技术业三大重点行业服务企业在绩效提升方面的真实诉求，最后从多个角度提出了助推服务业转型升级的配套措施。

本书适合会计、财务管理、企业管理等相关专业的从业者、本专科学生及研究生等阅读与参考。

图书在版编目（CIP）数据

资本结构对服务企业绩效的影响 / 程文莉等著. —北京：科学出版社，2024.2

ISBN 978-7-03-077663-1

Ⅰ.①资… Ⅱ.①程… Ⅲ.①资本结构-影响-服务业-企业绩效-研究-中国 Ⅳ.①F726.9

中国国家版本馆 CIP 数据核字（2024）第 016723 号

责任编辑：王丹妮 / 责任校对：贾娜娜
责任印制：张 伟 / 封面设计：有道文化

科学出版社 出版
北京东黄城根北街 16 号
邮政编码：100717
http://www.sciencep.com

北京建宏印刷有限公司 印刷
科学出版社发行 各地新华书店经销

*

2024 年 2 月第 一 版 开本：720 × 1000 B5
2024 年 2 月第一次印刷 印张：15
字数：298 000

定价：162.00 元
（如有印装质量问题，我社负责调换）

前　　言

随着经济全球化的发展和信息技术时代的到来,服务业的转型升级成为我国深化供给侧结构性改革的工作重点。然而,我国各类型服务企业普遍受制于信息不对称和财务风险高等问题而承受着巨大的融资压力,新形势下经济社会的可持续发展也对服务业提出了新的要求,相应的金融环境和优惠政策体系也有待进一步健全和完善。因此,服务企业资本结构的合理安排和绩效的优化提升成了推动服务业发展的重要前提,构建以绩效为导向的资本结构优化方案与政策体系刻不容缓。

本书在深入考察和分析我国服务业资产负债率现状和绩效情况的基础上,重点开展以下几方面的研究工作。

(1)以我国服务业上市公司为样本,以旅游服务、物流服务、高新技术服务三大类型的服务业为研究对象,实证考察影响服务业资本结构选择的内外部因素及资本结构对服务企业绩效的影响,采用递归式中介效应模型,从研发投入、债务融资成本、代理成本、自由现金流四个角度透彻厘清资本结构影响服务企业绩效的中介传导路径及效果。

(2)系统梳理我国服务业尤其是重庆地区服务业发展过程中各个阶段的制度环境和产业特征,厘清各类型服务业发展的基本脉络;同时,基于实地调研和大样本数据分析,剖析我国服务业尤其是重庆地区服务业发展现状及存在的问题,找准当前服务企业发展面临的机遇及挑战;此外,结合服务行业资本结构情况,分析资本结构与服务产业业绩变化的趋势,探究两者之间的联系;在此基础上,厘清服务企业在资本结构安排上存在的问题及其背后的原因,为进一步提出针对性的政策建议夯实基础。

(3)分类梳理各省市在融资、税收优惠、财政支持、奖励补贴四个方面的优惠政策文件,比较分析各省市政策体系的重点与难点。同时,通过问卷调查与实地调研,结合行业自身特点,以典型案例等形式呈现三大重点行业服务企业在负债融资与绩效提升方面的真实诉求,深入揭示当前服务企业绩效瓶颈的根本原因。

(4)根据政策的规划方向与落地情况,吸纳其他省市服务业发达地区的优秀经验，结合不同行业、不同地区、不同产权性质服务企业的基本特征，提出一系列针对国家层面、重庆层面及各行业层面的政策建议措施体系，如加快国企混改、创新融资方式、完善风险投资体系及供应链金融等，为政府及相关单位、银行等金融机构及其他各类型服务企业进一步的政策安排和策略选择提供参考借鉴。最后，本书从基础设施建设、监管体系建设、人才队伍培养和招商引资等多个角度提出了完善企业资本结构、全面提升服务企业绩效，进而助推服务业转型升级的配套措施。

目　　录

第1章 绪 论

1.1 研 究 背 景

资本对于所有企业而言都是非常重要的资源，是企业赖以存在的基本前提条件。企业可获得的主要资本来源分为两大类：一是负债，其由契约条款构成，企业凭此借入一定数额的资金并承担在某一特定时间偿付本息的义务；二是所有者权益，企业为了获取这部分资金必须以部分产权作为交换，投资人由此享有企业资产扣除负债后的剩余权益。资本结构反映了不同利益相关者之间的权利和义务关系。合理的资本结构对企业发展具有良好的导向作用，能规范企业发展方向，提升企业经营绩效。优化资本结构对于提升企业价值、激发行业活力、促进证券市场健康发展等具有十分重大的意义。

服务业是现代经济的重要标志，从"工业经济"迈向"服务经济"是我国经济发展的方向。"十三五"以来，我国服务业保持着第一大产业地位，对经济增长的贡献率一直保持在 60%左右，吸纳了第一产业及第二产业转移出来的劳动力，成为我国吸纳就业最多的产业，是国民经济的主引擎。《中华人民共和国国民经济和社会发展第十四个五年规划和 2035 年远景目标纲要》明确指出"促进服务业繁荣发展"，从生产性服务业、生活性服务业、服务业改革开放三个方面，提出聚焦产业转型升级和居民消费升级需要，扩大服务业有效供给，提高服务效率和服务品质，构建优质高效、结构优化、竞争力强的服务产业新体系。

据中国社会科学院财经战略研究院发布的数据，预计到 2025 年，中国服务业增加值占比、服务业劳动就业占比、服务业固定资产投资占比和服务消费占比将分别达到 59.05%、54.98%、60.52%和 50.40%，服务业劳动生产率将由 2019 年的 14.62 万元/人提高到 2025 年 17.90 万元/人。据此判断，"十四五"时期中国服务业的主导地位将进一步巩固，服务经济的时代特征将更加显著。中国服务业正处在转型升级的关键时期，要实现高质量发展这一重大目标，合理安排和优化其资本结构是重要前提。

然而，从现实情况来看，我国服务业在资本结构的安排上仍然面临着融资渠道少、融资难度大、不确定性强等一系列问题。尤其是新冠疫情的暴发，在中短期内通过总需求链、企业生产链、供应链、销售链及资金链和物流链等多重路径对我国中小服务型企业造成巨大冲击，使资本结构安排问题更加突出，部分抗风险能力较差的企业面临破产重组。为此，明晰我国服务企业资本结构选择受哪些因素的影响，以此引导服务企业的资源配置、缓解服务企业的融资压力、优化服务企业的资本结构、提升服务企业绩效、带动地区经济发展成为当前经济形势下的迫切需要。

许多国外既有理论已被用于解释企业的资本结构问题，如权衡理论、代理成本理论、优序融资理论、信息不对称理论等。然而一切理论都有它适用的场景，中国企业资本结构较之于欧美国家具有本质上的差别，如中国企业普遍偏好股权融资，"短贷长投"现象十分严重。所以，国外资本结构理论并不完全适用于中国情境，对于资本结构的考察还需从中国企业实际情况着手。对公司资本结构的研究一直是财务领域的中心话题，国内外学者围绕该话题在理论和实证方面都取得了丰硕的研究成果，研究内容涉及资本结构的影响因素、资本结构与企业绩效的关系、资本结构与企业融资方式的选择等方面。但是，长期以来，对资本结构影响因素的研究主要是从单个因素出发，考察其对资本结构安排的影响，且没有获得一致的结论，并且企业的绩效受多种因素影响，其中资本结构是非常重要的影响因素之一，资本结构因其影响因素的多样性，对企业绩效的影响也呈现出多种方式。同时，现有研究大多着眼于中国上市企业整体情况，鲜有研究从细分的行业出发，研究服务业企业资本结构的影响因素及资本结构与企业绩效的关系。那么，影响上市服务业企业资本结构的因素有哪些？宏观因素是否显著影响服务业企业资本结构安排？公司特征因素又如何作用于服务业企业的资本结构安排？公司治理特征如何影响服务业企业资本结构选择？服务业企业资本结构的变化会给企业绩效带来什么影响？……这一系列问题有待理论分析和实证检验，以便为中国服务业企业资本结构优化、政府部门相关政策和服务业企业财务政策的制定提供理论依据。

1.2 研究意义

本书的研究目标是厘清影响服务业上市公司资本结构的因素，并在此基础上探究资本结构作用于企业绩效的机理。如前所述，从我国服务业上市公司的融资实践来看，其特殊性不足以一言以蔽之。以通信服务业为例，同其他行业相比，其债务比例偏低，流动负债占比奇高，总体资本结构与企业绩效呈负相关关系（颜景金，2015）。又以旅游服务业为例，其蓬勃发展的同时也避免不了资产负债结构不合理、国有股占比较高等问题。资本市场上较为普遍存在的股权融资偏好、"短贷长投"理论并不能合理且全面地解释我国服务业企业的现实融资情况，有些融资实践和理论结论不相符，甚至相反。那么，探究中国服务业企业资本结构影响因素及其作用于企业绩效的机理对于优化服务业企业资本结构、提升企业价值具有重大的理论和现实意义。

从理论意义上讲，本书对影响服务业企业资本结构的各类因素进行分析，并深入考察了资本结构安排对企业绩效所带来的影响，这系统化地完善了我国服务业资本结构相关领域的研究，可为公司财务政策制定和政府部门相关政策出台以及公司治理结构的设计提供理论上的参考。从现实意义上讲，本书的实证结论为服务企业的资本结构优化、公司财务政策制定、政府部门相关政策出台及公司治理结构的设计提供实证上的证据。

1.3　研究内容及框架

1.3.1　研究内容

本书在系统梳理资本结构理论的基础上，采用鱼骨图分析法整理出了影响中国服务业企业资本结构的因素，包括宏观因素和微观因素两个部分，其中微观因素又包括公司特征因素及公司治理结构因素两类；以静态资本结构研究时期、动态资本结构研究时期、去杠杆时期为序系统地总结了资本结构及其动态调整影响因素的学术发展史；理论分析各因素如何影响服务企业资本结构选择，同时采用多元回归分析和因子分析模型实证研究各因素对服务企业资本结构选择的影响。另外，为丰富研究内容，采用理论分析和实证分析相结合的方式，探索资本结构对企业绩效产生何种影响及影响的路径。最后根据理论和实证研究的结果，为中国服务企业资本结构的优化、财务政策的制定、政府部门相关政策的出台及治理结构的设计提出政策性的建议。

具体而言，本书的主要研究内容如下。

第一，绪论。详细论述研究背景、研究意义、研究内容及框架、研究方法、研究相关术语及研究贡献等方面的内容。

第二，资本结构理论综述。论述 MM 理论、优序融资理论、权衡理论、代理成本理论及市场择时理论等资本结构理论的主要观点，对资本结构理论进行系统的归纳和整理，为接下来的理论分析和实证研究提供理论前提。

第三，资本结构影响因素实证研究综述。本书以静态资本结构研究时期、动态资本结构研究时期、去杠杆时期为序全面系统地归纳整理了影响企业资本结构及其动态调整的因素，归纳其研究结论，掌握国内外研究动态，同时也为相关研究变量的定义提供依据。

第四，资本结构与企业绩效关系研究综述。本书从债务融资可能带来的成本和效益两部分进行理论梳理，并从总债务融资、不同期限的债务、不同来源的债务三个视角探究资本结构对企业绩效产生的影响及影响路径。

第五，中国服务型上市公司资本结构特征分析。首先介绍了服务业的发展阶段、政策演进、特征及存在的问题，在此基础上从债务期限及资金来源两个角度分析了物流业、旅游业和高新技术企业三大细分行业的资本结构特征，以此阐明选择这三大行业作为代表性行业的理由。

第六，服务企业资本结构影响因素的理论和实证分析。结合服务型企业资本结构现状，理论分析各因素如何影响服务型企业资本结构选择，并进一步采用多元回归分析法，使用物流业、旅游业和高新技术企业三大细分行业500多家代表性企业2010~2020年的非平衡面板数据，实证检验宏观因素对服务型企业资本结构选择的影响；采用因子分析法，以三大细分行业2020年的横截面数据为样本，实证检验公司特征因素和公司治理结构是否影响企业资本结构选择及影响程度。

第七，资本结构与服务企业绩效研究。首先针对资本结构与企业绩效的关系提出假设，再用实证分析方法做基本回归、稳健性检验及进一步分析，验证提出的假设是否合理。

第八，重庆市服务企业典型案例分析。以重庆旅游投资集团有限公司（简称重庆旅投）、重庆物奇科技有限公司（简称物奇科技）、浪潮集团通用软件有限公司（简称浪潮通软）及渝新欧（重庆）供应链管理有限公司（简称渝新欧供应链公司）为案例，结合走访调查等一手资料论述旅游业、高新技术业及物流业三大行业的发展现状及真实诉求。

第九，助推中国服务业转型升级的政策优化思路。从完善服务业优惠政策体系、改善服务企业融资环境及深化服务企业组织结构与经营模式转型等角度提出了助推服务业转型的政策性要求。

第十，助推服务业转型升级的配套措施。根据理论研究和实证研究的结果，为中国服务企业资本结构的优化、财务政策的制定、政府部门相关政策的出台及治理结构的设计提出政策性的建议。

1.3.2 研究框架

本书研究框架如图 1-1 所示。

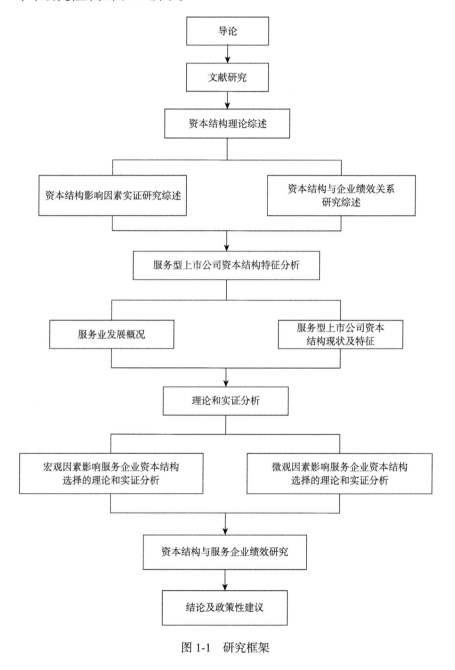

图 1-1 研究框架

1.4 研 究 方 法

基于本书的研究内容，研究方法主要有鱼骨图分析法、问卷调查法、实地调研法、比较分析法、因子分析法和回归分析法等。

1. 鱼骨图分析法

采用鱼骨图分析法层层梳理出影响企业资本结构选择的因素，包括宏观因素、公司特征因素及公司治理结构因素三类，并在此基础上细化各类因素。

2. 问卷调查法

在明晰服务企业行业特征的基础上，设计调查方案，向各分类领域的重庆市服务企业发放调查问卷，对不同类型服务企业的融资渠道、融资方式、融资成本、财务风险管控等展开全面调查，系统掌握重庆市服务企业资本结构安排、经营发展现状及这两方面存在的主要问题。

3. 实地调研法

在对全市各领域的服务企业融资、财务风险等资本结构安排展开全面调查的基础上，对旅游业、运输业及高新技术企业等战略性新兴服务企业进行重点调研，深入考察战略性新兴服务企业面临的融资成本、财务风险管控等资本结构问题。

4. 比较分析法

本书采用比较分析法横向比较物流业、旅游业和高新技术企业的行业特征、资本结构等，并以此为基础阐明选择这三大行业作为代表性行业进行资本结构影响因素研究的理由。

5. 因子分析法

采用因子分析法从各影响因素中提取公共因子，然后就各因子值对负债比率进行回归，探析各因素对服务型企业资本结构的影响方向及大小。

6. 回归分析法

本书采用多元回归分析法对宏观因素影响服务企业资本结构安排的程度及方向进行分析，对资本结构与服务业企业绩效的关系进行实证检验，由此验证提出的假设。

1.5　相关概念界定

1.5.1　资本结构

资本结构是指企业通过不同渠道筹集资金的有机构成及资金所占的比例，反映各部分资本占资本总额的比例关系。在实务中，资本结构的内涵有广义和狭义的区别。狭义的资本结构主要指长期的资本结构，将短期债务资本从整个债务资本中剔除，当作营运资本的组成部分；衡量狭义资本结构的指标主要有长期负债比率、股东权益比率等。广义资本结构是所有债务与股权融资的综合，也就是指公司全部资本的构成；衡量广义资本结构的指标主要有资产负债率、负债权益比率等。由于研究的目的和环境不同，对资本结构范畴的选择也有所不同，本书基于研究服务型企业资本结构影响因素的实证角度考虑，短期负债所占比率不可忽视，同时中国服务业上市公司普遍存在短期负债展期长期使用的现象，所以本书采用广义资本结构概念。

根据其价值计量的基础不同，资本结构又可以分为以市场价值为基础的资本结构和以账面价值为基础的资本结构。目前，中国证券市场发展尚不成熟，债券发行也并不普遍，因此，本书是在账面价值的基础上进行分析的。

1.5.2　公司治理

两权分离，即所有权和经营权分离，这是现代企业的显著特征。由此催生出公司研究的两个维度，一是企业管理，二是公司治理。企业管理解决的是"经营权"层次上的问题，研究企业所有权人向经营权人授权，经营权人在获得授权的情形下，如何采取手段以实现企业价值最大化的目标。公司治理则是规范"所有权"层次上的问题，探究的是如何科学地向职业经理人授权和进行监管。

公司治理，从广义角度理解，是研究企业权力安排的一门科学；从狭义角度上理解，是基于企业所有权层次，研究如何授权给职业经理人并针对职业经理人履行职务行为行使监管职能的科学。

在我国，理论界对公司治理具有代表性的观点主要有以下几种。

（1）公司治理结构是指由所有者、董事会和高级执行人员即高级经理人员三者组成的一种组织结构。要完善公司治理结构，就要明确划分股东、董事会、经理人员各自的权力、责任和利益，从而形成三者之间的关系（吴敬琏，1994）。

（2）公司治理结构，是指所有者对一个企业的经营管理和绩效进行监督和控制的一整套制度安排（林毅夫和李周，1997）。

（3）狭义的公司治理结构是指有关公司董事会的功能与结构、股东的权力等方面的制度安排；广义地讲，指有关公司控制权和剩余索取权分配的一整套法律、文化和制度性安排，这些安排决定公司的目标，谁在什么状态下实施控制，如何控制，风险和收益如何在不同企业成员之间分配等问题，并认为广义的公司治理结构是企业所有权安排的具体化（张维迎，1999）。

（4）狭义的公司治理，是指所有者（主要是股东）对经营者的一种监督与制衡机制。其主要特点是通过股东大会、董事会、监事会及管理层所构成的公司治理结构的内部治理。广义的公司治理是通过一套包括正式或非正式的内部或外部的制度或机制来协调公司与所有利益相关者（股东、债权人、供应者、雇员、政府、社区）之间的利益关系（李维安，2000）。

总之，公司治理的本质就是用最小的代理成本激励并监督经理人，为此设计出一套治理机制，包括内部治理机制和外部治理机制。

1.5.3　企业绩效

企业绩效是指一定经营期间的企业经营效益和经营者业绩。企业经营效益水平主要表现在营利能力、营运能力、偿债能力和后续发展能力等方面。经营者业绩主要通过经营者在经营管理企业的过程中对企业经营、成长、发展所取得的成果和所做出的贡献来体现。

反映公司绩效的指标主要有财务指标和非财务指标，大多数研究一般采用财务指标来反映公司绩效，主要原因在于公司的长期目标一般通过财务状况来体现，同时财务指标在一定程度上能够综合评价上市公司的绩效情况。财务指标是指企业总结和评价财务状况和经营成果的相对指标，《企业财务通则》中为企业规定的三种财务指标为：偿债能力指标，包括资产负债率、流动比率、速动比率；营运能力指标，包括应收账款周转率、存货周转率；营利能力指标，包括销售利润率（营业收入利润率）、成本费用利润率等。企业绩效的评价方法分为单一指标的绩效衡量方法和多指标的绩效衡量方法。单一指标包括资产息税前利润率（earnings before interest and tax，EBIT）、净资产收益率（return on equity，ROE）、每股收益（earnings per share，EPS）、经济增加值（economic value added，EVA）、托宾 Q 值（Tobin's Q）和投资报酬率（return on investment，ROI）等。为全面衡量企业的绩效，本书采用多指标绩效衡量方法。

1.5.4　服务业的内涵与分类

服务业是指利用设备、工具、场所、信息或技能等为社会提供劳务、服务的行业类型，它包括饮食、住宿、旅游、仓储、寄存、租赁、广告、各种代理服务、各类技术服务、咨询服务等业务。

关于服务行业的具体分类，目前主要有四种。第一种是国家统计局1985年《关于建立第三产业统计的报告》中的分类，第二种是现代服务业分类，第三种是国际通用标准分类，第四种是中国证券监督管理委员会（简称证监会）根据《中华人民共和国统计法》《证券期货市场统计管理办法》《国民经济行业分类》等法律法规和相关规定而制定的《上市公司行业分类指引》（2012年修订）。《上市公司行业分类指引》以上市公司营业收入等财务数据为主要分类标准和依据，所采用的财务数据为经过会计师事务所审计并已公开披露的合并报表数据。该分类下共有90个门类，体系庞杂，门类众多，全面且细致，可以满足不同类型投资者投资分析与策略选择的需求。

为了便于研究，本书选择第四种标准对我国服务业进行分析，原因主要有以下几点：一是证监会发布的分类标准即我国资本市场的分类标准，该标准下的分类体系较为全面、完善，可以清晰地判断我国资本市场中上市公司的行业归属，便于对我国各类服务业上市公司进行定性分析。二是根据该标准下分类原则确定的行业性质较为可靠、准确。我国证监会在分类时是以上市公司营业收入等财务数据为主要分类标准和依据的，所采用财务数据为经过会计师事务所审计并已公开披露的合并报表数据，便于对我国各类服务业上市公司数据进行定量分析。三是该分类标准是参照《国民经济行业分类》（GB/T4754—2017）制定的，具备一定的权威性、专业性。在证监会这一分类中，上市公司的经济活动分为门类、大类两级，层层向下深入，科学合理。且由我国官方机构——证监会负责统筹指导上市公司行业分类工作，负责制定、修改、完善和对相关制度进行解释，并对外发布上市公司行业分类结果。

1.6　主要贡献

本书在总结前人研究的基础上，以静态资本结构研究时期、动态资本结构研究时期及去杠杆时期为序系统梳理了企业资本结构影响因素的学术发展史，并对影响服务业上市公司资本结构的因素及资本结构作用于企业绩效的路径进行了全面且细致的研究，主要贡献体现在以下几个方面。

首先，本书系统梳理了前人关于企业资本结构的研究，将其划分为静态资本结构研究时期、动态资本结构研究时期及去杠杆时期三个阶段，归纳总结了企业资本结构及其动态调整的宏微观影响因素，并对资本结构如何影响企业绩效进行了梳理。

其次，本书采用理论分析和实证分析相结合的方法，全面考察了影响服务企业资本结构的宏微观因素，同时分析了资本结构对企业绩效产生何种影响及影响路径。研究结果显示，宏观影响因素包括经济发展水平、经济政策等，微观因素包括公司特征因素和公司治理结构因素两个方面，资产负债率对服务企业绩效的影响显著为负，其影响路径包括研发投入、债务融资成本、自由现金流及代理成本四条。

最后，本书通过实地走访调研等方式深入了解各类服务型企业在调整资本结构、选择融资方式、提升企业绩效等方面的实际情况，以典型案例的形式呈现了服务企业在解决发展难题上的真实诉求。同时，本书对此提出了针对国家层面、行业层面及企业层面的差异化政策体系构想，为政府及相关单位、其他同类型服务企业、银行等金融机构下一步政策选择和策略选择提供参考借鉴。

第2章 资本结构理论综述

1952 年，美国经济学家杜兰德（Durand）在《企业债务和股东权益成本：趋势和计量问题》一文中系统地总结了资本结构理论，长达半个多世纪的资本结构研究便拉开了序幕，现今已发展成一个较为成熟的理论体系。纵观西方资本主义结构理论的演进历程，整个资本结构理论包括旧资本结构理论（1952~1977 年）和新资本结构理论（1977 年至今），旧资本结构理论分为传统资本结构理论（1952~1958 年）和现代资本结构理论（1958~1977 年）两个时期。本章梳理现代资本结构理论近半个世纪以来的主要进展，分析评价各理论的主要贡献和关键问题。无疑地，把握资本结构理论整体发展脉络，探讨企业资本结构问题研究的发展方向，对于实务中资本结构的安排问题是大有裨益的。

2.1 传统资本结构理论

美国经济学家杜兰德将传统资本结构理论分为三种类型：净收益理论、净经营收益理论和介于两者之间的传统理论。

1. 净收益理论

净收益理论是传统资本结构理论中的一种极端理论，认为利用负债融资，提高企业的财务杠杆比率，可降低总资本成本，从而提高企业的价值，故企业采用负债融资总是有利的。该理论没有充分考虑随着债务资本增加而引发的经营风险，从而导致该理论对资本结构的安排难以令人信服。

2. 净经营收益理论

净经营收益理论代表了传统资本结构理论的另外一个极端看法，认为不论企业财务杠杆作用如何变化，加权平均资本成本率是固定的，对企业总价值没有影响。此时不存在最优资本结构，所有的资本结构都可以视为最佳资本结构。

3. 传统理论

传统理论是介于两者之间的一种折中理论。该理论认为，债务成本率、权益资本成本率和总资本成本率均非固定不变，均可能随着资本结构的变化而变动。如果债务边际成本小于权益资本边际成本时，适度增加债务是有利的，能够降低总资本成本率；而当债务边际成本大于权益资本边际成本时，则应当增加权益资本融资。因此企业存在一个最佳的资本结构，最佳资本结构点就出现在加权平均资本成本的最低点。

在上述三种早期的资本结构理论中，净收益理论和净经营收益理论在现实中几乎找不到实例，脱离于公司实际、不具备合理性；传统理论则更多靠经验判断，经不起数据分析的验证。这三种观点在理论界均没有得到认可和进一步发展研究，但这些理论的提出为以后的资本结构的理论研究提供了思路。

2.2 现代资本结构理论

1958 年，Modigliani 和米勒（Miller）在《美国经济评论》上发表了他们的不朽之作——《资本成本、公司财务与投资理论》，提出了"资本结构无关论"（即无企业所得税的 MM 定理），开创了现代资本结构理论研究的先河。资本结构无关论受到了人们的质疑，因为得出该结论需要很严格的假设条件，而市场是不完美的。其后的学者不断放宽 MM 理论中诸多近乎完美的假设，试图从税收、代理成本、信息不对称等角度对资本结构理论进行阐述，发展了现代资本结构理论。

2.2.1 MM 理论

1. 无所得税的 MM 定理

该理论认为，如果企业的资本结构不相同，而所承受的经营风险一样，不考虑企业所得税的因素时，企业的市场价值并不受资本结构的影响，两者不存在关系。或者说，企业的债务比率达到最大时，企业总资本不变，企业的市场价值与其是否有负债及负债占比多少是没有关系的，因而也不存在资本结构的优劣问题。概言之：①企业的价值与其资本结构、资本成本没有关系；②无论企业负债比例是多少，对于企业来说，其市场价值与企业的资本结构无关，而是由企业的预期收益和风险大小程度相对应的贴现率来确定的。但这一结论是建立在严格的假设条件上的，MM 理论的基本假设有：①公司只有长期债券和普通股票，股票均在完全的资本市场上交易，交易成本为零；②公司未来的平均营业利润的期望值是个随机变量，对每一个投资者来说这种期望值都相同；③满足同一风险类别假设，即经营条件相似的公司具有相同的经营风险；④所有的现金流量都是永续年金，包括企业的利益、税前利润等；⑤不考虑企业增长问题，所有利润全部作为股利分配；⑥不论举债多少，企业和个人的负债都无风险，即资本市场能够富有成效地运作。在无所得税影响下的 MM 定理中，有两个基本公式：

$$V = \text{EBIT} / K \tag{2-1}$$

$$K_{SL} = K_{SU} + (K_{SU} - K_b)(B / S) \tag{2-2}$$

式中，V 指企业价值，EBIT 指息税前利润，K 指适用于其风险等级的报酬率，即企业的价值由预期息税前利润和适用于其风险等级的报酬率所决定。式（2-2）表明负债经营公司 L 的权益资本成本（K_{SL}）等于无负债公司 U 的权益资本成本 K_{SU} 加风险报酬，其中，风险报酬取决于无负债公司的权益资本成本 K_{SU} 和负债成本 K_b 之差与企业债券价值和普通股价值之比（B/S）的乘积。

2. 有企业所得税的 MM 定理

Modigliani 和 Miller（1963）考虑到，最初的 MM 理论的假设条件是苛刻的，没有涉及企业所得税，但现实情况与 MM 理论设置的前提条件并不相符。在现实经济生活中，并不真正存在完善的资本市场，并且阻碍资本流动的因素也很多，特别是所得税，这对于每个企业来说，都是客观存在的。基于这一认识，Modigliani 和 Miller 等又在原模型的基础上引入企业所得税，对 MM 理论进行了一定的修正。

修正后的 MM 理论认为，在考虑到所得税后，企业的负债越高，它的加权平均成本就相对越低，其市场价值也就越高，即企业利用债务融资的税盾效应，能够降低企业的融资成本，促使总资本成本降低，进而对企业价值的提升产生有利作用。MM 理论的修正结论是：企业在经营活动中，如果资本市场没有达到一个完全的成熟的条件——企业税收存在，足以证明企业经营活动中的资本市场明显存在很多不完善的地方，将会改变企业的市场价值，即随着资本结构的变化，企业的价值和资金成本也将发生变化，尤其是对于负债企业，其通过债务融资带来的抵税作用，能够增加企业的价值，避税收益随着企业债务比例增大而增大，同时，企业的市场价值也会增大。如果企业的融资手段都是通过债务融资取得所需资金（负债达到 100%），企业的市场价值将最大化，此时企业的融资结构处于最优阶段。在考虑了企业所得税后，MM 理论提出两个基本公式。

$$V_U = \text{EBIT} \times (1 - T) / K_{SU} \tag{2-3}$$

$$K_{SL} = K_{SU} + (K_{SU} - K_b)(1 - T)(B / S) \tag{2-4}$$

式（2-3）认为无负债公司的价值（V_U）等于公司税后经营收益（$\text{EBIT} \times (1-T)$）除以公司权益资本成本（K_{SU}）。式（2-4）认为负债经营公司的权益成本（K_{SL}）等于同类风险的非负债公司的权益资本成本（K_{SU}）加上风险报酬，风险报酬则取决于公司的资本结构和所得税率。

修正后的 MM 理论，一方面考虑到了企业负债融资所产生的税收收益，另一方面忽略了负债融资可能给企业带来的风险。

3. 同时考虑企业所得税和个人所得税的 MM 定理

同时考虑企业所得税和个人所得税的 MM 定理和前面两种定理有很大的不同，这个定理也是米勒在 1976 年提出来的米勒模型，它不仅强调企业所得税，也将个人所得税纳入其中，它有一个基本公式：

$$V_L = V_U + \left[1 - (1-T_c)(1-T_s)/(1-T_b) \right] \times B \qquad （2-5）$$

式中，V_U 为无负债企业的价值；T_c 为公司所得税率；T_s 为个人股票所得税率；T_b 为个人债券所得税率；B 为企业负债价值。负债经营公司的价值（V_L）等于无负债经营公司的价值（V_U）加上负债带来的税收节约价值，其中税收节约价值取决于 T_c、T_s 和 T_b。含税 MM 模型考虑到资本结构变动会影响企业的总价值，而且企业通过负债融资，能够产生税盾效应，为企业带来税收节约价值，但是它仍然与现实有很多冲突，因为它的假设仍然很严格。

2.2.2　权衡理论

以 Robichek 等（1967）为代表的权衡理论产生于 20 世纪 70 年代，该理论通过放宽 MM 理论的各种假定，考虑在同时或独立存在税收、财务成本或代理成本的假设下，企业市场价值将如何受到资本结构的影响，其包括负债的好处与受限。权衡理论既考虑到负债融资的优点，也考虑了负债融资可能带来的风险，并通过对负债融资的优点与风险进行权衡比较，最终确定企业的价值。

在权衡理论中，也有一个基本公式：

$$V_L = V_U + T \times B - \text{PV}_F - \text{PV}_A \qquad （2-6）$$

式中，T 为公司所得税税率；B 为利息费用；PV_F 为财务危机成本；PV_A 为代理成本，这个公式考虑了财务危机成本和代理成本，更全面且正确地反映了企业价值。

同时我们也能从图 2-1 中看到负债额到达 A 点之前公司负债率较低，此时公司价值主要由 MM 理论决定即税收节约价值起完全支配作用。超过 A 点后，财务危机成本和代理成本的作用显著增强，抵消了部分税收节约价值，使公司的价值降低。现代资本结构理论的发展研究及启示逐渐低于 MM 理论值，但负债带来的税收节约价值的增加值仍大于因此而产生的财务危机成本和代理成本的增加值，公司价值仍呈上升趋势。在 B 点上税收节约价值的边际收益等于财务危机成本和代理成本的边际成本，超过 B 点时，增加负债带来的税收节约价值增加值将小于引起的代理成本和财务危机成本增加值，公司价值将随负债的增加而降低。即公司的最佳资本结构在 B 点，此时公司价值最大。

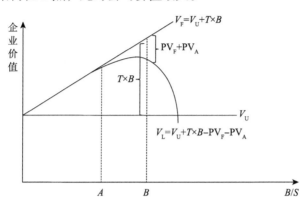

图 2-1　企业价值最大化示意图

因此该理论认为，企业有效利用税收屏蔽的功能，选择扩大债务的融资手段可以提升企业的价值。但随着企业债务的加重，其陷入财务困境的可能性也会加大，并有可能使企业破产。基于此，企业在决策资本结构时，要认真权衡负债的避税效应和破产成本。

权衡理论提出财务困境成本概念，即企业财务风险不断加大后出现危机，陷入破产等困境而产生的损失。权衡理论认为，如果企业的债务融资比例在一个合理适度的范围内，那么企业陷入财务困境的概率很小。这是因为企业获得了债务融资的税盾效应，能够减少企业成本，企业价值随着债务融资的增加而上升。然而，一旦企业债务比例不断扩张，其财务困境成本的出现将渐趋明显，足以抵消利息抵税收益时，企业的市场价值将会下降。该理论强调，企业债务融资所带来的破产风险及财务困境成本，是制约企业无限度提高其负债比的关键因素；在破产风险及财务困境成本之间，有一个最优点，即最佳融资结构。

2.3　新资本结构理论

资本结构无关论受到了人们的质疑，因为得出该结论需要很严格的假设条件，而市场是不完美的。其后的学者不断放宽 MM 理论中诸多近乎完美的假设，试图从代理成本、信息不对称等角度对资本结构理论进行阐述，发展了现代资本结构理论。

2.3.1　代理成本理论

代理成本理论的产生是基于规模不断壮大、不断繁荣发展的市场经济运行背景，即企业经营面临的需求和困难逐渐增加，企业经营者需要投入大量的精力维持和推动企业发展。因此，企业的所有者难以依靠自身力量经营管理好不断扩张的企业，通常会选聘外部专业管理人员，如委托职业经理人等经营管理企业。在此情况下，选聘的经理人和企业所有者之间存在委托代理关系，企业投资者掌握的企业所有权与外部管理人掌握的经营权就自然出现了由统一到分离的过程。

该理论认为，企业中的代理成本可以分为两种：一是股权的代理成本，这来源于所有者和经营者的冲突。二是债权的代理成本，这来源于所有者和债权人的冲突。从股权代理成本的视角来看，企业经理人受企业的投资者委托对企业进行全权管理后，应本着投资者财务最大化的目标经营管理企业。但由于企业经理人处在经营一线，掌管企业资金的进出，并在授权的范围内，具体负责企业内部运行中所有事务处理及资源的调动和配置，能够掌握较全面的信息，相较于企业股东来说，经理人更处于相对信息优势的地位，因而在企业的所有者和经理人之间，存在着较严重的信息不对称问题。为了保护企业投资者的利益，在企业经营中必然会产生相应的"股东-代理人成本"。从"股东-代理人成本"看，如果企业管理者拥有企业部分股权，就会与企业股东或者所有者目标更为一致，则企业出现此类代理成本会相对减少。因此，管理层持股数量越大，这类代理成本越低；反之，如果非管理层的股东数量越大，则越会增加企业的这类代理成本。

从债权代理成本的视角来看，如果企业通过债务融资手段获取外部资金，当企业经营陷入困境或面临破产危机时，在新的项目投资面前，企业的股东可能会选择承担非常高的风险进行投资，而债权人通常不会愿意投资这样风险较高的新项目。因为只要投资成功股东就能拿到全部收益，而仅仅需要将本金及利息支付给债权人。企业债务代理成本会随着企业负债额的加大而升高，即随着企业财务杠杆的提高，其财务困境成本和代理成本会逐渐抵消企业负债产生的税盾效应，直至超过利息抵税的收益。因此，伴随着股权与债务比率的变动，企业在选取目标资本结构时，应对债务融资产生的抵税收益和股债代理成本及财务困境成本之间的作用和抵消关系进行权衡比较，进而拿出有利于企业价值最大化的融资实施方案。

2.3.2　信息不对称理论

与公司两权分离伴随而生的问题是信息不对称，对企业信息了解程度较高的，当数掌握经营权的内部人，而企业的外部投资者由于远离企业，对企业的各项情况了解得相对较少，这就产生了信息不对称的问题。信号模型是现代资本结构理论近十几年来发展最迅速的一个分支，它是一种方法，探讨在不对称信息下，企业怎样通过适当的方法向市场传递有关企业价值的信号，以此来影响投资者的决策。在信息不对称的情况下，内部人必须通过适当的企业行为向市场传递有关信号，向外部投资者表明企业的真实价值，其中最有影响力的是罗斯模型（债务比例的信号传递）和 Leland-Plye 模型（经理持股比率的信号传递）。

1977 年，罗斯建立了"激励-信号"模型来分析企业资本的安排问题，他认为 Modigliani 和 Miller 的分析隐含地假定市场拥有企业的完全信息，而这在现实情况中是不存在的，便放宽了"充分信息假设"，即企业内部人掌握关于企业状况的内部信息，而外部投资者无法掌握相关信息，只能通过内部人提供的信息来判断企业价值，做出投资决策。该模型认为负债率是市场传递信息的有效工具，较高的负债率是一个积极的信号，反映企业未来发展潜力，投资者根据这一信息做出决策，而较低的负债率则是一个消极的信号。

$$D(\pi'') = (1-\gamma)\pi''^2 / \gamma L + p \qquad (2\text{-}7)$$

式（2-7）是经理的均衡策略（这里 p 为常数），D 为负债水平，π 为企业收益，企业破产成本为 L，γ 为权数。

$$\pi' = \pi'' = \sqrt{(D-p)\gamma L / (1-\gamma)} \qquad (2\text{-}8)$$

式（2-8）是投资者的均衡战略。该模型说明：对破产企业的经理加上"惩罚"约束，使低质量企业不敢更多举债来模仿高质量企业，从而使资本结构成为可靠信息，这样，投资者可通过企业资本结构观察企业质量，从而确定企业价值和投资策略。

同年，Leland 和 Pyle 进一步探讨项目投资的资本结构的信息传递问题。在存在信息不对称的情况下，企业经营者为了吸引外部投资者进行投资，必须先把自己的资金投入其项目，以此向潜在投资者发出信号表明这项投资是值得的。这意味着企业家进行投资的意愿本身就可以作为一个表示投资项目质量的信号。该模型深化了罗斯模型，但缺陷在于没有解释为什么经营者非得用企业资本结构来示意它的信息。

2.3.3　优序融资理论

优序融资理论是 Myers 和 Majluf 在信号传递理论基础上，通过研究非对称信息对企业融资成本的影响后提出的，其假设条件是，除企业信息不对称外，金融市场是完全的。优序融资即在企业有资金需求时，应先行利用企业的自有资金组织内部融资，如果内部融资难以满足需要，在引入外部资金时，应将债务融资摆在优先考虑的位置，再选择股权融资。

该理论认为，企业的管理者实施融资的手段、制订的相关方案不一样，其向外界传播的有关企业经营状况和未来前景的信息也不一样。如果企业进行新的项目投资，采取股权融资方式进行融资，一般可能隐含着不利于市场的消息；原因是如果企业新的投资项目有较好的营利能力，企业大多不愿增发新股，把形成的投资收益转付给新的股东。采取债务融资方式时，可向外部投资者提供积极信号，表明企业的经营状况良好，能够降低企业的资金总成本。在不完全信息理论基础上，企业在融资过程中以先优后劣的顺序排列融资方式，完善了前述经典理论在市场经济活动中双方信息传递需要透明全面但并不现实的前提条件，发现通过外部融资会增加企业融资成本，并且通过股权融资往往还会给外部传达一种消极的信号。基于此，从融资成本和信号传递的角度看，企业通常会在融资过程中，以先优后劣的方式选择经营活动中的融资方式，即首先会选择自身内部融资，其次选择外部债务融资，最后选择股权融资。基于信息不对称和逆向选择行为下的优序融资理论，虽然能够解释企业筹资时对不同筹资方式选择的顺序偏好，但是却不能解释现实生活中所有的资本结构规律。

2.3.4 市场择时理论

市场择时理论起源于市场择机融资行为的假说。该理论认为市场价值高时（由市场价值与账面价值比衡量）融资的公司杠杆低，而市场价值低时融资的公司杠杆高，即市场择时通过净股票融资长期影响资本结构，资本结构是历史股票市场择时的累积结果。值得注意的是，市场择时理论没有以市场无效作为理论本身的严格假设前提，也没有假定经理人能够准确地判断股票回报率。

市场择时理论系统阐释了企业市场价值与企业财务行为之间的关系，它分享了优序融资理论的一些特征，如同优序融资理论一样，市场择时理论认为企业没有最优资本结构。或者，如果存在最优资本结构，市场择时带来的可观收益足以覆盖企业偏离最优资本结构的成本。同时，市场择时理论也假定经理人的各种经营行为以现有股东利益最大化为目标。两种理论的偏离主要表现为：在优序融资理论中，经理人意识到在一个理性均衡条件下，他们无法欺骗新的投资者。根据市场择时理论，经理人能够判断其股票高估或低估，而外部投资者对于股票发行或回购公告的反应相对迟缓。这为经理人利用这种可发觉的价格"错位"提供了空间，从而使企业现有股东获益。市场择时理论对资本结构的实际事实提出了一个简单而更富现实意义的解释。由于对企业价值的判断与企业市值-账面比紧密联系，因此，权益资本的净增发行额应与市值-账面比正相关。市场择时理论认为企业没有最优资本结构，因此，当企业似乎已被市场准确估价时，经理人无须反向操作，这导致市值-账面比的临时性波动对企业资本结构会产生永久影响，这与相关的实证研究结论一致。由于市场择时取得的收益依赖于被高估的权益资本的发行数量，当经理人认为权益资本被高估时，他们将尽可能充足地发行权益资本，即使他们对这种过度发行所获资金没有特定的用途。因此，用来储存这种多余资金的一个途径就是现金，这与实证研究的结果也十分吻合。

2.3.5　控制权理论

随着 20 世纪 80 年代后期兼并行为的增加，有关资本结构的研究重点转向探讨公司控制权市场与资本结构的关系。由于普通股拥有投票权而债权人没有投票权，所以资本结构将影响企业控制权的分配和企业的市场价值。

债务融资在公司治理中发挥重要作用，有利于控制权实证和控制权相机转移。将不完全契约理论引入融资结构的分析框架中可知，最优的负债比率是在该负债水平上导致企业破产时，控制权将从股东转移到债权人，此时，企业控制权随融资结构变化所实现的"相机性治理"最有效。控制权理论将公司的资本结构与公司的治理结构（即经理人、股东和债权人之间的契约关系）联系在一起，分析资本结构如何通过影响公司治理结构从而使企业的市场价值发生变化，对推动新资本结构理论的发展和应用做出了较大贡献。

2.3.6　资本结构决定因素理论

资本结构决定因素理论原来一直是游离于资本结构主流理论之外的一个理论分支。其观点由巴克特、卡格、塔布和小塔加特在 20 世纪 70 年代初率先提出，之后马什为该学派的延续做出了重要贡献。尽管该学派的理论基础同主流理论一样也是 MM 定理，它却批评主流理论是"不完整的，且在某些方面难以令人满意的"，因为按照该学派的观点，企业资本结构应该受到很多因素的影响，而主流理论所主张的税差与破产成本仅是其中两个较为重要的因素。正如塔布所言：假如企业存在一个最优的负债-权益比率，那么，对于那些影响企业选择的因素，我们显然需要一种更为一般的理论。这个学派的另一特点是进行大量的实证检验。从早期的巴克特与塔布，到马什，再到后来的泰特曼与威塞尔斯，其研究无一不建立在"理论和现有实证检验基础上"。那么，根据资本结构决定因素理论，企业资本结构究竟要受哪些因素的影响呢？综合国内外的实证研究结论，经济发展水平、资产结构、企业规模、资产独特性、资本有形性、非债务税盾、公司治理水平等因素都会对企业资本结构产生影响。

2.4 本章小结

从 20 世纪 50 年代无关性定理提出以来，学术界对资本结构的研究从未停止过，学者们根据公司面临的现实状况的不同，与时俱进地补充完善了相关资本结构理论。本章清楚地回顾了有关资本结构理论的相关背景及其发展动态，为后文资本结构影响因素的分析提供理论依据。然而每种理论都有它独特的适用场景。例如，公司规模对资本结构选择的影响，从权衡理论和代理理论的视角看，公司规模应与负债水平正相关，而从信息不对称的视角看，规模大的公司，其信息不对称程度更低，因此应使用更多的权益融资和更少的负债融资。又如，资产的构成对资本结构选择的影响，从权衡理论和代理理论看，资产有形性与负债水平正相关，而从啄食顺序理论看，拥有较多资产有形性的公司，其将面临较少的信息不对称问题，此时，资产有形性与负债水平负相关。

第3章 资本结构影响因素实证研究综述

根据相关文献资料归纳总结发现，国内对资本结构影响因素的研究起步于20世纪90年代，以陆正飞和辛宇（1998）《上市公司资本结构主要影响因素之实证研究》最为深刻，但此时的研究主要集中于静态资本结构上。经过数年的探讨之后，有学者于2006年前后将目光放置于动态资本结构调整的研究上，因为企业的资产负债率必然不是一个静态的数值，而是一个不断调整变化的过程，大量学者基于资本结构调整速度和调整方向展开了动态资本结构的研究。2016年10月，《国务院关于积极稳妥降低企业杠杆率的意见》提出企业去杠杆，学者们继而围绕"去杠杆"这一国家政策研究其影响因素和经济后果等相关内容，形成丰富的研究成果。基于此，本书将资本结构的研究划分为三个阶段，分别是静态资本结构研究时期、动态资本结构研究时期及去杠杆时期。从对重要经典文献的把握角度而言，本章将以这三大阶段为序，对关于资本结构及其动态调整影响因素的文献进行尽可能详细的回顾，梳理关于该话题的学术研究历程。

3.1 第一阶段：静态资本结构研究时期

在资本结构理论不断纵深发展的同时，学术界对资本结构影响因素的探析也在相当广泛的角度上开展。Daskalakis 等（2017）、Czerwonka 和 Jaworski（2021）、Kokeyeva（2019）、Lisboa（2017）等的众多研究结果表明：宏观因素，如宏观经济因素、制度因素等对企业资本结构的安排具有显著影响。同时，Basana 等（2020）、Gunardi 等（2020）的研究发现资本结构与行业因素密切相关。此外，一些学者从公司的角度来研究资本结构影响因素，如 Stefania 等（2018）、Šarlija 和 Harc（2016）的研究结论表明公司特征因素及公司治理结构均会对公司资本结构的安排产生显著的影响。国内也有学者围绕资本结构影响因素的话题展开实证研究。例如，陆正飞和辛宇（1998）、洪锡熙和沈艺峰（2000）、肖作平和吴世农（2002）等。总的来说，在静态资本结构研究阶段，国内外有关资本结构影响因素的研究几乎均从三个角度展开，即宏观因素、公司特征因素及公司治理结构，如图3-1所示。基于此，本节将围绕这三大类因素对相关文献进行回顾，第一部分对宏观因素与资本结构之间的关系进行回顾；第二部分回顾公司特征因素如何影响企业的资本结构选择；第三部分梳理公司治理结构与资本结构之间的关系。

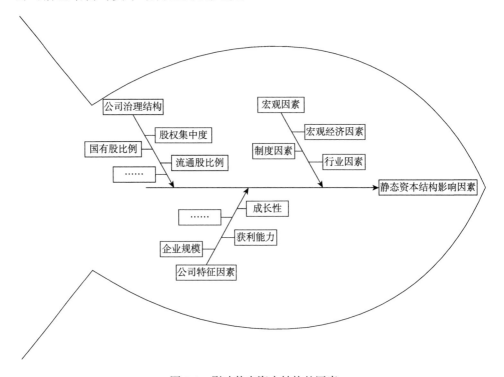

图 3-1　影响静态资本结构的因素

3.1.1　宏观因素

企业的资本结构安排虽是微观主体的决策，但也不可避免地受到宏观环境的影响，其中，宏观经济因素、制度因素及行业因素是必须关注的三个重要方面，具体如图3-2所示。

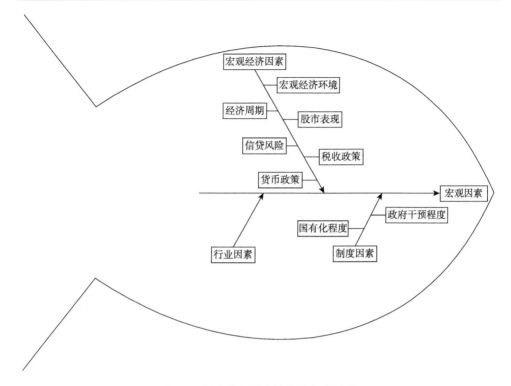

图 3-2　影响静态资本结构的宏观因素

1. 宏观经济因素

任何公司都是在一定的宏观经济条件下运转经营的，其资本结构安排不可避免地将受到宏观经济的影响。肖作平（2004a）采用 1995 年 1 月 1 日前上市的 239 家非金融公司 1995~2001 年的公司面板数据，构建双向动态效应模型，发现宏观经济因素显著影响资本结构决策。曾海舰（2010）的研究也得出了同样的结论，他采用 1994~2007 年中国非金融上市公司数据，研究中国宏观经济因素对上市公司资本结构的影响。研究发现从宏观经济周期性波动视角来看，上市公司总体上存在反周期的资本结构调整行为：在宏观经济景气时，公司财务杠杆下降；当宏观经济衰退时，公司财务杠杆上升。从信贷市场违约风险来看，其违约状况对上市公司财务杠杆具有反向影响，这显示信贷市场状况制约着上市公司资本结构的调整行为。另外，他通过三阶段实证策略，系统考察诸如经济周期、信贷风险、信贷配给和股市表现等宏观经济因素对上市公司融资选择的影响发现，随着宏观经济条件的变化，中国上市公司的融资顺序也随之发生变化，在经济周期的上行阶段，融资顺序为"内部融资—股权融资—债务融资"，这并不符合优序融资理论的观点；在经济周期的衰退阶段，融资顺序则调整为"内部融资—债务融资—股权融资"。吕峻和石荣（2014）同样承认宏观经济因素对企业资本结构安排有显著影响，但其研究视角却与曾海舰存在很大的不同，前者将杠杆类型公司分为高杠杆和低杠杆两种，发现经济周期对所有杠杆类型公司资本结构呈顺周期影响；而信贷周期对低杠杆公司资本结构呈顺周期影响，对高杠杆公司有息债务率呈逆周期影响。韩廷春和王宝玉（2009）的研究支持上述结论，不同之处在于他们是从税收政策和货币政策两个角度进行分析的。研究表明，税收政策较稳定年份，企业倾向使用银行信贷方式进行融资，在税收政策大幅上调或者下降的年份，企业归还贷款的能力减弱，迫使企业减少负债，转而通过增加留存收益进行融资，这符合优序融资理论。在货币政策稳定的时间段内，企业通常会选择银行信贷融资，增加公司的负债水平，而货币政策发生快速变化的年份，公司将倾向于减少银行信贷，转而通过自有融资和股票融资获取资金，导致了较低的负债水平。

2. 制度因素

由于我国上市公司股权结构具有独特性，如国家股比重偏高、偏好于股权融资等，不少研究者着重探讨制度性因素对资本结构的影响。李朝霞（2003）采用因子分析和回归分析证实公司国有化程度与杠杆率呈强正相关关系，这也说明制度因素显著影响公司的融资行为。肖作平（2009）以政府干预程度指数衡量制度因素，研究表明政府干预程度指数得分高的地区的上市公司具有显著低的债务水平，这同样证实制度因素在企业资本结构选择中扮演着重要角色。

3. 行业因素

陆正飞和辛宇（1998）对沪市1996年上市公司按不同行业分组，以分析行业因素对资本结构的影响，他们研究发现不同行业的资本结构有着显著的差异；目前学界的研究大多支持这一观点，郭鹏飞和孙培源（2003）、黄辉和王志华（2006）、杨广青和丁茜（2012）、李飞和何敏（2014）的研究也得出了同样的结论。洪锡熙和沈艺峰（2000）以1995~1997年在上海证券交易所上市的221家工业类公司为样本数据进行研究发现，行业因素对企业资本结构没有显著的作用。同时，有不少学者着眼于考察不同行业间资本结构影响因素的差异性。例如，黄辉和王志华（2006）的研究发现不同行业资本结构的影响因素是有差异的，同一因素对各行业的影响力度也不一样；又如，李飞和何敏（2014）利用沪深两市2008~2012年上市公司数据进行实证研究发现，不同指标对资本结构行业差异的解释力度不同；郑长德和刘小军（2004）也发现类似结论，各行业资本结构受不同变量的影响，同一变量对不同行业影响程度也不同。

综观国内外文献，行业因素和资本结构之间的关系，主要有以下两种观点：①不同的行业，其资本结构存在显著差异；②不同的行业，其资本结构不存在显著差异。

3.1.2　公司特征因素

关于公司特征因素如何影响企业资本结构安排的研究取得了较为丰硕的成果。早在 1998 年，陆正飞和辛宇（1998）就以资产负债率这一指标表示企业资本结构，在控制行业因素下选取了机械及运输设备业的 35 家上市公司进行多元线性回归分析，他们研究发现，获利能力与资本结构显著负相关；规模、资产担保价值、成长性等因素对资本结构的影响不甚显著。洪锡熙和沈艺峰（2000）同样检验了企业的规模、资产担保价值、营利能力及成长性这四个因素对资本结构安排的影响，但是其结论却与陆正飞和辛宇（1998）不同，他们认为企业规模、营利能力对企业资本结构有显著影响；公司权益和成长性这两个因素都不影响企业资本结构。肖作平（2003）采用一个资本存量模型，选取 1996 年 1 月 1 日前在深市上市的 109 家公司为样本，经研究发现，交易成本是影响资本结构选择的一个重要因素；资产有形性、公司规模、财务困境成本与负债比率正相关；非债务税盾与负债比率负相关；产生内部资源的能力（现金流量）、自由现金流量与负债比率负相关，表明中国上市公司不能通过发行负债解决自由现金流量问题，且这是信息不对称造成的；投资额、成长性与负债比率的关系不显著。肖作平（2004b）于 2004 年在其研究中构建双向效应动态模型，采用中国非金融上市公司面板数据，从动态视角研究了公司特征因素如何影响资本结构选择。研究结论与前一篇研究大致相同，不同的是，非债务税盾与负债比率负相关的结论不再得到支持。

冯根福等（2000）运用主成分分析和多元回归相结合的方法证明了我国上市公司独特的股权结构是企业资本结构的重要影响因素之一。胡国柳和黄景贵（2006）以资产负债率、流动负债率、长期负债率及银行借款比率作为度量企业资本结构的指标，采用逐步回归法，对各个影响企业资本结构的因素进行了实证分析。结果表明，资产担保价值与资产负债率和长期负债率显著正相关；非负债税盾与资产负债和流动负债率显著负相关；成长性与资产负债率、长期负债率和银行借款比率显著正相关；营利能力与资产负债率、长期负债率和银行借款比率显著负相关；企业规模与资产负债率、流动负债率、长期负债率及银行借款比率显著正相关；变异性与资产负债率和流动负债率显著正相关；公司年龄与资产负债率、流动负债率及银行借款比率显著正相关，但与长期负债率负相关。上官绪明（2016）则考察了生命周期对资本结构的影响，他发现中小企业的资本结构随企业经营年龄的变化表现出明显的周期性特点。企业的资产负债率在初创阶段持续下降，在到达一定经营年限之后（7~9 年）出现反向变化，并且不同阶段影响企业资本结构的因素不同。邱永辉和石先进（2017）认为资本流动速度能够有效影响企业资本结构，企业资本流速越快代表企业可能越频繁地进行融资活动。不仅如此，还有学者将杠杆率分为高低两组，如赖晓东和赖微微（2008）尝试将分位数回归理论引入到回归模型中，对我国上市公司的相关数据进行分位数回归分析后发现，不同资产负债率水平下，企业股权结构、企业产生内部资源的能力对资本结构的影响效果不同：低负债率水平下，两者均与债务水平正相关；而高负债率水平下，又均与债务水平负相关。综上所述，不难发现，影响企业资本结构安排的公司特征因素大概包括如下几项，如图3-3所示。

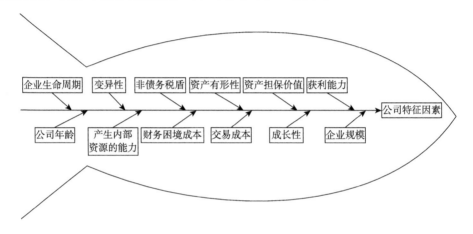

图 3-3　影响静态资本结构的公司特征因素

3.1.3　公司治理结构

肖作平（2004a）的研究支持股权集中度会对债务资本比重提高产生正向影响作用，曹廷求等（2004）、胡国柳和黄景贵（2006）、赵冬青和朱武祥（2006）却支持股权集中度会降低公司债务资本比率，而王娟和杨凤林（2002）的研究认为两者之间没有明显的影响关系。还有学者从股权结构的角度来考察，赵冬青和朱武祥研究认为，国有股比例和流通股比例对上市公司资本结构和负债期限几乎没有影响。但是，李志军（2011）的研究表明国有股对我国公司资本结构有显著影响。冯根福等（2000）和李朝霞（2003）发现国有股比重高的公司负债率较高，胡跃红和郑震（2005）的研究也支持这一结论。洪道麟等（2007）则发现相对于非国有公司，国有控股公司进行股权多元化改革会导致公司负债率明显上升。管理者股权比例也是影响资本结构的一个重要因素，吕长江和王克敏（2002）发现管理者股权比例与公司负债率负相关。具体而言，影响资本结构安排的公司治理因素主要有以下几项，如图3-4所示。

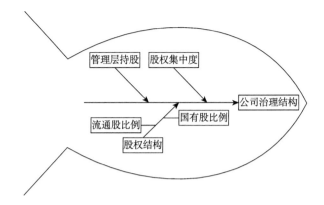

图 3-4　影响静态资本结构的公司治理结构因素

3.2　第二阶段：动态资本结构研究时期

　　静态资本结构理论不能捕捉到资本结构的动态调整特征，学者们为合理地解决这一问题，做出了大量努力，构建了资本结构动态调整的局部调整模型。但是在使用过程中，由于学者们研究的对象和目的不同，一般会对模型加以改良和扩展。国内学者对资本结构动态调整模型的构建基本上都是建立在局部调整模型之上的，并在此基础上得出了一系列影响资本结构调整速度和调整方向的因素，如图 3-5 所示。

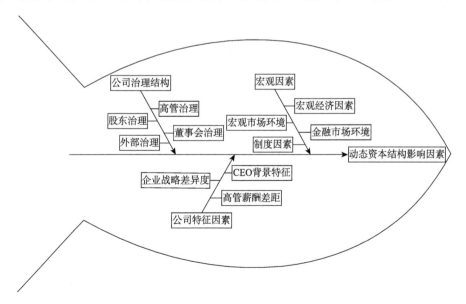

图 3-5　动态资本结构影响因素

3.2.1 宏观因素

宏观因素不仅会在静态层面影响企业的资本结构安排,对资本结构的动态调整也能产生不容小觑的作用(图3-6),因为企业的生产经营始终是处在社会大环境之下的,它们不可能脱离社会而单独存在。

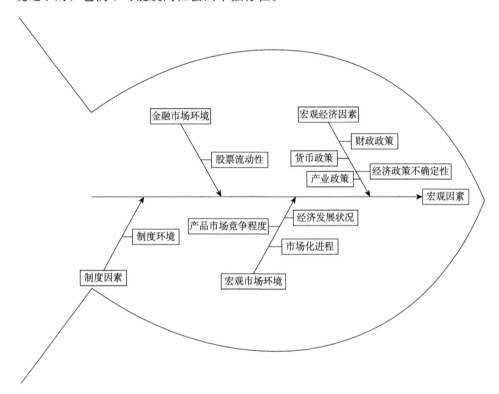

图 3-6　影响资本结构动态调整的宏观因素

1. 宏观经济因素

1)财政政策

雒敏和聂文忠(2012)采用435家公司1999~2009年的平衡面板数据,运用固定效应法和广义线性模型的 Logit 最大似然估计方法,实证检验不同的财政政策施策方式对企业资本结构调整速度的影响。其研究结果表明:增加政府财政支出能加快企业资本结构调整的速度;降低企业所得降低了企业资本结构的调整度;降低利率能明显加快资本结构向上调整速度,降低了资本结构向下调整速度;并且,财政政策对企业资本结构调整速度的影响方向不受产权性质的影响,但非国有企业对于政策变化更为敏感。但是,王朝才等(2016)的研究结论却与此不同，他们将财政政策分为中央和地方两级，检验发现相对于非国有企业，国有企业实际和目标资本结构之间的偏离程度更大，并且非国有企业的资本结构调整速度高于国有企业。

2）货币政策

货币政策作为宏观经济的核心政策之一，会对企业杠杆率的变化产生重要影响，其影响机制主要有两种，即利率传导机制和信贷传导机制。雒敏和聂文忠（2012）的研究发现，增加货币供给量能加快企业的资本结构调整速度。宋献中等（2014）、胡锋和林冰茹（2015）、邹萍（2015）、袁春生和郭晋汝（2018）、张广婷等（2020）的研究也得出了相同的结论。同时，从传导机制的角度来看，宋献中等学者认为货币供应量的变动对公司资本结构调整的冲击更大，即信贷传导机制作用更强。围绕信贷传导机制这一话题，伍中信等（2013）以法定存款准备金率政策、存贷利差政策及商业银行资本监管制度三种信贷政策为研究视角，发现资本结构的调整速度在不同的信贷政策下存在差异，资本监管制度下调整速度最快，存款准备金率政策下的调整速度次之，存贷利差政策下的调整速度显得最为缓慢。

从货币政策本身的角度来看，胡锋和林冰茹的研究更细致，宽松的货币政策除了提高资本结构的调整速度，还能显著地降低公司的负债水平。袁春生和郭晋汝则进一步细化了关于货币政策的研究，他们将货币政策区分为数量型货币政策和价格型货币政策，以沪深两市 A 股制造业上市公司为研究样本，研究不同类型货币政策对企业资本结构调整的影响。其研究发现无论是价格型货币政策还是数量型货币政策，宽松的货币政策会加快企业资本结构的调整速度，紧缩的货币政策会减缓企业资本结构的调整速度。并以企业规模作为分组，探讨不同规模的企业对相同类型货币政策调整的敏感程度差异，发现大规模企业资本结构调整速度对价格型货币政策的变动更为敏感，小规模企业资本结构调整速度对数量型货币政策的变动更为敏感。

3）经济政策不确定性

经济政策不确定性受到企业的高度关注，它是指由于政府未来经济政策不明朗，尤其是经济政策在未来方向和强度上不明确，市场主体无法确切预知政府在未来是否、何时及如何改变现行政策而引致的风险。从行为经济学的视角出发，面对经济政策的不确定性，如企业、金融机构等微观主体往往会持观望态度，以"不作为"的方式应对，进而降低企业资本结构调整速度（王朝阳等，2018；李爽和裴昌帅，2019）。企业的"不作为"通过两条路径阻碍资本结构动态调整，一是企业不确定性规避，二是金融中介不确定性规避。具体而言，一方面，企业的不确定性规避会降低企业生产率、增加经营风险、造成信息缺失或混乱，对企业的投融资活动产生负面影响，进而阻碍资本结构的调整速度；

另一方面，金融中介不确定性规避会提高企业融资成本、降低企业信贷可得性、影响银行决策者行为，使得银行的信贷行为及资金配置受到负面影响，进而影响企业资本结构的调整。同时，企业资本结构的调整有向上调整和向下调整之分，顾研和周强龙（2018a）的研究认为经济政策不确定性加速资本结构向下调整，而减缓资本结构向上调整。

4）产业政策

产业政策是政府为了实现一定的经济和社会目标而对产业的形成和发展进行干预的各种政策的总和。在我国从计划经济到市场经济的变迁过程中，在每一个"五年计划"的历史进程里，产业政策发挥了至关重要的引导和扶持作用。产业政策主要通过缓解企业面临的融资约束调整企业资本结构。第一，从资源效应视角来看，受到支持的企业能够获得更多的政府补贴等资源，从而缓解其融资约束困境；第二，从信号传递效应视角来看，受到政策支持的企业一般是具有良好发展前景的企业，更容易受到外部投资者的青睐。综上，受到产业政策支持的企业能够通过多种渠道获取资金，融资约束更小，有提高其资本结构的能力，从而降低实际资本结构与目标资本结构的偏离程度，加快资本结构调整速度，并且，这种现象在非国有企业中更加显著（巫岑等，2019；韩金红和潘莹，2021）。

2. 宏观市场环境

1）经济发展状况

经济发展水平与经济增长速度是判断宏观经济环境运行情况的极重要的因素。金桂荣（2016）针对影响上市公司资本结构的区域因素，构建动态调整模型，利用相关数据进行实证研究后发现，经济发展水平及经济增长速度对上市公司资本结构动态调整具有显著影响；并且不同省份资本结构动态调整速度存在显著差异，东部省份资本结构调整速度较快，与麦勇等（2011）的研究结论相同。企业资本结构在较好的宏观经济环境下有着较快的调整速度，黄辉（2009）选择国债息差和 GDP（gross domestic product，国内生产总值）增长率两个指标衡量宏观经济运行状况，何靖（2010）以经济增长率、景气指数、通货膨胀率衡量宏观经济环境的好坏，均证实了上述结论。另外，洪艺珣（2011）将企业资本结构区分为"杠杆过高"和"杠杆过低"，经研究发现，在经济运行景气时，资本结构向下调整速度快，而向上调整速度慢，即经济形势对公司资本结构调整速度的效应存在不对称性。

除了探讨宏观经济运行状况对企业资本结构动态调整的影响外，闵亮和沈悦（2011）将宏观经济环境的波动作为外生冲击，探索其对于融资约束程度不同的上市公司的资本结构动态调整方向及速度的影响，他们的研究结果表明：

上市公司资本结构的动态调整受宏观冲击和自身财务特性的联合影响。当融资约束型企业受到宏观冲击时，通常表现出较明显的脆弱性：在经济衰退期更多地依赖自身留存资金，无法获得外源融资，资本结构调整顺周期；对外源融资的过于依赖导致其无法关注资金成本，因此，当面临宏观冲击时，向目标资本结构移动的速度会迅速放缓。江龙等（2013）的研究得出了类似的结论，他们同样认为融资约束公司的资产负债率呈顺周期性变化，非融资约束公司的资产负债率呈逆周期性变化。

2）产品市场竞争程度

随着市场经济体制的确立及发展，产业壁垒逐步消除，几乎所有的行业都展开了激烈的竞争。从理论上讲，产品市场竞争对资本结构调整速度的影响机理可以分为以下两个方面：一方面，在激烈的产品市场竞争状况下，企业的垄断利润会减少，破产风险会增大，高负债可能会导致财务状况好的竞争者的掠夺行为，这与 Telser 所提出的著名的"鼓鼓钱袋"理论是一致的，所以，产品市场竞争越激烈，高负债企业降低负债水平的动机就会越强，即资本结构向下调整的速度越快；另一方面，债务的治理效应会使经理人普遍具有保持较低负债水平的倾向，然而产品市场竞争促使企业披露更多信息，缓解信息不对称，减少股东与经理人之间的委托代理问题，降低代理成本，降低经理人的低负债倾向，从而提高低负债企业向上调整资本结构的速度。综上，产品市场竞争有利于提高企业资本结构调整速度（黄继承和姜付秀，2015；房林林和姜楠楠，2016；武力超等，2017）。但是，也有学者持不同的观点。姜付秀等（2008）认为产品市场竞争与资本结构调整速度是相互独立的，互不影响的，这可能是囿于当时在目标资本结构和资本结构调整速度估计方法上的局限。同时，区分融资约束状况后，对于融资约束程度较低的企业，产品市场竞争越激烈，实际资本结构偏离目标资本结构的幅度越小（卢斌等，2014），资本结构调整速度也越快（黄继承和姜付秀，2015）。

3）市场化进程

在中国，市场化改革是研究企业行为必须重视的一项重要制度背景。伴随着中国经济的快速发展，市场化改革在不断推进，在这样的宏观背景下，企业的资本结构及其动态调整势必受到市场化改革的影响，已有大量学者围绕此话题做了相关研究。姜付秀和黄继承（2011）运用樊纲等编制的"市场化程度指数"来衡量企业的市场化程度，经检验发现市场化程度越高，资本结构偏离目标资本结构的程度越低，同时资本结构的调整速度也会越快。但是，赵兴楣和杨小锋（2010）的研究却不一致，他们认为市场化程度越高的地区调整速度反而越低，这是由于市场化程度较高的地区抑制过度负债、降低风险水平的措施更严格，融资成本更大，当调整成本超过融资净收益时，上市公司反向调整的动机就超过了融债动机。

3. 金融市场环境

股权融资作为重要的融资手段，股票的流动性会影响企业的股权资本成本，进而影响其在资本结构及动态调整问题上的选择。股票流动性可以通过影响企业资本结构动态调整的决定性因素——调整成本来影响其动态调整，调整成本主要包括权益发行成本和股票回购成本。从权益发行成本的视角来看，该部分成本主要包括发行费用和首次公开募股（initial public offering，IPO）折价，股票流动性越高，企业和承销机构之间的信息不对称程度越低，越有利于降低承销费用，从而减少发行费用；同时也能降低发行企业和投资者之间的信息不对称，IPO 折价也会更低，所以，企业面临的调整成本低于调整收益，就会加快企业资本结构的调整速度。从股票回购成本的视角来看，股票流动性越强，回购时所支付的交易费用便会越少，回购成本低很可能使调整收益超过调整成本，进而加快企业资本结构调整速度。从证券市场的角度来看，大量学者，如陈辉等（2010）、徐晟等（2012）、盛明泉和章砚（2015）、邹萍（2015）、李芳等（2019）的研究表明随着股票流动性的上升，资本结构调整速度显著加快。从股票市场发展情况来看，聂文忠等（2017）认为公司资本结构调整速度与股票市场规模负相关，而与股票市场综合回报率显著正相关。

4. 制度因素

在现实中，企业的资本结构调整行为受多种因素影响。在中国特定的制度环境下，制度因素当然是不可忽视的方面，已有大量研究表明制度因素显著影响企业资本结构的调整行为，制度性力量在中国企业资本结构决策中具有关键的导向作用（李国重，2006）。盛明泉等（2012）以 1998~2010 年沪、深两市的 A 股国有上市企业为研究样本，检验国有企业面临的预算软约束对它们的资本结构调整速度及资本结构与目标资本结构之间偏离度的影响。其研究结果表明，国有企业的预算软约束程度越大，它们的资本结构调整速度越慢，实际资本结构与目标资本结构之间的偏离程度也越大。刘星等（2015）认为政治关联对资本结构调整速度的影响具有两面性：一方面，政治关联带来的融资优势会减小资本结构的调整摩擦，进而加快其调整速度；另一方面，政治关联后的预算软约束预期也可能导致企业优化资本结构的动力减弱，从而阻碍资本结构的动态调整行为。肖咪咪（2019）的研究同样表明完善的制度环境能够显著提高企业的资本结构调整速度。也有学者持不同的观点，政府控制使企业具有融债优势，但不利于股权融资，这使得国家持股比例与调整速度之间呈现倒"U"形关系（赵兴楣和王华，2011）。

3.2.2　公司特征因素

关于公司特征因素对资本结构动态调整的影响研究取得了较为丰硕的成果（图 3-7）。贾明琪等（2015）检验了 CEO（chief executive officer，首席执行官）背景特征对资本结构动态调整速度和调整效果的影响，其研究结果表明 CEO 的性别、年龄、学历、财会背景对资本结构调整速度有显著影响，当 CEO 为男性、年龄较大、学历较高时，资本结构动态调整的效果更好，但两职兼任与调整效果显著负相关，这可能是两职兼任削弱了公司治理效应造成的。盛明泉和戚昊辰（2014）将研究视角放置于高管薪酬差距，以 2007~2012 年我国 A 股上市公司面板数据为对象，经实证检验发现高管薪酬差距符合锦标赛理论预期，随着高管薪酬差距水平不断提升，资本结构的调整速度会不断加快，偏离目标资本结构的程度会不断缩小。盛明泉等（2018）以管理学领域的战略理论为切入点，研究发现企业的战略差异度降低了资本结构动态调整的速度，战略差异度越高，资本结构动态调整速度越低。并且，产权性质对企业战略差异与资本结构调整间的关系也产生了显著影响，相较于国有企业，非国有企业的战略差异对资本结构动态调整的削弱作用更明显。

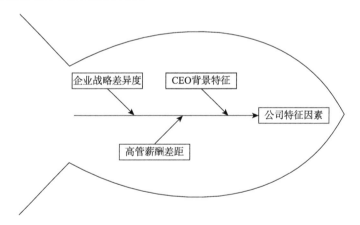

图 3-7　影响资本结构动态调整的公司特征因素

3.2.3　公司治理结构

公司治理是财务领域的重点研究话题，治理水平的高低与资本结构的调整速度密不可分。公司治理薄弱会导致代理成本增加，此时管理层会偏好较低负债，导致债权人监督对管理层自利行为的约束弱化，降低资本结构调整速度（肖明等，2016；武力超等，2017）。影响资本结构动态调整的公司治理结构方面的因素，如图 3-8 所示。

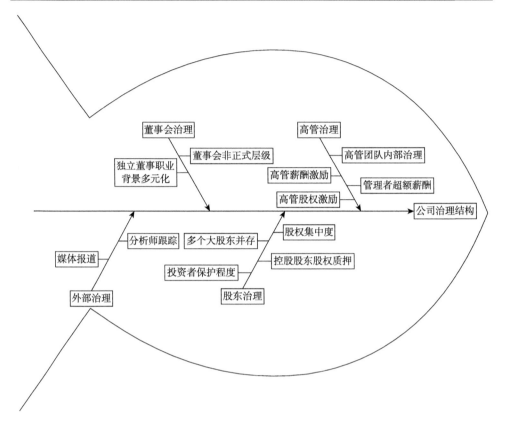

图 3-8　影响资本结构动态调整的公司治理结构方面的因素

1．高管治理

张博等（2021）考察了高管团队内部治理与企业资本结构调整之间的关系，他们将高管团队内部非 CEO 高管对 CEO "自下而上"的监督治理机制定义为高管团队内部治理，研究发现该效应能够显著降低企业实际资本结构与目标资本结构的偏离程度。郭雪萌等（2019）的研究支持高管薪酬激励会显著促进资本结构调整，谢辰等（2019）、刘思和吴迪（2019）等学者的研究也得出了相同的结论。黄继承等（2016）、顾海峰和刘子栋（2020）进一步将资本结构调整区分为向上调整和向下调整两种方向，他们的研究支持当资本结构低于目标水平时，经理薪酬越高，企业资本结构与其目标资本结构的偏离度越小，公司向上调整资本结构的速度越快。并且，当债务对经理人的约束效应较强时，经理薪酬与资本结构调整速度之间的关系更加敏感。从管理者超额薪酬这一视角来看，张亮亮和黄国良（2013）的研究表明管理者超额薪酬越高，资本结构调整速度越快；非国有上市公司的管理者超额薪酬越高，实际资本结构偏离目标资本结构的程度越低，但这一关系在国有上市公司并不成立。为缓和经理与股东之间的矛盾，除了给予经理薪酬激励外，通常还有股权激励这一方式。盛明泉等（2016）利用 2003~2013 年我国 A 股上市公司的动态面板数据，研究高管股权激励对资本结构动态调整的影响，其研究结论表明，高管股权激励强度与资本结构调整速度显著正相关，且当资本结构向下调整时，股权激励对资本结构动态调整速度的促进作用会更大。朱佳俊和王敏（2018）的研究得出了相同的结论。章砚和盛安琪（2018）则细化了高管持股比例的研究，他们的研究结论表明当高管持股比例限定在 5%以内时，伴随着持股比例的增加，资本结构调整速度显著加快；而当高管持股比例超过 5%时，高管持股激励会抑制企业的资本结构调整速度。

2. 股东治理

除了对高管团队实施激励或惩罚机制外，也可以通过股东对公司进行治理。贺康等（2017）就发现股权集中度的提高将加快资本结构调整速度，并且具有非对称性，对资本结构向下调整的企业有更明显的加速效果。盛明泉等（2021）发现多个大股东并存显著促进了资本结构动态调整速度，更进一步地，存在控股股东股权质押和处于投资者保护程度较低地区的公司，多个大股东对资本结构动态调整速度的促进作用更为显著。

3. 董事会治理

王晓亮和邓可斌（2020）以 2008~2017 年中国 A 股上市公司为研究对象，考察董事会非正式层级对资本结构决策效率的影响。研究结果显示，董事会非正式层级清晰度越高，越能够加快资本结构动态调整速度、降低资本结构偏离程度；并且，与向下偏离目标相比，董事会非正式层级清晰度的增加更可能加快向上偏离目标资本结构的动态调整速度、降低向上偏离目标资本结构的程度。独立董事职业背景的多元化能够加快资本结构的调整速度（焦小静，2021），主要有以下两种作用路径：一方面，基于咨询功能，不同职业背景的独立董事可以基于专业视野分析问题、解决问题，形成综合的、较优的解决方案，促使资本结构向目标资本结构调整；另一方面，基于监督功能，多样化本身就代表了独立董事的独立性，能降低代理成本，提升董事会的监管职能，促使管理层做出科学合理的决策，反映到资本结构层面，就是促使资本结构向目标资本结构调整。

4. 外部治理

在社会信息化迅猛发展的今天，企业信息不仅依赖于自我披露，信息中介的参与程度也很高。分析师跟踪作为一项信息传递机制，有利于降低企业管理层与外部投资者之间的信息不对称程度，降低资本结构调整成本，进而加快其调整速度（凌鸿程，2018）。媒体报道也能够起到降低信息不对称程度的作用，加快企业的资本结构调整速度（林慧婷等，2016）。并且，林慧婷等（2016）区分了负债比率过高或过低两种不同的状态，在低于目标资本结构时，媒体报道显著提高了企业增加有息负债进行资本结构上调的概率；在高于目标资本结构时，则增加了企业偿还债务和权益融资进行资本结构下调的概率。

3.3　第三阶段：去杠杆时期

相关数据显示，自 2008 年发生全球金融危机后，我国推出"四万亿经济刺激计划"，该政策确实起到了稳增长的效果，但是也带来了不容忽视的杠杆率过高的问题。经济实体部门杠杆率从 2008 年的 141.2%上升至 2015 年的 227.3%，其中非金融企业部门杠杆率从 2008 年的 95.2%上升至 2015 年的 156%，成为助推宏观杠杆率上升的主要原因。基于这一严峻状况，2015 年 12 月，"去杠杆"作为"三去一降一补"五大任务之一首次在中央经济工作会议上被提出。自此，基于供给侧结构性改革的去杠杆拉开帷幕。2016 年 10 月，《国务院关于积极稳妥降低企业杠杆率的意见》提出企业去杠杆；2017 年全国金融工作会议上把国有企业降杠杆作为重中之重；2018 年中央财经委员会首次提出结构性去杠杆，强调降杠杆的重点为地方政府和国有企业。可见，从降低杠杆率，到企业去杠杆，再到国有企业去杠杆，到最后明确为结构性去杠杆，中央的政策取向日益明晰。自"去杠杆"政策提出以来，引起了学术界的高度关注，已有大量研究围绕该政策进行探讨。以下对企业"去杠杆"影响因素方面的文献进行梳理，归纳总结的影响因素如图 3-9 所示。

3.3.1　宏观因素

宏观因素如宏观经济因素、宏观市场环境、金融市场环境、制度因素等均会对企业的投融资决策产生重要影响，进而影响企业的"去杠杆"行为，如图 3-10 所示。

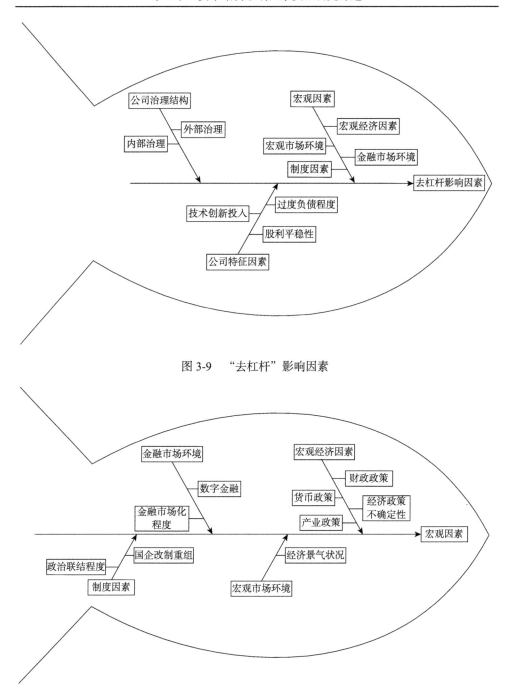

图 3-9　"去杠杆"影响因素

图 3-10　影响"去杠杆"的宏观因素

1. 宏观经济因素

1）财政政策

财政政策通过调节政府财政支出进而影响企业的融资渠道、融资水平等，从而引导企业调整其杠杆率。周菲等（2019）以 2007~2017 年沪深两市 A 股上市公司面板数据进行实证检验，不同于货币政策的相关研究，他们认为控制财政支出和政府赤字的财政政策较之于紧缩性货币政策可以更有效地降低企业部门杠杆率，调减国有企业的结构性高杠杆问题，并且，财政去杠杆应从压减政府投资建设性支出着手。吕炜等（2016）的研究也支持这一结论，他们认为在当前国有企业的杠杆率水平整体较高、民营企业的杠杆率水平整体较低且其投资需求不振的情况下，应实施以保障性支出为核心的财政扩张政策，压缩政府投资建设性支出，可达到"去杠杆"和"稳增长"的政策目标。

2）货币政策

货币政策作为宏观经济的核心政策之一，会对企业杠杆率的变化产生重要影响，其影响机制主要有两种，即利率传导机制和信贷传导机制。

从利率传导机制来看，许多学者认为货币政策对企业借款利率影响显著，调节利率水平会引起企业融资成本、生产成本等的变动，从而影响企业的杠杆率。扩张性货币政策引起借贷利率下降从而降低企业的融资成本，有利于企业进行资本结构调整。紧缩性货币政策将会引起企业借款利率上升，不利于其调整杠杆，但其效应在不同的产权性质及经营状况的企业中存在很大差别。汪勇等（2018）建立了一个包含"金融摩擦"与"资产负债表衰退"双重机制的动态随机一般均衡模型，运用该模型检验中央银行紧缩性货币政策对国有企业与民营企业杠杆率的影响机制。研究发现，中央银行提高政策利率会降低国有企业杠杆率，但会以民营企业杠杆率上升与总产出略微下降为代价；同时，伴随着政策利率上升，纵向产业联结度下降将会扩大国有企业整体杠杆率下降幅度，并减小民营企业杠杆率上升幅度。刘莉亚等（2019）按运营状况将企业划分为僵尸企业与正常企业两种，其研究结论表明当僵尸企业以优惠利率从银行获得贷款，为弥补资金成本，银行会提高正常企业的贷款利率（"信贷成本转嫁效应"），导致正常企业融资被挤出；货币政策紧缩时，僵尸企业在企业中的比重越高，对正常企业贷款利率的转嫁效应越强，使得有效率的正常企业面临更严厉的降杠杆，而正常企业中的国有企业缺乏对资金成本的敏感性，货币政策紧缩时其杠杆率受到僵尸企业挤出的影响较小，而非国有企业则往往融资渠道单一，对资金成本更加敏感，成为货币政策紧缩时剧烈降杠杆的承担者。

从信贷传导机制来看，货币政策会调节银行信贷供给总量，进而影响企业的融资成本、融资水平等，以此引导企业调整杠杆率。王韧和李志伟（2020）发现：货币宽松会导致企业的资产端扩张大于负债端扩张，产生显著降杠杆功效；而货币紧缩会导致企业产出相对负债水平发生大幅度下降进而抬高杠杆率，不利于企业去杠杆。刘晓光和张杰平（2016）则认为扩张性货币政策会导致企业脱实向虚，不一定能有效引导企业去杠杆。如何实现"稳中降杠杆"，需要厘清宏观调控政策与企业杠杆率之间的逻辑关联。

3）经济政策不确定性

我国经济发展进入新常态以来，经济增长处于新动能形成与旧动能衰退的交替期，导致经济政策不确定性程度较高。宫汝凯等（2019）的研究发现经济政策不确定性对企业杠杆率具有显著的负向影响，这一负向效应在短期负债率、民营、小规模和制造业企业更为明显。许多学者就经济政策不确定性对企业杠杆率的影响做了更细致的研究，从产权性质的角度来看，经济政策不确定性指数每增加 1个标准差，国有企业的杠杆率增加 2.05 个百分点，非国有企业则下降 1.35 个百分点；从企业效益来看，经济政策不确定性指数上升，高效益企业的杠杆率降幅是低效益企业的 3.06 倍。为何低效益企业在经济政策不确定时去杠杆效果不明显呢？张一林和蒲明（2018）认为一个可能的原因是经济政策不确定性会扭曲银行的债务展期决策，引导银行为资不抵债、丧失营利能力的僵尸企业提供债务展期，而对具有正常偿债能力的企业实行紧缩政策，从而与降低企业负债率并清理僵尸企业的去杠杆目标发生偏离，使得去杠杆效果不佳。同时，经济政策不确定性对宏观调控政策的选择也会产生显著影响，不容忽视。刘金全和艾昕（2020）的研究表明货币政策对宏观杠杆的短期作用效果最显著，但当政策不确定性水平快速攀升时，其调控效果会略微降低，而此时财政政策和金融供给侧结构性改革能有效平抑过高的杠杆率增速，且在长期依旧保持一定的调控效果。因此，央行在对宏观杠杆进行调控时应依据各政策调控效应的阶段性特征进行搭配使用，以实现调控效果最大化。

4）产业政策

产业政策会通过税收优惠、财政补贴等形式激发企业发展活力，从而降低企业对外部融资的需求，债务融资需求下降将会带来杠杆率的降低。吴非等（2020）的研究表明产业政策能够通过降低企业的短视偏向、削弱其金融套利动机、缓解融资约束和减少环境的不确定性来降低企业的杠杆率水平，但其对长期杠杆的抑制效果相对有限。

2. 宏观市场环境

从 2012 年步入经济新常态到 2016 年全球经济复苏，再到 2018 年发生中美贸易摩擦，各种外部冲击使得我国企业运行的宏观市场环境一直处在较剧烈的波动之中，这势必会造成企业对未来投融资环境的预期较差，进而影响企业资本结构的安排，即杠杆率的安排。在经济景气、投融资环境较好时，企业的投资需求旺盛且可获得的融资渠道广、融资成本低，使用较多的负债可以获得明显的节税效应，同时，未来市场景气的预期使得企业的营利能力、举债能力和偿债能力等都大幅提升，进而抑制了财务风险和违约风险，企业在此时更倾向于选择债务融资；而在经济不景气时，企业的投资需求锐减、产能利用效率降低、财务风险飙升的状况会使企业更多地选择降低负债水平（孙巍和耿丹青，2021）。顾研和周强龙（2018b）的研究也同样表明宏观经济的不确定性越大，企业对未来融资环境预期越差，会选择更低的财务杠杆。然而，孙巍等（2021）的实证研究结论却不尽一致。他们认为企业负债水平与市场景气状态之间呈现出与主流资本结构理论不同的"U"形关系。在市场高扩张期，需求冲击与负债水平正相关，说明需求的上升会激励企业主动扩大债务规模；而收缩期需求和价格冲击与负债水平负相关，说明需求和价格的下跌无法有效引导债务"退出"，反而会导致负债水平因清偿困难而被动增加。

3. 金融市场环境

1）金融市场化程度

金融市场化一个重要的特征就是利率市场化，即利率表现为资本的价格，资金供求能够根据利率的变动做出灵活的调整，具有"趋利"特征，能利用市场机制自动淘汰那些营利能力、偿债能力较差的企业，提高资本跨企业配置效率。李娟等（2020）以企业的营利能力作为门槛进行研究，其研究结果表明，金融市场化通过调节信贷资源配置（利率传导机制）对企业杠杆率存在非线性影响，一方面金融市场化会降低营利能力弱的企业的杠杆率；另一方面会提高营利能力强的企业的杠杆率，在一降一增的过程中实现企业部门结构性去杠杆的目标。更进一步地区分产权性质发现，金融市场化对国有企业结构性去杠杆的作用不明显，对非国有企业的影响显著。区分地域后其影响程度也大有不同，金融市场化对东部地区企业结构性去杠杆作用明显，对中部、西部地区影响有限。但是，王连军（2018）的研究结论与之相异，他以金融发展市场化指数来衡量金融发展的水平，认为金融发展程度越高，公司去杠杆幅度也越大，并非呈非线性关系；并且，金融发展对国有上市公司去杠杆的影响更大。谭小芬等（2019）的研究更为细致，其研究显示，就平均水平来说，金融结构市场化程度每上升1个百分点，将使企业杠杆率下降0.44个百分点。

2）数字金融

在新一轮技术革命的推动下，中国的数字经济（尤其是数字金融）持续扩张，根据《中国数字经济发展白皮书（2022年）》，2019年数字经济对我国GDP增长的贡献率为 67.7%，成为经济增长的关键驱动力量。以应用云计算、物联网、大数据和人工智能等为特征的数字金融快速发展，缓解了金融市场中的信息不对称，对企业生产经营活动产生了重大影响，融资约束的缓解和融资渠道的改善等在一定程度上调节了企业的杠杆率水平。数字金融的发展会对杠杆率产生何种影响？已有大量学者围绕此话题进行了研究。

数字金融发展可以显著降低企业杠杆率（张斌彬等，2020；林爱杰等，2021；马文婷等，2021；谢周亮和周素华，2021；赵芮和曹廷贵，2022）。林爱杰等（2021）将杠杆率细分为总杠杆率、短期杠杆率及长期杠杆率，并添加债务期限这一变量，其研究结论表明数字金融发展对企业总杠杆率和短期杠杆率有显著的负向影响，对长期杠杆率没有显著影响，对债务期限具有显著的正向影响，即数字金融发展没有抬高反而降低了企业杠杆率，优化了企业债务期限结构。张斌彬等（2020）认为数字金融能够通过降低融资约束和财务费用，提升企业内部控制和风险稳定程度的渠道机制来实现杠杆率水平的降低。赵芮和曹廷贵（2022）的研究结论显示，数字金融发展能够通过减少融资成本、缓解融资约束和弱化经营风险的方式降低企业杠杆率。马文婷等（2021）认为数字金融发展主要通过缓解企业财务困境、增加金融可得性和降低资源错配程度降低企业杠杆率。

4. 制度因素

国有企业的政治联结程度较高，在资源配置中长期处于优势地位，有国家信用作为担保，其面临的融资约束较低，导致其杠杆率一路攀升。国有企业去杠杆是结构性去杠杆工作的核心内容。蒋灵多和张航（2020）采用中国制造业国有企业数据，基于 PSM-DID（倾向得分匹配-双重差分）模型探讨改制重组对国有企业杠杆率的影响及其作用机制。其研究结果显示，国有企业改制重组可以有效促进国有企业创新与生产率提升，增强企业营利能力，使企业内源融资能力提高，进而降低企业的杠杆率。

3.3.2　公司特征因素

不同的公司有它的特征，如融资需求、研发创新及股东权利等，在此基础上其所表现出来的杠杆水平及特征也不尽相同，本小节归纳了影响公司"去杠杆"行为的公司特征方面的因素，如图 3-11 所示。

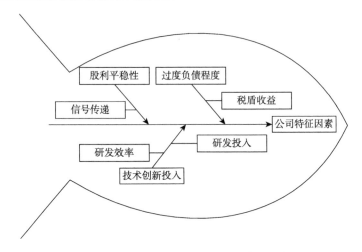

图 3-11　影响"去杠杆"的公司特征因素

1. 过度负债程度

根据动态权衡理论，企业杠杆率是由企业负债需承担的破产和代理等成本与负债所带来的税盾收益的大小决定的（马草原和朱玉飞，2020）。对于高杠杆企业，其负债水平可能超过了自身所能承担的合理水平，带来巨大的财务风险，使得其高负债引致的预期破产成本和代理成本等成本高于低杠杆企业，同时由于税盾收益具有边际递减效应，高杠杆企业负债增加带来的边际收益小于低杠杆企业。基于企业利益考虑，过度负债企业有更强烈的动机"去杠杆"（陆正飞等，2015；张斌彬等，2020；赵芮和曹廷贵，2022）。

2. 技术创新投入

技术创新有利于为企业带来垄断竞争优势，提高利润加成，从而弱化其负债动机，降低企业杠杆率水平（于博，2017；于博和刘洪林，2017；李义超和徐婷，2020）。除了直接研究技术创新对杠杆率水平的调节作用，学者们对两者之间的影响路径也做了许多有益的探索。一是从产品市场竞争的角度来看，技术创新能够通过强化企业垄断优势、增加垄断租金及利润加成（刘啟仁和黄建忠，2016）、提高企业生产率、提高企业绩效等渠道增强企业的市场竞争能力。容易理解，产品市场竞争是企业资本结构选择的重要影响因素。并且，黄继承和姜付秀（2015）进一步给出了市场竞争水平与杠杆率调整速度之间的数量关系。所以，技术创新通过提高企业的市场竞争能力这一机制修正企业的杠杆率水平（于博，2017）。二是从产能治理的视角来看，技术创新通过创造新产品需求、提高企业利润率、对冲高昂调整成本的方式来实现产能治理，优化企业杠杆率（于博，2017）。更有学者将目光放置于创新投入对杠杆率调整的加速效应上,于博(2017)认为政府补贴、税收优惠及行业创新水平对杠杆率调整具有"加速"效应,李义超和徐婷(2020)认为研发效率及专利产出同样具有加速效应,且国有企业对研发效率加速效应更敏感,而非国有企业对专利产出加速效应更敏感。

3. 股利平稳性

根据信号传递理论,股利平稳性较高的企业能够向市场和投资者释放出更积极的发展信号,在信贷市场上也更容易获得融资优势从而推动杠杆率的提高,进而不利于企业去杠杆。同时,从企业被动的角度来看,部分上市公司维持股利平稳性并没有足够的现金流支撑,只能通过债务和股权净增加进行资本结构调整以弥补股利政策需求,因此,连续稳定分红的外部融资需求将提升我国上市公司的债务杠杆水平(韩云等,2020)。

3.3.3 治理结构

公司治理机制主要包括内部与外部治理机制。外部治理机制主要包括:产品市场、劳动力市场与并购市场等,内部治理机制主要包括股东大会、董事会、监事会等,均会对资本结构的调整产生影响,具体因素如图 3-12 所示。

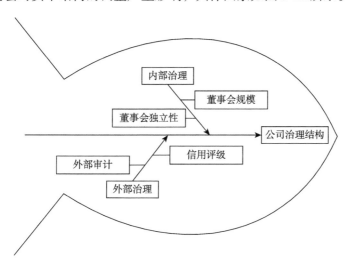

图 3-12 影响"去杠杆"的公司治理结构因素

1. 内部治理

董事会治理是内部治理的重要机制,其中董事会规模及其独立性是影响公司治理效果的重要因素。汪玉兰等（2020）从董事会规模和独立性两个角度检验，表明公司治理对过度负债发挥了积极的治理作用。然而，陈祥义（2019）的研究却显示董事会中独立董事人数对公司杠杆率没有显著性影响。

2. 外部治理

此外，外部审计作为外部监督的重要机制，能够提高会计信息的可靠性与透明度，从而降低信息不对称程度，抑制企业过度负债行为。国有企业杠杆是结构性去杠杆任务的重中之重，国家审计监督作为一项外部治理制度，有利于促进国企去杠杆（王新奎，2019）。信用评级作为一项外部监督，其水平变动对资本结构的调整有显著影响，当信用评级下调时，企业杠杆率将降低，信用评级下调的企业资本结构的调整速度会提高 5%，且相比于原来的增速提高 25%。另外，机制检验发现信用评级下调增大了企业的融资约束，降低了企业的外部负债融资比例，从而导致企业的杠杆率降低，表现为管理层被动地降杠杆（林晚发和刘颖斐，2019）。

3.4　本章小结

综观国内外文献，本章将资本结构的研究划分为三个阶段，分别是静态资本结构研究时期、动态资本结构研究时期及去杠杆时期，并以时期为序系统全面地梳理了影响企业资本结构及其动态调整的因素，包括宏观因素和微观因素两大类。同时，由于各个研究所采用的样本、变量定义、计量方法不同，其研究结论也不尽相同。

第4章 资本结构与企业绩效关系研究综述

从国外的经验看，企业的高负债并不必然导致企业的经营低效，问题的关键在于债务的治理是否有效。有效的债务治理，会迫使企业的经营者努力去改变企业的经营状况，提高经营业绩。

对于债务资本在企业资本中的占比问题，我国因独特的发展过程有其特殊性。20 世纪 70 年代末发生的市场导向的经济体制改革，带来了经济活动的组织结构和资源配置的巨大变革。从国有企业的角度来看，我国国有企业的融资体制的演进过程与经济体制改革相对应，大体可以分为三个阶段，即财政主导型融资阶段、银行主导型融资阶段和银行与资本市场共同发展的混合型融资阶段。从 20 世纪 80 年代开始，我国的企业资本结构开始出现多样的变化，债务融资开始兴起，一直到 1990 年上海证券交易所和深圳证券交易所开业，我国股票市场和企业的股权融资获得了快速的发展。因此随着时代的发展，我国企业的融资方式和融资制度都经历了非常大的变化，如融资主体呈现多元化、融资方式多种化，融资工具也开始多样化。债务融资的兴起给我国企业的发展增添了更多的机会，给整个市场发展带来了更多活力。负债能增加企业价值，而界定企业负债是否适度，并不是从企业资产负债率本身来判断，而主要是由企业的总资本报酬率水平来决定的。

4.1 资本结构与企业绩效的理论研究

在研究资本结构与企业绩效的关系上，MM 理论开了先河，其后的优序融资理论认为企业的融资顺序为内源融资、债务融资、股权融资。经典的融资结构理论主要从以下几个角度来阐述债务融资对企业绩效的影响关系。

4.1.1　债务融资与破产成本

根据债务本身的性质，在取得资金的同时，企业承担了偿还本息的责任，因此，在企业经营管理不善，无法按期偿还本息的情况下，很可能导致企业的资金链断裂，进而破产，而破产成本即指企业用来支付其财务危机的成本。破产成本包括直接成本和间接成本。直接成本包括法律、会计和其他专业服务的费用、债务和组织重组的成本等；间接成本包括因销售减少、投入品成本增加、关键员工流失、管理者时间和努力的损失等造成的利润下降等。根据 Altman（1984）的发现，破产发生时直接破产成本平均达到企业价值的 6%，直接和间接成本之和达到企业价值的 16.7%，破产可能性与债务的增加和减少并不是明显的线性关系。当资产负债率达到一定的程度时，破产成本将会急剧上升。因此，即使根据修正后的 MM 理论认为企业负债融资会产生税收收益，但是破产成本抵销债务税盾收益的程度仍然会在某种程度上变得十分显著。并且破产成本并不局限于实际陷入财务困境的企业，而是任何企业，只要企业有负债，破产成本就会存在。

根据章之旺和吴世农（2006）的研究，国外大多数学者都认为破产成本对企业影响不大，负债率越高的企业，在困境期内将损失更大的市场份额和利润。我国关于破产成本的研究也非常丰富，在实际研究当中，除了破产成本，还有财务困境成本，它与破产成本有一定的差别，在此先探讨财务困境成本的研究。吕长江等（2004）认为企业业绩低迷，逐渐陷入财务困境以后，间接财务困境成本显著为正，资产负债率的提高对其有着显著的影响。章之旺和吴世农（2006）认为对于财务困境成本，不仅需要考虑企业财务数据等特征，还要考虑企业治理层面的因素，如董事会特征、高管激励、大股东持股比例及产权性质等，使得对于财务困境成本的研究更加深入。总之，财务困境成本深受负债的影响，但是从破产成本能够更直接地看出资产负债率变化对其产生的影响。在传统的权衡理论的定义下，张志强和肖淑芳（2009）重新定义最优资本结构问题为：在债务期限之内使节税收益和破产成本之差达到最大的债务比率。对于破产成本，他们认为当我们考虑债务融资或资本结构决策时，破产成本应该是指事先考虑的在将来或许会发生的成本的期望值，可以粗略将它定义为随着债务资本的增加所带来的破产风险的增加而减少的企业价值，因为破产成本的出现，财务理论认为，企业会出现一种现象，即"财务保守现象"。也就是说，企业会借入远低于理论上最优的债务，保守的负债让企业更加平稳的运营，但也会因此错失很多机会。但是他们的研究发现，企业对债务资本的利用总体上并不如想象中那般保守，所以破产成本的存在仍然威胁着企业，同时影响着企业对于债务资本的取得和应用。

4.1.2 债务融资与代理成本

代理成本的产生主要是在企业的债权人和股东之间，由于投资目标存在一定差别，进而引发相互利益冲突所致，从而会带来资产替代行为和投资不足问题。资产替代行为是指在债权进入企业之后，公司用高风险资产替代低风险资产的行为，当资产的风险过高时，债权人首先会要求更多的回报，同时也会对下次融资产生影响。投资不足问题是指基于风险管控意识，债权人为了避免自己的资金被用于高风险投资，会在企业融资的时候限制企业的投资行为，减少企业进行较高风险投资的机会，最终可能导致企业投资不足。

肖坤和秦彬（2007）认为债务融资在减少股东与经营者之间的代理成本等方面发挥着积极的作用。马君潞等（2008）却发现债务对管理层与股东之间产生的代理成本的约束作用不明显，对于股东与小股东之间的代理成本具有正反两面的作用。说明针对不同的代理成本，债务资本所产生的约束作用是不同的，而企业的代理成本也因债务资本的差异而存在很多差异。例如，基于股东和债权人的冲突，有学者发现负债比例越高的企业，企业投资规模越小，不同来源的负债对企业投资规模的影响程度也不同（童盼和陆正飞，2005）。产权性质不同使得代理成本也有差异，国有企业的代理成本高于民营和混合产权的企业（李寿喜，2007；张兆国等，2008）。同时，张兆国等（2008）还发现银行借款比例对代理成本的影响相较于商业信用比例来讲会更好一些，而流动负债比例和长期借款比例与上市公司的代理成本都是正相关的。

债务融资除了会导致企业产生代理成本，还可能对代理成本产生抑制效应。因为代理成本分为显性和隐性代理成本，根据相关研究，我国中小上市公司债务对显性代理成本具有显著抑制作用，说明债务本身是存在治理效应的，而对隐性代理成本却无抑制作用或者抑制作用不显著。针对代理成本，也有学者的研究结果表明，可以在债务融资的过程中采取一定的措施减少代理成本。陈耿和周军（2004）认为企业债务代理成本与债务结构存在紧密的联系。由于债务的期限结构、来源不同，对代理成本的影响也有些微差别。唐国正和刘力（2006）认为债务的代理成本源于债务价值与公司资产风险的关系，削弱这种关系可以有效地降低债务的代理成本，方法是在发行债务时采用有抵押的债务，抑制企业过度投资的问题，也可以发行可转换债券降低资产替代行为。同时他们根据近年来对于声誉机制的研究发现，可以通过声誉机制的影响，降低债务的代理成本。

4.1.3　债务融资与财务杠杆效应

财务杠杆的效益与风险并存，众多理论研究表明企业经营绩效和财务杠杆之间存在重要的关系，它最好的状态应该是免税和因为债务而产生的风险相互适应。财务杠杆效应分为财务杠杆正效应和财务杠杆负效应。财务杠杆正效应是指企业由于合理使用财务杠杆而引起的权益资本利润率的提高，具体地说，就是由于负债定期定额税前付息，企业息税前利润率高于负债资本边际成本而引起的权益资本利润率的提高，它是财务杠杆的节税效果（指由于债务利息从税前利润中扣减而少交的那部分所得税）及其降低企业总资本成本等作用的综合效应，它是企业负债经营的直接动机和目的，也称为税盾效应。财务杠杆负效应是与正效应相对而言的，它是指财务杠杆的不合理使用而导致企业权益资本利润率的大幅度降低甚至为负。财务杠杆负效应是财务杠杆所带来的财务风险的结果，只要有一定的负债经营，就存在财务风险，就可能产生财务杠杆负效应，给企业造成不同程度的损失。因此，企业需对财务杠杆负效应进行有效的管理控制，必须对财务风险进行正确、合理的分析和测定，并在此基础上制定出有效的管理对策（张鸣，1998；李心愉，2000）。因此针对财务杠杆效应，应当制定恰当的财务预算，在融资决策时参考，争取发挥财务杠杆的正效应（张蔚虹和陈长玉，2011）。

对于财务杠杆正负效应，冯建和罗福凯（2006）通过研究得出结论：财务杠杆水平与资产营利能力呈显著负相关关系，杠杆水平越高，营利能力会越弱，但是却与公司规模呈显著正相关关系，当公司规模越大时，杠杆率越会呈提高的趋势。但是随着我国负债比率逐年加大，财务杠杆的负效应也愈加明显。关于企业风险的问题，邵希娟和崔毅（2000）认为，杠杆的存在会加大企业风险，但是如果企业的销售收入处于增长的情况下，财务杠杆极有可能发挥它的正效应。也有研究基于税盾效应、财务杠杆效应、公司治理效应的关联性，对债务融资综合效应的影响因素进行实证检验。研究结果显示，无论上市公司营利能力强还是弱，资产负债率的提高都是可以增强债务融资综合效应的（李洋和吕沙，2013）。

因此，企业管理层需掌握全面的杠杆知识，争取熟练地运用财务杠杆，一方面可以提高企业绩效，另一方面又要能将风险控制在可控范围内。

4.1.4　债务融资对过度投资的约束效应

过度投资是指企业在运用现有资金时，将资金过度运用，导致投资超过企业所能承受的范围，过度投资将会带来企业现金流紧张、资金周转困难等一系列问题，给企业带来极大的风险。有学者研究发现，中国制造业上市公司的投资对于现金流高度敏感，企业自由现金流的波动会极大地影响企业的投资行为，但是债务比例却可以对企业的过度投资产生约束效应。并且黄乾富和沈红波（2009）、张琛和刘银国（2013）还针对债务的来源进行研究，探究债务来源的不同对过度投资约束的程度。他们研究发现，商业信用能够对企业的过度投资行为产生约束作用，而银行借款则缺少约束作用。在债务期限结构方面，长期债务对企业过度投资行为的影响很小，但短期债务却能对企业的过度投资行为产生遏制。黄珺和黄妮（2012）发现房地产开发企业存在用自由现金流进行过度投资的行为，但是总体债务融资可以抑制房地产企业的过度投资行为，从债务来源区分，其中商业信用能抑制、银行借款却会增加企业的过度投资行为。

4.1.5　债务融资产生的治理效应

债务治理效应指的是企业拥有债务资本可以为其企业治理发挥正面效应，因为债务资本到期需要还本付息，这对企业的资金管理产生了约束和限制，管理层在某一段时间内减少了可自由支配的现金流，并且在债务合同中，债权人会为了保证自身权益增加一些限定性条款，如限制企业投资高风险项目、限定企业的投资方向。

在以往研究中，债务治理效应方面，黄珺和黄妮（2012）发现房地产开发企业中债务资本有显著的治理效应。彭熠等（2014）研究发现在财务成本方面，债务融资通过利息的减税作用影响企业价值。杨兴全和陈旭东（2004）通过梳理债务融资理论发现，负债融资可能导致企业支出自由现金流量，提高企业资金利用效率；债务也可以作为一种担保机制，促使经营者努力工作。田侃等（2010）认为虽然债务治理没有发挥好监督约束作用，但并没有演进成利益侵占的工具，而是较显著地抑制了"隧道效应"。所以随着市场化的推进和治理环境的改善，债务契约的治理绩效也得到了不断的提升。除了单一的债务治理效应，有学者将投资者情绪与传统理性视角下公司治理机制相结合，考察管理层薪酬激励和债务融资两种治理机制与投资者情绪交互作用对投资的治理效应。研究发现，管理层薪酬激励、债务融资的增加会导致投资减少、企业的投资不足，但也可能导致企业过度投资，其中有其他因素干扰，如投资者情绪（靳光辉等，2015）。马君潞等（2008）认为从动态演进的角度来看，我国的上市公司的债务治理效应在逐步提升，对企业的绩效影响逐渐产生正面影响。也有学者研究了债务融资对企业环境信息披露的治理效应，如吕明晗等（2018）从利益相关者关系视角出发，基于不完全契约理论发现，金融性债务契约可以促进企业对于环境信息的披露，其中长期金融性债务融资能够更好地发挥治理效应，但经营性债务契约对企业环境信息披露反而存在消极影响，其中最大的一个问题是信息不对称问题，债务的治理效应即改善信息不对称问题。王娟（2019）发现商业信用融资比重越高，公司股价崩盘风险越低；这表明商业信用融资能够显著降低股价崩盘风险，发挥债务治理效应。

部分文献得出的结论都是我国上市企业没能发挥好债务的治理效应，如梅波（2009）、郭泽光等（2015）、罗如芳等（2015）发现，总体上我国上市公司的债务融资治理效应是弱化或不存在的，即债务融资在加强公司治理、降低大股东代理成本的作用上并不显著。也有学者就西方财务学关于债务治理效应的理论进行了综述，再用中国的数据进行研究，得出了债务治理效应不佳的结论（张锦铭，2005），这位学者后来发现债务融资比率从30%开始就与公司绩效呈负相关，这说明资产负债率对企业绩效的影响呈倒"U"形，也说明上市公司的债务融资没有发挥较好的治理效应。褚玉春和刘建平（2009）认为在制造业行业，我国的债权治理效应有待进一步发挥，因为"负债保守型"企业的经营绩效相对较高，而"负债激进型"的经营绩效确实呈下滑趋势。虽然理论上债务资本能对企业发挥明显的治理效应，可是实际治理效果却不明显。郭泽光等（2015）认为目前我国上市公司的债务治理效应效果非常差，并不能很好地发挥激励约束作用，并且存在多种因素对债务治理效应产生影响，如产权性质、股权集中度、经理人激励程度都在一定程度上影响着债务治理效应的发挥。也有研究表明，债务融资的治理效应受债务结构的影响，为更好地发挥债务治理效应，需要以债权人的硬约束和完善的企业债务履行机制为基础（杨兴全，2004）。黄文青（2010）、赵玉珍和张心灵（2011）从负债总体水平、债务期限结构和债权人性质三个层面对上市公司的债权融资治理效应进行研究，发现总体的债权治理比较弱，长期债务和企业债券融资有着显著的治理效应，但商业信用融资与银行借款却没有。与此相反的是，朱乃平和孔玉生（2006）认为债务结构的治理效应对公司绩效有负面影响。针对我国债务治理效应弱的现实情况，我国学者对于提高债务治理效应的因素做了一系列研究。罗韵轩（2016）发现，外部金融生态环境的改善与公司内部股权调整、董事会治理等可提升治理效应。

4.1.6 理论研究文献述评

本节从五个方面对资本结构如何影响企业绩效进行了理论梳理。第一，通过梳理文献发现，破产成本的存在会导致企业减少债务资本的使用，存在"财务保守现象"，但是这与实际情况不符。第二，债务资本不仅会导致代理成本产生，同时也会对企业本身的代理成本产生治理效应，而且以往的文献也提出了通过债务融资提高治理效应，减少代理成本的方法，如发行债务时采用有抵押的债务、发行可转换债券等，但是正因为债务代理成本和债务治理效应的同时存在，所以本章想通过实证研究的方法来检验在服务企业中债务对代理成本的影响，将代理成本作为中介效应来探究债务资本对企业绩效的影响路径。第三，对于财务杠杆效应的研究基本上基于正效应和负效应两方面进行，并与企业的风险进行挂钩。第四，过度投资行为可以被债务资本约束，但是存在因债务来源不同、期限不同而有差异的情况。第五，在债务治理效应方面，债务融资水平通过"消减代理成本效应""负债的担保作用""约束自由现金流使用"及"信息传递的治理压力效应"进而影响公司绩效，大量文献指出，债务资本会产生治理效应，促进企业的经营发展，但我国的债务治理效应似乎并不显著，存在着债务治理效应弱的情况。

4.2　资本结构与企业绩效的实证研究

在理论分析的基础上，众多学者对于资本结构与企业绩效的关系研究结论分为三种，分别是负相关、正相关、倒"U"形。同时，近年来有许多学者就债务的来源不同、期限不同分别做了研究，来探究不同来源、期限下的债务对企业绩效会产生什么样的影响。

4.2.1　负相关关系

朱乃平和孔玉生（2006）、袁卫秋（2006）、黄文青（2010）、唐洋等（2014）研究发现，公司绩效指标与资产负债率表现出了显著的负相关关系。一些学者对细分行业进行了研究，如方颖（2014）发现我国交通运输上市公司的债务融资未能有效约束管理层的在职消费和过度投资行为，无论在存量上还是在期限结构上都与企业绩效显著负相关。彭熠等（2014）研究发现我国汽车制造业上市公司债务融资水平与公司绩效呈现显著负向关系，期限结构对绩效影响不显著。

4.2.2　正相关关系

但也有学者研究发现，债务融资对绩效的影响是显著正相关的，张兆国等（2008）发现民营上市公司的绩效要好于国有控股上市公司，资本结构是造成这种差异的重要因素。梅波（2009）、周三深（2009）也发现公司债券的增加有助于公司绩效的提升。陈治鹏（2015）研究了中小上市企业中负债融资对其绩效的影响，发现对于中小企业而言，增加负债融资，可以从银行监控机制、负债担保机制、现金流效应及信息不对称和信号效应等方面提升公司绩效，负债融资与公司绩效具有正相关关系。

4.2.3　倒"U"形关系

有学者发现债务融资与企业绩效的关系是倒"U"形关系（牛冬梅，2011；李传宪和赵紫琳，2020），但是关于债务融资比率的最优值却存在差异。张锦铭（2005）通过研究得出结论，上市公司经营绩效与债务融资比率的关系呈近似倒"U"形，这一结论符合西方财务学的理论分析；上市公司债务融资比率的最优值为30%左右，同时褚玉春和刘建平（2009）也发现公司经营绩效与债务融资比率呈近似倒"U"形结构，最优债务融资比率区间为35%~40%。马力和陈珊（2013）同样认为是倒"U"形关系，且企业绩效在50%~60%的资产负债率水平上达到最优。

4.2.4　不同期限债务对绩效的影响

除了用总体债务融资程度，也就是用资产负债率来探究其对企业绩效的影响外，很多学者将债务融资按期限结构拆分成短期债务融资和长期债务融资，分别研究它们与企业绩效的关系，并且还对债务期限结构的影响因素做了一系列研究。对于债务期限结构的影响因素，有学者发现银行关联可能导致长期借款的增加，因为它可以帮助民营企业得到更多的长期借款，与此同时可以减少短期借款。银行关联与企业债务融资的关系在金融生态环境好的地区更加显著（邓建平和曾勇，2011）。肖作平和廖理（2007）认为大股东会影响公司债务期限结构选择，第一大股东持股比例越大，长期债务的比例就越小，二者呈负相关关系，但当第一大股东的产权性质是国家股的时候，则可能使公司具有相对高的长期债务水平。孙铮等（2005）分析了地区市场化程度对当地企业债务期限结构的影响，发现企业所在地的市场化程度越高，企业的债务结构中，长期债务的比例就越小，主要是因为政府对企业存在干预，市场化程度不同，政府对企业的干预程度也不同。

对于长短期债务对企业绩效的关系研究，诸位学者的结论存在差异。部分学者支持长期债务有利于提高企业绩效，如袁卫秋（2006）、王艳辉和王晓翠（2007）、梅波（2009）、赵玉珍和张心灵（2011）、段伟宇等（2012）认为债务期限结构对上市公司的经营业绩具有显著的正向影响作用。所以对管理层来说，当前应积极发展长期资金市场，努力降低长期债务的融资成本，并且对公司的资金使用进行长远规划，避免公司投资的短视行为或过度行为，进而从根本上提高其主营业务的营利能力。彭熠等（2014）认为债务融资期限结构通过调整"委托代理关系的激励约束效果"和"信息不对称的治理激励效应"作用于企业绩效。但是也有部分认为长期债务对企业绩效的影响是负向的，如朱乃平和孔玉生（2006）、洪爱梅（2011）、唐洋等（2014）认为长期债务与企业绩效的关系呈负相关。

短期债务对于企业绩效的影响同样存在争议，朱乃平和孔玉生（2006）、段伟宇等（2012）、马力和陈珊（2013）、唐洋等（2014）研究发现短期借款对公司绩效有着显著的负向影响，而周三深（2009）、赵玉珍和张心灵（2011）、李传宪和赵紫琳（2020）支持短期债务对企业绩效存在正向效应。

4.2.5　不同来源债务对绩效的影响

因债权人性质不同，可将企业的债务按来源划分为经营性债务和金融性债务，也区分成商业信用和银行借款两大类，学者们针对这两种来源对企业绩效的影响是否存在差异进行了相关研究。部分学者认为，不管是银行借款还是商业信用，都能提高企业绩效，如马力和陈珊（2013）研究发现银行借款、商业信用都对企业绩效存在较弱的正效应。也有部分学者认为两者都对企业绩效产生负面影响（王艳辉和王晓翠，2007；洪爱梅，2011；段伟宇等，2012）。同时有部分学者认为债务来源不同，影响也不同。例如，刘清江（2009）认为公司债券因其硬约束能够提升企业的经营业绩，但是银行债务却会导致治理效应恶化现象。王娟（2019）研究商业信用对股价崩盘风险的影响发现：商业信用融资比重越高，公司股价崩盘风险越低，而且这种关系在外部法律环境较差、市场地位低的公司表现得更显著。唐洋等（2014）、李传宪和赵紫琳（2020）认为在企业生命周期的各个阶段，银行借款对企业绩效产生负效应。

4.2.6　实证研究文献述评

从以上的文献梳理发现，我国关于资产负债率，即债务融资对企业绩效的影响做了大量的实证研究，而且研究的结果有显著的差异，其中分为正相关关系、负相关关系、倒"U"形关系，也有相当多的文献将债务融资进行细分，从债务期限结构和来源上进行研究，更细化地去探讨债务融资对绩效的影响。但是正如得出的三种不同的结论一样，按债务资本期限和来源细分后的研究得出的结论也存在着明显的不同，而且少有文献单独对服务企业进行研究。因此本书想探讨在服务企业中，债务融资会对其产生哪种影响。

4.3 资本结构影响企业绩效路径研究

在已有的研究中，资本结构与企业绩效之间的关系在特定条件下可能呈现正相关，但当条件改变时，其也会呈现负相关。总结现有的研究成果可以发现，在研究企业资本结构与企业绩效之间的关系时，大多数文献从资本结构中的研发投入、债务融资成本、代理成本、自由现金流四方面对企业的资本结构进行刻画，并研究这三者与企业绩效之间的数理关系。

4.3.1 研发投入

关于债务融资与研发投入的关系、研发投入与企业绩效的关系，已经有大量文献进行了研究。解维敏和方红星（2011）通过研究发现银行业市场化改革、地区金融发展可以促进企业的研发投入，但这种关系受到政府干预的影响，此发现表明随着我国银行业及地区金融的发展，企业的研发投入会越来越多。但是债务融资对企业研发投入的影响究竟如何，从企业自身的角度出发，陈良华等（2019）研究发现债务融资能够对我国科技企业的创新投资效率产生正向影响，并且银行债务对创新投资效率的积极影响更显著，这也说明债务融资具有治理效应，同时他发现区域金融发展程度的高低影响银行债务融资对创新投资效率的影响程度，处于金融发展程度高的地区的企业，银行债务对创新投资效率的正向影响更显著，这与解维敏和方红星（2011）的结论一致。文芳（2010）却研究发现负债融资与公司 R&D（research and development，科学研究与试验发展）投资强度显著负相关，且不同负债融资来源、不同的产权性质对公司 R&D 投资的影响也不同。刘胜强和刘星（2011）也认为我国上市公司负债水平与企业 R&D 投资之间是"双负"型关系。陆玉梅和王春梅（2011）等也发现企业绩效随着企业研发投入的增加而提高。对于三者的关系，刘晓光和刘元春（2019）发现杠杆率尤其是短债长用现象会增加财务成本和降低研发创新，从而负向影响企业绩效。

4.3.2 债务融资成本

优序融资理论认为，企业在债务融资和股权融资的偏好上，倾向于债务融资，因为采取债务融资方式时，可向外部投资者提供积极信号，表明企业的经营状况良好，能够降低企业的资金总成本，陈晓和单鑫（1999）研究认为，长期债务会减少企业的融资成本，在近年的研究中也有学者研究发现，债券融资与企业创新之间显著正相关，债券融资能够降低整体债务融资成本，还能促进企业创新（江轩宇等，2021）。也有学者从股权结构的角度发现具有多个大股东的公司债务融资成本更低（王运通和姜付秀，2017）。但也有学者认为长期负债会增加企业的债务融资成本，从而对企业绩效产生负向影响，如武力超等（2016）认为企业的长期负债会对企业绩效产生负向影响，之所以会如此是因为长期负债往往直接与企业扩大生产相联系，而企业可能存在无法偿还债务的可能，并且在扩大生产过程中，资本回收期限长，融资成本较高，所以长期负债一定程度上会对企业绩效产生消极影响。同时他们对国有企业的长期负债比率如何影响绩效进行研究，也得出相同结论。

4.3.3　代理成本

根据代理成本理论和债务的治理效应，债务资本可能会导致企业产生债权代理成本，但同时又因为债务资本存在治理效应，它同时也可能减少企业总体的代理成本。张兆国等（2008）、郭泽光等（2015）分析发现债务总体水平与代理成本正相关。按债务来源划分，银行借款比例对代理成本的影响要好于商业信用比例；按债务期限划分，流动负债比例和长期借款比例与上市公司的代理成本正相关。总体上债务资本增加会提高企业的代理成本，说明债务融资并不能对管理层发挥很好的激励和约束作用。但是也有学者，如李世辉和雷新途（2008）发现我国中小上市公司债务对显性代理成本具有显著抑制作用，短期负债主要抑制显性代理成本，长期负债可以抑制隐性代理成本。彭熠等（2014）也发现债务融资水平通过"消减代理成本效应"进而影响公司绩效。张琛和刘银国（2013）认为短期借款与商业信用的代理成本有着很强的控制效应。

4.3.4　自由现金流

企业自由现金流一直是学者非常关注的问题之一，因为它与投资不足和过度投资都有着显著关系，同时它对企业绩效也有影响，李云鹤和李湛（2011）的研究结果显示，自由现金流代理问题在低成长性但是高现金流企业较为严重，将会发生企业过度投资，而且高成长的高现金流企业也会发生企业过度投资。沈红波等（2013）也发现对于低增长的公司，企业的自由现金流量越高，代理问题越严重。但是短期银行贷款和长期银行贷款可以约束自由现金流量的代理成本。彭熠等（2014）进一步研究发现债务融资水平通过"约束自由现金流使用"进而影响公司绩效。陈治鹏（2015）也发现对中小公司而言，增加负债融资会从现金流效应等方面提升企业绩效。杨兴全（2004）通过梳理债务融资理论发现，债务资本可以促进经营者支出自由现金流量，让企业整体效率提高。同时在债务期限上，短期负债的治理效率体现在对企业的清算与约束经营者对自由现金流量的随意决定权方面。

4.3.5　路径研究文献述评

本节通过文献梳理研发投入、债务融资成本、代理成本、自由现金流这四方面对企业资本结构的影响路径发现，每一条路径都存在分叉，都有正反两方面的影响，都没有统一的影响结果，这更加加重了笔者的好奇，对于服务企业来讲，研发投入、债务融资成本、代理成本、自由现金流会对其产生什么样的影响，我们将进一步探索。

第5章　中国服务型上市公司资本结构特征分析

5.1　中国服务业发展概况

5.1.1　中国服务业发展阶段

中国服务业的发展进程可谓漫长而曲折。改革开放之前，由于受物质生产部门优先发展战略、服务部门为非生产性寄生部门指导思想和计划经济体制的影响，从中央到地方政府都不重视服务业的发展。这期间，中国服务业发展落后可见一斑。1978年开始的中国经济改革开启了中国经济持续高速增长的大门。中国服务业迎来了开放的新局面，其历程大致可分为四个阶段：初始期（1978~1990年）、迅速发展期（1991~2001年）、全面开放过渡期（2002~2006年）、全面开放新格局期（2007年至今）。

进入全面开放新格局期之前，服务业呈现出极快速发展状态，本书从经济发展程度和就业结构两个方面予以说明。第一，从经济发展程度来看，在1978~2006年，中国的GDP年均增长率达到了9%以上。与此同时，作为国民经济一个重要组成部分的服务业（在统计局的资料中被称为第三产业），也获得了高速的增长。服务业增加值从1978年的860.5亿元增加到了2006年的827亿元，占GDP的比重从1978年的23.4%增加到了2006年的39.5%，每年增加将近0.54个百分点，但近五年来该比重有不断下降的趋势。第二，从就业结构来看，1978年以来，第一产业就业比重不断下降，第二产业就业比重先是上升再基本趋于稳定，第三产业就业比重上升相对较快。2006年第三产业就业人数达到24 945万人，而1978年其就业人数只有4 890万人，2006年度第三产业就业人数是1978年的5.1倍，第三产业就业占全部就业比重上升了 20 个百分点。

2006 年以后,中国加入世界贸易组织谈判中服务业开放的承诺已全部到位,开放领域更大,开放程度更高,我国服务业由此迈入全面发展新格局时期。进入全面开放新格局期以后,服务业呈现出更强劲的发展态势,仍然以产值和就业情况两方面的数据予以证实。第一,从生产总值来看,服务业生产总值呈逐年增加的态势,从 2007 的 115 787.7 亿元增加到 2020 年的 553 976.8 亿元。但 2020 年增加幅度较小,使得该年生产总值明显低于预测线(图 5-1)。服务业生产总值在 GDP 中的占比总体上平稳增长(图 5-2),对 GDP 的贡献率除 2020 年受新冠疫情影响发生大幅下降外总体上呈波动式上升(图 5-3)。这表明在国内生产不断高速发展的同时,服务业也没有落下,呈现高速发展的态势。

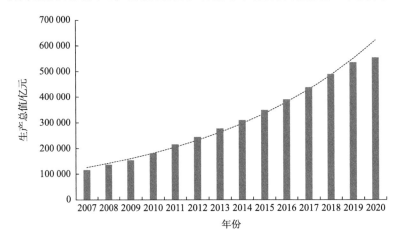

图 5-1　服务业生产总值情况

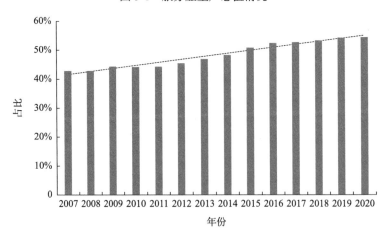

图 5-2　服务业生产总值在 GDP 中的占比情况

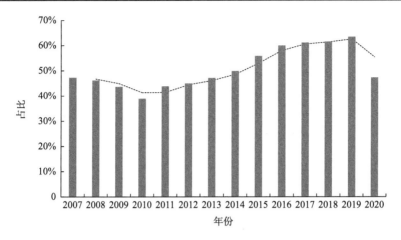

图 5-3　服务业贡献率

第二，从吸纳就业的情况来看（图 5-4、图 5-5、图 5-6），不管是就业的绝对
人数还是就业人数占比，都呈现上升趋势，服务业逐步成为吸纳劳动力就业的主
力军，但其潜力仍没有发挥出来。从国家统计局发布的《中国统计年鉴 2021》公
布的数据来看，我国服务业吸纳就业的能力与英国、美国、日本、韩国等国家相
比还存在较大的差距，处于较为滞后的状态。

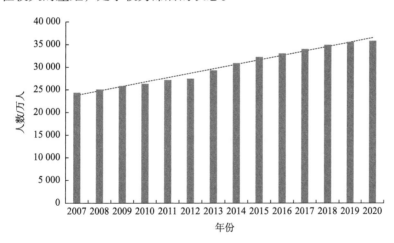

图 5-4　服务业就业人数情况

国际经验表明，随着人均 GDP 的提高和城镇化进程的加快，服务业（第三产
业）将成为吸纳劳动就业的主渠道。国际上大多数国家和地区的第三产业就业人
数都远多于第二产业，发达国家（如美国、日本）的第三产业就业人数是第二产
业的 3 倍左右；中等收入国家（如保加利亚、巴西）的第三产业就业人数是第二
产业的 2 倍左右。在绝大多数国家和地区，第三产业被认为是吸纳劳动力能力最

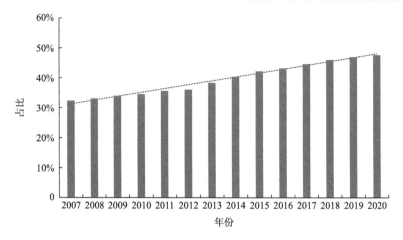

图 5-5　服务业就业占比情况

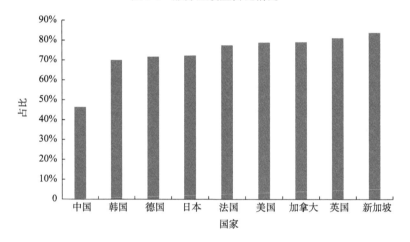

图 5-6　2019 年主要国家服务业就业占比情况

强的领域，但相较于其他国家，中国第三产业在吸纳劳动力方面并没有表现出明显的优势（图 5-6）。这固然与中国正处于工业化中期加速发展阶段、制造业较发达且市场化程度较高有关，但也在一定程度上反映了中国服务业发展相对滞后的现实。

5.1.2　中国服务业政策演进

服务行业作为现代经济发展的支柱行业，为中国的经济发展做出了巨大的贡献，自改革开放以来，中国十分重视服务行业的发展。国家和地方政府出台了很多促进服务业发展的产业政策措施，为促进服务业发展提供了良好的环境，这对中国服务业的迅猛发展有巨大的作用。本节试图梳理服务业产业政策发展的脉络，深刻认识各项政策的作用及意义。

1. 初始期：1978~1990 年

1982 年国务院发出《关于征集国家能源交通重点建设基金的通知》。1984 年 11 月我国确立了电子信息产业发展战略，此后我国现代信息服务业飞速发展。1985 年 3 月 13 日，中共中央做出《关于科学技术体制改革的决定》。该决定指出，现代科学技术是新的社会生产力中最活跃和决定性的因素，全党必须高度重视并充分发挥科学技术的巨大作用。同时规定了当前科学技术体制改革的主要任务。

2. 迅速发展期：1991~2001 年

1992 年《中共中央、国务院关于加快发展第三产业的决定》（中发〔1992〕5 号）下发以来，我国服务行业的发展进入了新的篇章，整体稳定发展，服务产业结构升级；但同时也存在着服务行业需求过大，服务质量有待提升，在国际同行中处于劣势地位等问题。

1994 年，国家科学技术委员会提出发展科技服务的新政策，主要内容是：鼓励通过个人集资、引进外资等方式，兴办科技服务业，并在财政拨款、银行贷款业务中建立项目，开辟正式资金渠道；支持科技人员兴办各种所有制的经济实体，简化机构的审批、登记、注册手续，确定合理的最低开办资金和人员标准，科技服务的交易价格全部放开，随行就市；对科研机构、大专院校和部分政府机构都准予兴办科技服务业，实行企业化经营；按国家惯例尽快建立相应的制度法规，制定从业人员的资格认证制度；从事科技服务的机构，销售新技术企业享受包括减免税收等多项优惠政策。

2001 年，《国务院办公厅转发国家计委关于"十五"期间加快发展服务业若干政策措施意见的通知》（国办发〔2001〕98 号），该通知提出"十五"期间服务业发展的目标是：服务业增加值年均增长速度适当快于国民经济的增长速度，争取达到 7.5% 左右，占国内生产总值的比重由 2000 年的 33.2% 提高到 2005 年的 36%；服务业从业人员年均增长 4% 以上，累计新增就业人数争取达到 4 500 万人，占全社会从业人员的比重由 2000 年的 27.5% 提高到 2005 年的 33%。为实现上述目标，需采取优化服务业行业结构、扩大服务业就业规模、加快企业重组改革及放宽服务业市场准入等一系列措施。

3. 全面开放过渡期：2002~2006 年

按照加入世界贸易组织的协议，中国要打破服务业垄断和壁垒，逐步开放服务业市场。为此，中央出台一系列政策扩大服务业开放程度，优化服务结构，增强服务出口能力。2005 年 12 月 2 日，国务院发布《促进产业结构调整暂行规定》，明确产业结构调整的目标是：推进产业结构优化升级，促进一、二、三产业健康协调发展，逐步形成农业为基础、高新技术产业为先导、基础产业和制造业为支撑、服务业全面发展的产业格局，坚持节约发展、清洁发展、安全发展，实现可持续发展。该规定的第八条中首次提出：提高服务业比重，优化服务业结构，促进服务业全面快速发展。大力发展金融、保险、物流、信息和法律服务、会计、知识产权、技术、设计、咨询服务等现代服务业。

2006 年 3 月 16 日，《国民经济和社会发展第十一个五年规划纲要》第四篇"加快发展服务业"中明确指出：坚持市场化、产业化、社会化方向，拓宽领域、扩大规模、优化结构、增强功能、规范市场，提高服务业的比重和水平；第十六章"拓展生产性服务业"中指出：大力发展主要面向生产者的服务业，细化深化专业化分工，降低社会交易成本，提高资源配置效率；并用较大的篇幅具体安排了交通运输业、现代物流业、金融服务业、信息服务业、商务服务业等行业的发展方向和重点。第十七章"丰富消费性服务业"中指出：适应居民消费结构升级趋势，继续发展主要面向消费者的服务业，扩大短缺服务产品供给，满足多样化的服务需求；并且提出提升商贸服务业、大力发展旅游业等。

4. 全面开放新格局期：2007 年至今

针对我国服务业所占比重偏低、贡献率不高的现状，2007 年 3 月国务院下发了《关于加快发展服务业的若干意见》。该意见突出了以下方面。第一，"十一五"时期服务业发展的主要目标是：到 2010 年，服务业增加值占国内生产总值的比重比 2005 年提高 3 个百分点，到 2020 年，基本实现经济结构向以服务经济为主的转变，服务业增加值占国内生产总值的比重超过 50%。第二，坚定不移地推进服务领域对外开放，着力提高利用外资的质量和水平。第三，加大政策扶持力度，推动服务业加快发展；拓宽投融资渠道，加大对服务业的投入力度。同年，《中央财政促进服务业发展专项资金管理暂行办法》（财建〔2007〕853 号）发布，规定专项资金以奖励、贷款贴息和财政补助等方式用于支持面向居民生活、面向农村、面向生产的服务业等重点行业。2008 年 3 月，《国务院办公厅关于加快发展服务业若干政策措施的实施意见》发布，同样强调深化服务领域改革、提高服务领域对外开放水平以及大力培育服务领域领军企业和知名品牌等内容，以落实 2007 年《关于加快发展服务业的若干意见》提出的政策。

在"十一五"服务业取得大幅发展的基础上，《国民经济和社会发展第十二个五年规划纲要》提出：把推动服务业大发展作为产业结构优化升级的战略重点，营造有利于服务业发展的政策和体制环境，拓展新领域，发展新业态，培育新热点，推进服务业规模化、品牌化、网络化经营，不断提高服务业比重和水平。在第十五章，继续将生产性服务业的政策指导细化；并明确指出，深化专业化分工，加快服务产品和服务模式创新，促进生产性服务业与先进制造业融合，推动生产性服务业加速发展。在第十六章明确发展生活性服务业的准则是面向城乡居民生活，丰富服务产品类型，扩大服务供给，提高服务质量，满足多样化需求；具体指出优化发展商贸服务业、积极发展旅游业等，营造有利于服务业发展的环境。2013 年，《中央财政促进服务业发展专项资金管理办法》（财建〔2013〕4 号）发布。该文件详细规定了专项资金的分配、使用、监督检查与绩效评价等细则。

2016 年 3 月 16 日，《国民经济和社会发展第十三个五年规划纲要》指出加快推动服务业优质高效发展，开展加快发展现代服务业行动，扩大服务业对外开放，优化服务业发展环境，推动生产性服务业向专业化和价值链高端延伸、生活性服务业向精细和高品质转变。

2017 年 3 月，中华人民共和国商务部出台《服务贸易发展"十三五"规划》（商服贸发〔2017〕76 号），规划提出发展目标：服务贸易大国地位进一步巩固，服务贸易强国建设加快。"十三五"期间力争服务贸易年均增速高于全球服务贸易平均增速。技术、知识密集型和高附加值服务出口占比持续提升，人力资源密集型和中国特色服务出口优势进一步巩固，服务贸易在开放型经济发展中的战略地位显著提升。

2017 年 6 月，国家发展和改革委员会（简称国家发展改革委）印发《服务业创新发展大纲（2017—2025 年）》，其中提出服务业发展的主要目标是：到2025 年，服务业市场化、社会化、国际化水平明显提高，发展方式转变取得重大进展，支撑经济发展、民生改善、社会进步、竞争力提升的功能显著增强，人民满意度明显提高，由服务业大国向服务业强国迈进的基础更加坚实。在GDP 方面的目标是服务业增加值占 GDP 比重提高到 60%，就业人口占全社会就业人口比重提高到 55%。并且强调服务业的转型升级、优质高效发展、产业协同发展、打造服务业知名品牌等内容。

2018 年 12 月，市场监管总局、国家发展改革委联合印发《服务业质量提升专项行动方案》。该方案提出到 2020 年底，通过开展服务业质量提升专项行动，服务业整体竞争力持续增强，服务业质量治理和促进体系更加完善，服务质量监管进一步加强，服务消费环境有效改善，消费产品和服务质量不断提升，消费者满意度显著提高。

2019 年 6 月，《国务院办公厅关于促进家政服务业提质扩容的意见》（国办发〔2019〕30 号）发布。该意见从提高家政从业人员素质、着力发展员工制家政企业、增加家政服务有效供给、改善家政服务人员从业环境及提升家政服务人员健康水平等方面对家政服务行业做了工作安排。

2021 年 3 月，国家发展改革委等发布《关于加快推动制造服务业高质量发展的意见》（发改产业〔2021〕372 号）。该意见指出制造服务业的发展目标是：力争到 2025 年，制造服务业在提升制造业质量效益、创新能力、资源配置效率等方面的作用显著增强，对制造业高质量发展的支撑和引领作用更加突出。重点领域制造服务业专业化、标准化、品牌化、数字化、国际化发展水平明显提升，形成一批特色鲜明、优势突出的制造服务业集聚区和示范企业。并提出制造服务业发展要以提升创新能力、优化供给质量、提高生产效率、支撑绿色发展、增强发展活力及推动供应链创新应用为方向。

2021 年 11 月，工业和信息化部印发《"十四五"软件和信息技术服务业发展规划》，提出到 2025 年，规模以上企业软件业务收入突破 14 万亿元，年均增长12%以上等发展目标。需做好推动软件产业链升级、提升产业基础保障水平及强化产业创新发展能力等基础工作。

受持续多发的新冠疫情的影响，许多企业陷入困境。为帮助服务业领域困难行业渡过难关、恢复发展，2022 年国家发展改革委等部门印发《关于促进服务业领域困难行业恢复发展的若干政策》。该政策从税收减免、财政补贴等多个方面给予服务业普惠性支持，并且对受疫情影响较大的餐饮业、零售业、旅游业、运输业等行业给予特殊纾困扶持办法。并于同年出台《关于做好 2022 年服务业小微企业和个体工商户房租减免工作的通知》（国资厅财评〔2022〕29 号），以支持《关于促进服务业领域困难行业恢复发展的若干政策》的要求。

5.1.3　重庆市服务业政策演进

重庆市服务行业在近几年一直处于飞速发展之中，其经济增加总值超过第二产业，并且比重超过 50%。但是随着服务业发展的不断深化改革，重庆市服务行业的劣势也逐渐显现出来，相比于东部沿海地区，重庆市服务业占 GDP 比重相对较小，发展水平受到地区和自然环境的限制，政府和企业的认识水平不够等因素均阻碍了重庆市服务行业的发展。因此，重庆市推出全方位、多层次的政策来支持服务行业的健康发展。

2007~2008 年，国家出台了《国务院关于加快发展服务业的若干意见》（国发〔2007〕7 号）和《国务院办公厅关于加快发展服务业若干政策措施的实施意见》（国办发〔2008〕11 号）。紧跟国家政策，重庆市也加大了对服务业领域重点和热点问题调查研究的力度，并在此基础上出台了《重庆市促进现代物流业发展政策的实施意见》《重庆市重点现代物流企业和重点现代物流项目认定办法》和《重庆市人民政府关于加快主城区集装箱物流枢纽发展的意见》等一系列促进服务业发展的政策措施。2008 年，重庆市在多次深入调研和反复修改完善的基础上，牵头起草的《重庆市人民政府关于加快发展服务业的意见》于

11 月 17 日通过了市政府第 22 次常务会议审议，并于 2008 年 12 月 21 日正式发布实施，使重庆市服务业发展环境得到进一步优化。2009 年重庆市政府以专项资金等方式开始对服务行业进行探索性的支持，对利息减免、税收优惠等政策进行试点调研。2012 年，重庆市为做好现代服务行业的金融支持体系，规范现代服务业资金对服务企业的支持，出台了《财政部商务部关于批复重庆市两江新区现代服务业综合试点方案的通知》（财建函〔2012〕82 号）。

2016 年到 2018 年重庆市政府根据党中央、国务院重要文件，结合重庆市服务业现有状况颁布了一系列优化重庆市服务业发展的措施，加大了对重庆市服务行业的支持力度。例如，《重庆市人民政府办公厅关于加快发展战略性新兴服务业的实施意见》（渝府办发〔2016〕228 号）、《重庆市现代服务业综合试点专项资金管理办法》（渝财规〔2017〕5 号）、《重庆市人民政府办公厅关于进一步落实涉企政策促进实体经济平稳发展的意见》（渝府办发〔2018〕25 号）、《重庆市人民政府办公厅关于印发重庆市推动优化企业资产负债结构方案的通知》（渝府办发〔2018〕77 号）等，对于推进重庆市服务行业的资产负债结构改革，降低企业融资成本、提高融资效率，减轻重庆市服务行业赋税水平，优化服务行业创新发展等方面提出了具体要求，为重庆市服务行业的发展方向指明了道路，推动服务企业又好又快发展。

2019 年，为加快推进重庆市现代服务业发展，重庆市人民政府根据《服务业创新发展大纲（2017—2025 年）》和《重庆市以大数据智能化为引领的创新驱动发展战略行动计划（2018—2020 年）》的精神，拟定了《重庆市现代服务业发展计划（2019—2022 年）》，旨在解决当前我国服务业面临的发展整体水平不高、产业综合竞争能力不强、融合创新发展水平不高等问题，重点发展金融服务、现代物流、软件与信息服务及文化旅游等支柱服务业，预计到 2022 年时达成以下目标：服务业增加值突破 1.4 万亿元，年均增长 7%左右，服务业增加值占全市生产总值的比重达 54%左右，服务业占全社会从业人员的比重达 52%左右，服务业对全市税收的贡献率达 67%左右，服务业对经济增长的贡献率保持在 50%以上。

2020 年，新冠疫情突然暴发使部分服务企业陷入发展冰点，为缓解宏观环境带来的冲击，《重庆市人民政府关于新形势下推动服务业高质量发展的意见》（渝府发〔2020〕10 号）、《重庆市人民政府办公厅关于印发重庆市促进软件和信息服务业高质量发展行动计划（2020—2022 年）的通知》（渝府办发〔2020〕54 号）及《重庆市人民政府办公厅关于印发支持邮政快递业服务经济高质量发展若干意见的通知》（渝府办发〔2020〕117 号）等文件出台，提出以优化政府服务、加大财税和价格支持、强化金融要素支撑、保障用地需求、提升消费能力及扩大开放合作的方式，重点扶持软件及信息技术服务业、现代物流服务业、文化旅游体育服务等产业，努力克服疫情影响，推动重庆市服务业加快恢复发展。

2021 年，为认真贯彻落实《国务院关于同意在天津、上海、海南、重庆开展服务业扩大开放综合试点的批复》（国函〔2021〕37 号）精神，重庆市人民政府按照《商务部关于印发〈重庆市服务业扩大开放综合试点总体方案〉的通知》（商资发〔2021〕65 号）的要求印发了《重庆市服务业扩大开放综合试点工作方案》，该方案针对重点行业领域深化改革扩大开放、重点园区示范发展、优化服务业开放发展的体制机制等方面做了工作部署，旨在实现经过 3 年试点全面落实 86 项改革试点任务，力争探索形成 10 个以上可复制可推广的案例成果，服务业对经济增长贡献率显著提升，有力推动构建现代化服务产业体系的战略性目标。

5.1.4　服务业特征及问题

1. 服务业特征

随着服务业与高科技、信息技术的不断融合与发展，服务行业在我国已经进入了全新的领域，即知识型服务行业。从整体来看，我国现阶段不断发展的服务业呈现出以下特点。

（1）高渗透性。一方面，生产性服务业通过生产的研究、设计和后期的信息反馈等形式实现生产过程的服务；另一方面，服务是随同实物出售的重要产品，租赁系统、产品使用培训、产品维护、售后咨询等服务越来越成为产品除质量以外的核心竞争力，制造业的服务特性不断强化，这是服务业高渗透性特点的一个重要表现。现代服务业产业渗透能力的提升反映的是各产业分工细化水平的不断提升，同时也对金融支持提出了更高的要求，以期通过发挥金融体系的作用来解决分工带来的交易成本上升问题。

（2）高人力资本特性。现阶段服务业的突出特性就是智力资本的高度密集。自然条件、气候因素及地理环境都是第一产业农业的制约因素，而第二产业工业的发展往往需要巨额的资本投资，传统服务业主要受劳动力资源的限制，而现代服务业在发展过程中呈现出高学历、高技术的特性，佐证了现代服务业的发展主要受智力资本的限制，同时也说明了智力资本对现代经济发展的重要作用。

（3）高技术特性。服务业衍生出来的新业态往往是高新技术的最新应用者，他们对技术的新需求可以引导技术创新的方向，高新技术代表着现代服务业的未来发展方向。但高新技术产业呈现出高风险特性，传统的金融信贷无法承受高技术行业的高风险，而 PE（private equity，私募股权投资）、VC（venture capital，风险投资）等风投资金在我国的发展处于初期阶段，规模较小，目前金融供给无法有效满足高新技术行业的金融需求。由此可见，服务行业相较于农业与工业，资金缺口更巨大，更需要政府部门及金融机构的支持。

我国服务业除了上述整体特征，还呈现出较明显的地域差异。总体而言，东部地区发展水平远高于西部地区，沿海地区发展水平远高于内陆地区，部分区域还呈现出鲜明的集聚特征。目前，我国服务业发达地区主要有北京、上海、江苏、浙江、广东等，这些区域的服务业发展成熟、体系健全，无论是整体发展水平还是内部产业结构的合理性都走在我国服务行业的前列。

2. 服务业现阶段面临的问题

通过上述分析，不难发现我国服务业发展水平及发展质量都有了整体的跃升，但与发达国家相比仍然存在较大的差距，正处在转型升级的关键节点。总体而言，我国服务业现阶段面临的问题主要有以下三点。

（1）整体水平偏低，发展空间较大。由于我国服务业起步晚、层次低、规模小，服务业的整体发展水平与英国、美国等发达国家相比仍然偏低。统计显示，截至 2018 年 12 月 28 日，2018 年我国资本市场 3 584 家上市公司中，软件开发及服务行业上市公司仅有 166 家，占比仅为 4.6%。在 166 家沪深上市企业的市值排名中，市值超过百亿元的仅 28 家。由此可见，无论是与发达国家服务业对比还是与我国其他行业对比，我国服务业发展情况都稍显迟缓，在未来仍然存在较大的发展空间。

（2）内部结构不尽合理，产业关联程度低。从我国服务业的内部结构来看，我国服务业的发展重心虽然正在向高精尖的现代服务业过渡，但目前仍然停留在较为传统的住宿、餐饮、商贸服务等行业。信息时代和知识经济时代的到来开辟了服务业的新领域，但显然这些知识密集型行业并未发展成熟。例如，软件与计算机信息服务、科学研究和技术服务等行业目前仍然深陷智力资本匮乏、研发投入不足等困境，面临着不确定性强、抗风险能力弱等问题。同时，我国服务业行业之间的渗透融合虽然已经开始但远未完成，各产业之间的关联性仍然较为薄弱，并没有形成高效、集约、完善的产业体系。

（3）融资成本偏高、财务风险过大。我国服务业基本为民营企业，根据我国服务业上市企业的数据，截至 2021 年，一共有 452 家服务业上市企业，其中有161 家国有企业，291 家民营企业及外资企业等，说明民营企业在服务业中占比更大，而民营企业融资成本偏高、财务风险过大。从财务视角来看，我国服务业的产业结构和发展水平有待完善和提升，其主要原因在于大多数服务业民营企业未能跟上发达国家的发展节奏。与国有企业相比，我国服务业中的民营企业较普遍的因信息不对称和财务风险高等问题而承受着巨大的融资压力，资本结构的不合理最终反映为经营绩效的发展滞缓甚至持续走低。目前，我国服务业民营企业普遍面临着融资难、融资贵等问题，其中又以中小型服务企业问题最为显著。

综上，在市场需求、政策号召、内部结构等方方面面的影响下，如何缓解服务企业的融资约束、加快服务产业的转型升级、驱动国民经济新增长成了当前经济形势下的迫切需要。

5.2　中国服务型上市公司资本结构现状及特征

国民消费水平驱动发展的旅游业、快递业务爆发式增长催生的物流业、信息技术和知识经济时代下应运而生的高新技术服务业成了我国服务业现阶段发展最快、关注最多、特色最鲜明的三大典型服务行业。选取餐饮、住宿业，交通运输、仓储及邮政业及信息传输、软件、信息技术服务业分别代表旅游业、物流业及高新技术业，以这三大代表性服务行业上市公司 2010~2021 年的数据为样本，分析其资本结构特征。

5.2.1　各行业上市公司资本期限分析

1. 行业平均负债水平分析

根据图 5-7，总体来说，信息传输、软件、信息技术服务业的平均资产负债率最低，虽风险较小，但杠杆利用也最小；交通运输、仓储及邮政业的平均杠杆水平波动下降，而住宿、餐饮业的杠杆水平波动幅度巨大，甚至在 2021 年达 60% 以上，财务风险巨大。

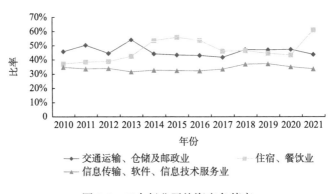

图 5-7　三大行业平均资产负债率

以下详细分析这三大行业的平均杠杆率水平。

1）信息传输、软件、信息技术服务业

由图 5-7 可知，信息传输、软件、信息技术服务业行业平均资产负债率从 2010 年开始至 2016 年一直处在一个较平稳的水平，2017 年由 33% 的平均资产负债率开始缓慢上升至 2019 的 37%，随后又降至初始水平附近。正值 2016 年国家出台《国民经济和社会发展第十三个五年规划纲要》，2017 年又出台《服务贸易发展"十三五"规划》，为该行业营造了良好的发展环境，融资门槛降低使其平均资产负债率略有提升。然而，该行业属于知识密集型行业，前期投入大，资金回收时限长，经营成果不确定，因此企业风险控制的意识较强，进而引起资产负债率的下降。一方面，是由于企业缺少固定资产抵押物而无法取得性价比高的银行贷款；另一方面，为了避免过高的财务风险使企业走向破产，企业会更多地引入权益资本，更少地选择债务资本，以此在维持日常运营的同时也促进企业自身的稳定发展。

2）交通运输、仓储及邮政业

由图 5-7 可知，该行业平均资产负债率水平在 2010~2014 年波动幅度较大，但最终回归至最初水平 44%左右后保持大体平稳，2018 年略有提升。2010 年，随着淘宝、京东等电商平台的兴起，主攻快递业务的物流服务业飞速发展，供应链上下游各类企业也在不断发展壮大，大量社会资本涌入该行业，各方资本博弈使得该行业平均资产负债率波动较大，随后趋于稳定。在蓬勃发展几年后，市场前景的广阔和企业规模的不断扩大使得企业的资金需求更迫切。企业借助地产、房产、运输设备等固定资产进行抵押，向银行申请不同期限、不同利率的借款，发挥财务杠杆的最大作用，使行业平均资产负债率稳中有升。

3）住宿、餐饮业

由图 5-7 可知，该行业资产负债率水平整体处于持续大幅上升趋势。在 2010~2015 年，资产负债率从 37%上升至 56%，债务融资成为我国该行业更受上市公司青睐的融资方式。由于旅游行业存在较为鲜明的特殊性，旅游项目往往前期投资巨大，企业在对旅游资源进行开发时偏好选择时间长、利率低、额度大的项目融资。一般而言，旅游项目的投资回收期漫长，在旅游项目日常运营和管理期间，企业往往选择短期流动贷款、短期融资券、公司债券等方式再度融资，以偿还前期的巨额债务。因此，与其他行业相比，该行业资产负债率水平长期偏高。为了减轻企业债务负担，自 2016 年起，国家集中出台了一系列政策措施缓解旅游业"债台高筑"的问题。在中央与地方政府的共同调控下，我国旅游业上市公司的资产负债率水平也开始呈现出下降趋势，从 2016 年的 54%下降至 2020 年的 43%，降低了 11 个百分点。然而该行业因新冠疫情的巨大冲击，其杠杆水平于 2021 年猛升至 61%，面临巨大财务风险，陷入经营困境。

2. 行业债务结构分析

从行业平均流动负债比率（图 5-8）来看，信息传输、软件、信息技术服务业最高，交通运输、仓储及邮政业最低，两大行业总体均呈现平稳状态，住宿、餐饮业前期较稳定，2021 年呈断崖式下跌；从另一个侧面——行业平均非流动负债比率（图 5-9）来看，三大行业呈现相反的特征，信息传输、软件、信息技术服务业和交通运输、仓储及邮政业分别稳定处于低位、高位，而住宿、餐饮业前期稳定，于 2021 年陡增。

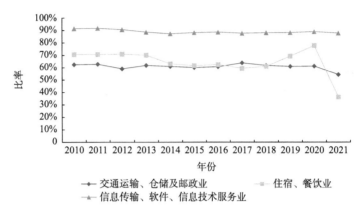

图 5-8　三大行业平均流动负债比率

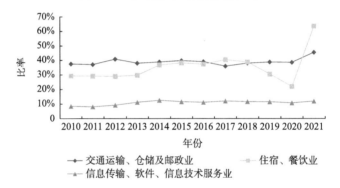

图 5-9　三大行业平均非流动负债比率

以下详细分析三大行业的负债比率。

1）信息传输、软件、信息技术服务业

结合图 5-8、图 5-9 可知，该行业平均流动负债比率多年一直维持在 88% 左右，反之，平均非流动负债比率稳定在 12% 左右，其属于知识密集型行业，以轻资产为特征，企业缺少诸如固定资产等高抵押价值物品而较难取得长期贷款，所以长期以来流动负债占比较大。

2）交通运输、仓储及邮政业

结合图 5-8、图 5-9 可知，该行业平均流动负债率稳定在 60% 左右，平均非流动负债比率在 40% 左右，多年无明显变化，唯独在 2021 年其流动负债比率下降了 7 个百分点，相应的非流动负债比率上升了 7 个百分点。该行业有大量的基建投入，此投入一般工程量大、回收期长，需要长期负债予以支持，所以其用于日常周转经营的流动负债比率较低。然而为应对新冠疫情的冲击，该行业充分利用国家出台的扶持政策，增加了长期资金以应对风险。

3）住宿、餐饮业

结合图 5-8、图 5-9 可知，从 2010 年到 2018 年，该行业平均流动负债比率稳中有降，平均非流动负债比率则略有上升；2018 年后，平均流动负债比率上升，平均非流动负债比率下降，整体幅度约为 16 个百分点；然而，由于旅游行业性质特殊，其受新冠疫情冲击巨大，在短短一年内其平均流动负债比率从 78%降至 36%，非流动负债比率则从 22%升至 64%，原因在于疫情期间整个旅游行业几乎处于停产停业状态，不需要流动资金满足日常经营的需要。

3. 行业资产结构分析

从资产中流动负债和非流动负债分别占比几何这个角度来看（图 5-10、图 5-11），信息传输、软件、信息技术服务业和交通运输、仓储及邮政业的总资产构成较为稳定，其中信息传输、软件、信息技术服务业流动负债占比高、非流动负债占比低，而交通运输、仓储及邮政业流动负债占比较低、非流动负债占比高；住宿、餐饮业总资产构成比率波动较大。

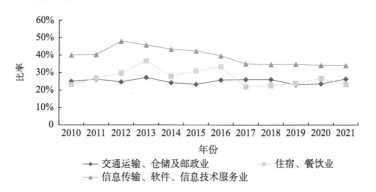

图 5-10　三大行业平均流动负债占总资产比率

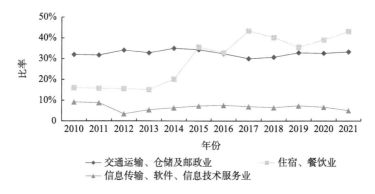

图 5-11　三大行业平均非流动负债占总资产比率

以下详细分析三大行业的非流动负债比率。

1）信息传输、软件、信息技术服务业

结合图 5-10、图 5-11 可以了解到，在信息传输、软件、信息技术服务业的总资产中，有近 40%为流动负债，在这三大行业中最高，不足 10%为非流动负债，为三大行业中最低，其余为股权资本；这与其行业特征有关，轻资产的经营模式使得该行业不需资本成本高的长期债务。

2）交通运输、仓储及邮政业

结合图 5-10、图 5-11 可知，在交通运输、仓储及邮政业的总资产中，25%左右为流动负债，30%左右为非流动负债，其余为权益资本，该比率多年来处于稳定状态，说明该行业发展较为成熟，其各方资本已完成基本配置。

3）住宿、餐饮业

结合图 5-10、图 5-11 可知，住宿餐饮业的总资产构成占比波动较大，从 2010 年至 2016 年，其流动负债占比从 23%波动上升至 33%，2017 年回落至 22%随后保持大体稳定；从非流动负债占比来看，在 2010 至 2014 年间总体稳定在 15%左右，随后几年历经三起两落升至 2021 年的 39%，并于 2015 年和 2017 年出现两个峰值，随着旅游行业的不断发展，由于旅游项目投资的特殊性——前期投入大、回收期长，需要长期负债给予融资支持，短期债务只能辅助其日常经营。

综上所述，从债务期限来看，信息传输、软件、信息技术服务业偏好流动性强的短期负债，并且其资本结构总体稳定；交通运输、仓储及邮政业的债务构成及资产构成总体稳定，无明显偏好，但由于行业特性，其非流动负债占比大于流动负债占比；住宿、餐饮业债务构成、资本构成变化波动较大，融资倾向不明确，原因可能在于旅游行业的项目投资特殊性。

5.2.2　各行业上市公司资本来源分析

本书按照通常做法，以国泰安数据库中提供的 2010~2021 年的现金流量表，计算股权融资率（权益性融资额占外部总融资额的比率）、债券融资率（发行债券融资额占外部总融资额的比率）、借款融资率（向银行或其他金融机构借款占外部总融资额的比率）及其他融资率（除上述融资方式以外的资金流入额占外部总融资额的比率），以此分析三大行业的外部资本来源情况。

1. 三大行业外部资本来源情况

1）交通运输、仓储及邮政业

从图 5-12 可知，交通运输、仓储及邮政业外部资本主要来源于银行或其他金融机构借款,多年来均稳定在 70%左右,股权、债券及其他融资方式共仅占 30%左右。

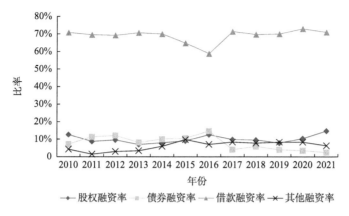

图 5-12　交通运输、仓储及邮政业外部资本来源情况

2）住宿、餐饮业

从图 5-13 可知,以住宿、餐饮业为代表的旅游业仍然以银行或金融机构借款为外部主要融资渠道,但波动较大,最高可达 90%,最低仅为 40%,原因在于 2010 年左右随着国内经济发展水平的提高,人民对旅游的需求也水涨船高,拉动了旅游企业的投资需求,金融机构借款凭借其便捷性成为旅游企业发展前期的主要融资方式,但随着企业发展成熟,这种高风险的融资方式逐渐被股权所取代。同时,由于新冠疫情造成的冲击,旅游行业出现巨大经营风险,因此 2021 年的金融机构借款融资率呈断崖式下跌。

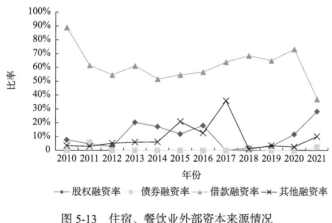

图 5-13　住宿、餐饮业外部资本来源情况

3）信息传输、软件、信息技术服务业

从图 5-14 可知,信息传输、软件、信息技术服务业以银行等金融机构借款为

主要外部融资渠道,股权融资次之,以融资租赁等其他融资方式筹资的情况极少,并且几乎不发行债券。

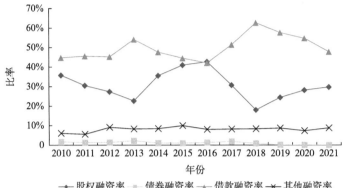

图 5-14　信息传输、软件、信息技术服务业外部资本来源情况

2. 三大行业外部资本来源比较情况

1）股权融资率

根据图 5-15,我们可以发现相对于交通运输、仓储及邮政业和住宿、餐饮业,信息传输、软件、信息技术服务业最倾向于股权融资,融资率在 35% 上下波动,另外两个行业均保持在 10% 左右,不同的是交通运输、仓储及邮政业较为稳定,而住宿、餐饮业波动幅度较大。

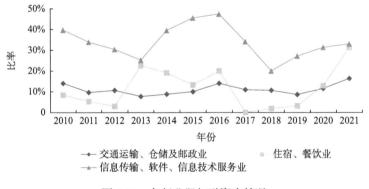

图 5-15　各行业股权融资率情况

2）债券融资率

从图 5-16 我们可以了解到,这三大行业均不倾向于发行债券筹资,债券融资比率最高的交通运输、仓储及邮政业也仅为 10% 左右,住宿、餐饮业和信息传输、软件、信息技术服务业几乎不发行债券。

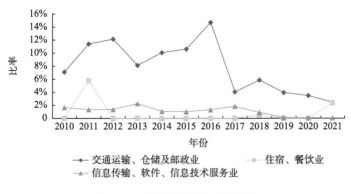

图 5-16 各行业债券融资率情况

3）借款融资率

从各行业向银行等金融机构借款融资的情况来看（图 5-17），交通运输、仓储及邮政业最高，稳定在 70%左右；住宿、餐饮业次之，在 60%附近上下波动；最低的是信息传输、软件、信息技术服务业，在 50%左右。

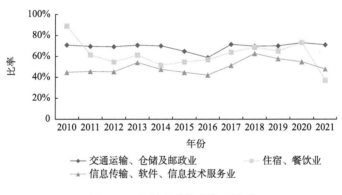

图 5-17 各行业借款融资率情况

综上所述，我们可以发现三大典型服务行业倾向于向银行等金融机构借款融资，较少发行股票筹资，很少发行债券，并且，相对于住宿、餐饮业和信息传输、软件、信息技术服务业来说，交通运输、仓储及邮政业的借款融资比率是最高的。

5.3 本 章 小 结

本章首先介绍了服务业在初始期、迅速发展期、全面开放过渡期及全面开放新格局期共四个阶段的不同发展状况，随后介绍了不同阶段国家出台的促进服务业发展的政策，为更好地服务于重庆市本地企业，特别介绍了重庆市促进服务业发展的政策演进历史，归纳总结了服务业的特征并指出当前服务业发展面临的问题。以此为基础，本章详细分析了物流业、旅游及高新技术企业的资本结构特征，分析了这三大典型服务行业融资期限和来源上的特征，从债务期限的视角来看，高新技术企业偏好流动性强的短期负债，并且其资本结构总体稳定；物流业由于其行业特性，非流动负债占比大于流动负债占比，资产构成总体稳定；而旅游业债务构成、资本构成变化波动较大，融资期限倾向不明确，原因可能在于旅游行业的项目投资特殊性。从外部融资来源的视角看，三大典型服务行业均倾向于向银行等金融机构借款融资，较少发行股票筹资，很少发行债券。

第6章 服务企业资本结构影响因素的理论和实证分析

如第 2 章所回顾的，企业的资本结构受到三类因素的影响，分别是宏观因素、公司特征因素及公司治理结构，后两者可归并为微观因素。那么，这些因素会对服务企业资本结构的安排产生何种影响呢？影响程度如何呢？这是本章试图回答的问题。

6.1 宏观因素影响服务企业资本结构选择的理论和实证分析

本节所提的宏观因素更大程度上指的是宏观经济环境，指的是一国或一地区的总体经济环境，如经济发展水平、货币政策、财政政策、经济政策不确定性等方面的情况。

6.1.1 宏观因素影响资本结构安排理论分析

1. 经济发展水平

经济发展水平反映了一国经济发展的规模、速度和所达到的水准。反映一个国家经济发展水平的常用指标有 GDP、国民收入、人均国民收入、经济发展速度、经济增长速度。经济的快速发展会给企业带来更多的发展和成长机会，引起资金需求、自由现金流量的变动，从而带来企业资本结构的调整。经济发展水平高，市场需求旺盛，企业势必会通过扩大生产规模以提高产量或是抬高销售价格的方式来提高自身营利能力，使企业的内部资金充足。从权衡理论的角度来看，营利能力提高，可减少企业的经营风险和财务风险，企业会适当提高杠杆水平来获取债务税盾效应。从代理成本的视角来看，企业营利能力的强大，会给企业带来充裕的内部资金流，经理人为维护扩大自身的经营管理权，更倾向于随意支配企业内部自由现金流，将其投资于净现值为负的项目，造成非效率投资，损害股东权益。为约束经理人的自利行为，势必要通过提高债务比例减少企业自由现金流的同时发挥债务治理效应强化对经理人的约束，引起企业负债水平提高。另外，经济发展水平高会给企业带来更多的成长和发展机会，扩大企业投资需求，从而提高企业的负债比例（黄辉，2009；黄世英和吴琼，2015；金桂荣，2016）。本节选取 GDP 增长率作为衡量经济发展水平的代理指标。

假设 6-1：经济发展水平与资本结构呈正相关关系，即经济繁荣时期企业的负债水平较高，而在经济衰退时期企业的负债水平较低。

2. 货币政策

货币政策主要是通过调整货币供应量和利率水平来改变社会经济体系中的资金存量和融资成本来实现其目标。作为宏观经济的核心政策之一，会对企业杠杆率的变化产生重要影响，其影响机制主要有两种，即利率传导机制和信贷传导机制。在宽松的货币政策下，银行信贷规模扩张，借款利率降低，这意味着企业可通过较低的融资成本获取更多的外部资金，从而提高企业负债水平。在紧缩型货币政策下，银行信贷规模缩小的同时利率也会升高，这会提高企业的融资成本，进而降低企业的负债水平，实现紧缩型货币政策的目标。曾海舰（2010）探讨了 1998 年信贷扩张和 2004 年信贷紧缩对公司资本结构的影响，研究发现信贷扩张后企业负债水平上升，而信贷紧缩后企业负债水平下降。因此，本节选取狭义货币供给量 M1 的增速作为货币政策的衡量指标。

假设 6-2：货币政策与企业资本结构呈正相关关系，即货币政策宽松时期企业的负债水平较高，货币政策紧缩时期企业负债水平较低。

3. 财政政策

财政政策通常指政府通过财政支出与税收政策来调节总需求。积极的财政政策表现为政府财政支出增加、税率降低、增加国债等，企业将面临更多的投资机会（成长机会），会造成企业资金需要总量增加。并且，政府往往通过调低国债发行利率带动金融市场利率水平下降，这会降低企业的融资成本，进一步刺激企业的外部融资需求，从而推动企业负债水平上升。适度从紧的财政政策表现为政府财政支出减少、税率增高、减少国债，政府一般通过调高国债发行利率推动金融市场利率水平上升，进而引起企业融资成本抬高，增大企业融资约束，这会减少企业的融资需求，推动企业的负债水平降低。为此，本书以年度财政支出增长率衡量财政政策。

假设 6-3：财政政策与企业资本结构呈正相关关系，即积极的财政政策会提高企业的负债水平，适度从紧的财政政策会降低企业负债水平。

4. 经济政策不确定性

资本结构的形成受企业内外部多种因素的影响，其中，经济政策的不确定性——即由于政府未来经济政策不明朗，尤其是经济政策在未来方向和强度上不明确，市场主体无法确切预知政府在未来是否、何时及如何改变现行政策而引致的风险——是企业始终高度关注的重要问题。面对经济政策的不确定性，从行为经济学的角度看，微观主体往往存在规避的心理，通常会犹疑不决而倾向于观望甚至不作为，拖延很可能成为其最优策略，因而错失投资机会，减少融资需求。同时，为规避不确定性带来的风险，企业通常也不敢过度负债，反而会保持谨慎的态度，引起负债水平下降。因此，经济政策不确定性采用由 Baker 等构建、由斯坦福大学和芝加哥大学联合披露的中国经济政策不确定性指数加以测度。

假设 6-4：经济政策不确定性与资本结构呈负相关关系，即经济政策不确定性程度越大，负债水平越低。

6.1.2　宏观因素影响资本结构安排实证分析

基于前文的理论分析，本节将构建数理模型，实证分析宏观因素对交通运输、仓储及邮政业，住宿、餐饮业和信息传输、软件、信息技术服务业三大行业资本结构安排产生何种影响。

1. 数据来源及说明

本节的样本研究时间为 2010~2021 年，经济发展水平、财政政策、货币政策的数据来源于国家统计年鉴、经手工整理得到，经济政策不确定性的指标使用 Baker 等构建、由斯坦福大学和芝加哥大学联合披露的中国经济政策不确定性指数。由于该指标为月度数据，本节将该指数取一年的平均值除以 100 作为该年整体的经济政策不确定性指数。其余微观层面的控制变量来源于国泰安数据库，初始研究样本为 2010~2021 中国沪深 A 股交通运输、仓储及邮政业，住宿、餐饮业和信息传输、软件、信息技术服务业三大行业的公司。按照以下标准进行筛选：①剔除金融保险类公司数据；②剔除 ST、*ST 和 PT 类、退市公司数据；③剔除财务数据缺失、异常，资产负债率大于 1 的公司数据；④剔除关键变量数据缺失的样本；⑤剔除样本每年的重复观测。经过以上筛选，最终得到 2 167 个"公司—年度"观测值。为避免异常值对研究结果的影响，本节对连续变量在前后 1% 的水平上进行了 Winsorize 处理。

2. 变量设计

资本结构可以有两种度量方式，一种是账面资本结构，另一种是市值资本结构。结合本章的研究目的和指标的可获得性，选择账面资产负债率作为资本结构的替代变量，资产负债率=负债/总资产。将经济发展水平、财政政策、货币政策、经济政策不确定性指数作为解释变量，考察其对资本结构安排的影响。同时控制了一系列公司层面的微观变量，如公司规模、营利能力、成长性、资产有形性、资产流动性。具体见表 6-1。

表 6-1　变量定义表（一）

变量类型	变量名称	变量符号	变量定义
被解释变量	资产负债率（账面）	TD	总负债/总资产
	流动负债与总资产比率	SD	流动负债/总资产
	长期负债与总资产比率	LD	长期负债/总资产
解释变量	GDP 增长率	GDPGR	（本期 GDP−上期 GDP）/上期 GDP×100%
	货币供应量（M1）增长率	M1GR	（本期 M1−上期 M1）/上期 M1×100%
	年度财政支出增长率	FPGR	（本期支出−上期支出）/上期支出×100%
	经济政策不确定性指数	EPU	经济政策不确定性指数
控制变量	公司规模	Size	总资产的自然对数
	营利能力	ROA	净利润/平均总资产
	成长性	Grow	主营业务增长率=（本年主营业务收入−上年主营业务收入）/上年主营业务收入
	资产有形性	Tangible	（固定资产+存货）/总资产
	资产流动性	LIQU	速动资产/总资产

3. 模型设计

为了考察宏观因素对上市公司资本结构的影响，结合前文变量选择，构建检验模型，如下所示：

$$\mathrm{TD}_{i,t} = \partial_0 + \partial_1 \mathrm{GDPGR}_t + \partial_2 \mathrm{M1GR}_t + \partial_3 \mathrm{FPGR}_t + \partial_4 \mathrm{EPU}_t + \partial_i X_{i,t} + \varepsilon_{i,t}$$
（6-1）

$$\mathrm{SD}_{i,t} = \partial_0 + \partial_1 \mathrm{GDPGR}_t + \partial_2 \mathrm{M1GR}_t + \partial_3 \mathrm{FPGR}_t + \partial_4 \mathrm{EPU}_t + \partial_i X_{i,t} + \varepsilon_{i,t}$$
（6-2）

$$\mathrm{LD}_{i,t} = \partial_0 + \partial_1 \mathrm{GDPGR}_t + \partial_2 \mathrm{M1GR}_t + \partial_3 \mathrm{FPGR}_t + \partial_4 \mathrm{EPU}_t + \partial_i X_{i,t} + \varepsilon_{i,t}$$
（6-3）

式中，$\mathrm{TD}_{i,t}$、$\mathrm{SD}_{i,t}$、$\mathrm{LD}_{i,t}$ 分别为 i 公司在 t 年的账面资产负债率、流动负债率、长期负债率；∂_1、∂_2、∂_3、∂_4 为解释变量对应的系数；$X_{i,t}$ 为一系列控制变量；$\varepsilon_{i,t}$ 为随机干扰项。

4. 实证结果分析

1）变量描述性统计

表 6-2 报告了以下几个方面的信息：第一，在经济发展水平方面，GDP 增长率均值为 7.1%，最大值为 10.6%，最小值为 2.3%，标准差为 1.83，说明我国宏观经济发展水平波动幅度略大，但整体上处于高增长态势。第二，货币供应量增长率方面，均值为 10.4%，标准差为 6.502，表明我国货币政策总体上处于宽松状态，但在有些年份实行紧缩性货币政策，波动程度较大。第三，从财政支出增长率方面来看，均值为 11%，标准差为 5.138，反映国家的财政政策是积极支持服务业发展的，增速最高时可达到 21.6%。第四，经济政策不确定性指数的均值为 3.217，标准差为 2.249，表明我国的经济政策的总体变动较大，处于不稳定的状态。第五，资产负债率的均值为 35.9%，最高的可达 79.3%，最低仅 3.4%，这反映了交通运输、仓储及邮政业，住宿、餐饮业及信息传输、软件、信息技术服务业的负债水平总体偏低，但很不均衡，部分企业财务风险过大，而另有一部分企业没能合理地利用杠杆。同时，流动负债水平均值为 26.2%，远远高于长期负债水平均值 8.1%，这表明企业主要以短期资金维持日常运营，其余微观层面控制变量各值均处在合理范围，此处不再一一赘述。

表 6-2　变量描述性统计表（一）

变量	样本量	均值	标准差	最小值	中位数	最大值
TD	2 167	0.359	0.181	0.034	0.358	0.793
SD	2 167	0.262	0.142	0.028	0.240	0.653
LD	2 167	0.081	0.116	0	0.019	0.474
GDPGR	2 167	0.071	1.830	0.023	0.070	0.106
M1GR	2 167	0.104	6.502	0.015	0.086	0.214
FPGR	2 167	0.110	5.138	0.029	0.087	0.216
EPU	2 167	3.217	2.249	0.989	2.444	7.918
ROA	2 167	0.060	0.041	0.003	0.053	0.220
Size	2 167	22.130	1.379	19.830	21.910	26.150
Tangible	2 167	0.286	0.205	0.011	0.233	0.800
LIQU	2 167	0.447	0.236	0.056	0.452	0.944
Grow	2 167	0.217	0.363	−0.352	0.138	2.120

2）回归分析

根据前述理论，本书采用面板数据进行 OLS（ordinary least square，普通最小二乘法）回归分析，回归结果如表 6-3 所示。GDP 增速与企业资产负债率、流动负债与总资产比率呈正相关关系，符合权衡理论和代理成本理论，说明经济发展环境的向好，一方面会扩大企业的投资需求，另一方面也会降低企业财务风险，补充内部现金流,从而引起总体负债水平和流动负债水平的上升;但却与长期负债水平负相关,且并不显著,这可能是由于长期的负债政策具有时滞性,无法反映在当期的GDP情况下。货币供应量增长率与总体负债水平在5%的水平下显著负相关,与流动负债水平和长期负债水平也呈负相关关系,但并不显著,结论与之前假设不一致。原因在于我国服务业始终面临着融资难、融资贵的问题,宽松型的货币政策从大范围上降低了信贷利率,增加了货币供应量,但并未能如预期般作用到服务业融资问题上,政策效应不明显。年度财政支出增长率与负债水平和流动负债比率负相关,并不显著;与长期负债比率在5%的水平下显著正相关,这可能是因为宽松的财政政策增加了政府财政补贴支出,国债利率的下降带动金融市场利率下降,降低企业融资成本,进而推动负债水平上升。经济政策不确定性指数与总体负债水平在10%的水平下显著正相关,与流动负债水平和长期负债水平呈正相关关系,但并不显著,未能证实负相关的原假设,这是由于处在经济不确定情况下的三大行业,为增强自身营利能力、发展能力,需要借助外部资金以获利,所以推动负债水平上升。

表6-3　宏观因素对资本结构影响的回归结果

变量	（1）TD	（2）SD	（3）LD
GDPGR	0.003	0.003	−0.000
	（0.85）	（0.95）	（−0.10）
M1GR	−0.001**	−0.000	−0.000
	（−2.01）	（−0.99）	（−1.50）
FPGR	−0.000	−0.001	0.002**
	（−0.05）	（−1.52）	（2.42）
EPU	0.004*	0.003	0.000
	（1.74）	（1.63）	（0.28）
ROA	−1.403***	−1.028***	−0.314***
	（−16.79）	（−13.40）	（−6.36）
Size	0.046***	0.014***	0.029***
	（15.08）	（5.04）	（15.80）
Tangible	0.104***	0.115***	0.001
	（5.08）	（6.08）	（0.11）
LIQU	−0.018	0.174***	−0.180***
	（−0.88）	（9.17）	（−14.74）
Grow	0.057***	0.057***	−0.001
	（6.46）	（6.98）	（−0.27）
_cons	−0.633***	−0.124*	−0.462***
	（−8.27）	（−1.76）	（−10.23）

续表

变量	（1）	（2）	（3）
	TD	SD	LD
N	2 167	2 167	2 167
R^2	0.358	0.124	0.453

***、**、*分别表示在 1%、5%、10%的水平下显著

注：括号内数值为 t 值

3）多重共线性检验

为避免样本出现多重共线性问题而影响回归估计结果，本书对模型进行多重共线性检验，检验结果如表 6-4 所示。该模型的方差膨胀因子的平均值为 2.2，膨胀因子数值均小于经验值 10，故认为该模型不存在多重共线性问题。

表 6-4 多重共线性检验结果表

变量	方差膨胀系数	容忍度
GDPGR	4.62	0.216 595
FPGR	3.13	0.319 550
EPU	2.61	0.382 933
LIQU	2.43	0.410 785
Tangible	1.83	0.547 416
Size	1.83	0.547 845
ROA	1.18	0.844 300
M1GR	1.13	0.885 940
Grow	1.07	0.933 977
MeanVIF		2.20

6.2 微观因素影响服务企业资本结构选择的理论和实证分析

本节研究所提及的微观因素包括公司特征和公司治理结构两个方面，公司特征指的是营利、偿债、营运等方面呈现出的不同状况，公司治理结构指的是内外部治理机制的安排。

6.2.1 公司特征因素影响资本结构安排理论分析

资本结构理论和已有的实证研究结论表明，公司规模、资产担保价值、非债务税盾、产生内部资源的能力、收入变异的程度及资产有形性等公司特征因素会

对企业资本结构的安排产生较大的影响，本节研究目的在于考察中国服务业上市公司特征如何影响企业资本结构的安排。

1. 公司规模

一般认为，规模大的企业倾向于多元化经营，风险分散，破产的可能性较低。根据权衡理论的观点，规模大的企业由于破产成本低，会选择更高的债务水平来享受税盾好处。同时，大规模企业一般而言具有稳定的现金流，抗风险能力较强，不容易陷入财务困境。因此，大公司比小公司更倾向于较高水平的负债。

关于公司规模与债务水平的关系并没有得到一致的结论。学界对该问题的研究结论基本可以分为三类：①公司规模与负债率呈正相关关系。国内学者肖作平和吴世农（2002）、童勇（2004）、戴金平等（2009）、邢天才和袁野（2013）等认为公司规模与负债率呈正相关。②公司规模与负债率无显著相关关系。陆正飞和辛宇（1998）以主营业务收入之自然对数和资产担保价值为解释变量进行回归分析，发现虽然公司规模和负债率正相关，但是不显著。③公司规模与负债率呈负相关关系。王娟和杨凤林（2002）以资产担保价值和总资产对数为解释变量进行回归，结果发现，二者均与负债率呈显著的负相关关系。得出类似结论的还有胡跃红和郑震（2005）、赖晓东和赖微微（2008）、上官绪明（2016）等学者。本节以总资产的自然对数作为公司规模的代理指标。

在中国，公司规模越大，越容易得到政府、金融机构信任从而获得银行信贷，故提出假设6-5：公司规模与负债水平正相关。

2. 偿债能力

偿债能力是指企业偿还其外部长短期借款的能力，从偿债能力的强弱能看出公司的财务经营情况。通常情况下，偿债能力越强的公司，越容易取得较低成本的外部债务融资，则此时公司可适当增加其负债的比例，以发挥财务杠杆的作用。杨楠（2014）以流动比率和速动比率代表创业板高新技术中小企业的偿债能力进行实证检验，发现偿债能力与资本结构之间呈显著正相关关系。但是如果公司短期偿债能力强，说明企业营运资金充足，因此公司在进行投资时，就会减少外部负债融资需求，而优先使用公司的营运资金，从而导致公司杠杆水平的下降。童年成（2010）以交通运输、仓储业上市公司为样本的研究表明，偿债能力与资产负债率显著负相关。本节以流动比率和速动比率衡量公司的偿债能力。

假设6-6：企业偿债能力与负债水平呈负相关关系。

3. 营利能力

根据优序融资理论，企业在筹集资金时，首先会考虑内部融资，当内部留存资金无法满足资金需求时，才会考虑外部融资。外部融资包括债券融资和股权融资两种类型，只有当债务融资仍未能弥补资金缺口时，企业才会考虑股权融资。由此可见，经营情况良好的企业，其营利能力就会提升，其内部留存的资金就会增多，这时公司的管理者就会减少对外部债务融资的需求，资产负债率也就会比较低，同时，由于内部留存收益属于股东权益，所以股东权益比率会提高。许多学者检验了企业营利能力对财务杠杆的影响，并且一般都证实了上述假设。例如，国内学者冯根福等（2000）、陈维云和张宗益（2002）、柳松（2005）、戴金平等（2009）也证实了这一理论。

从权衡理论的角度来看，企业营利能力对资本结构有正向效应，因为随着营利能力的提高，企业的破产风险和财务危机成本会下降，企业则会提高负债比重，此外，营利的企业在考虑债务的利息抵税效应时也会提高负债比重，而营利少的企业则正好相反，即意味着营利能力与债务水平正相关。本节采用营业收入净利率、总资产收益率及净资产收益率三个指标来共同衡量营利能力。

假设 6-7：营利能力与债务水平负相关

4. 资产营运能力

根据融资优序理论，营运能力越强的企业，企业的财务状况越好，融资时企业将优先使用留存收益，会更多地依赖于内源融资，即倾向于先内源融资后外源融资，因此资产负债率会随之降低。杨楠（2014）以存货周转率和应收账款周转率代表企业营运能力，经实证检验得出结论：营运能力与负债水平负相关。童年成（2010）以总资产周转率作为营运能力的代理指标，得出了相同的结论。据此，本节以存货周转率和应收账款周转率代表企业营运能力。

假设 6-8：营运能力与资本结构负相关。

5. 资产结构

权衡理论及信息不对称理论等经典资本结构理论都认为公司的资产结构，即有形资产占比、无形资产占比会影响公司资本结构的选择。一是由于资产是公司偿还债务的物资保障，因此有形资产比重较高的公司更容易获得金融机构的借款和发行债券，从而提高公司负债比例。二是当公司提供有形资产做担保时道德风险将减少，因为这向债权人传达了正面信号，其能在公司违约时出售这些资产，基于此，债权人愿意向公司提供资金。

根据代理成本理论，由于股东和债权人的利益冲突，债权人面临着道德风险和逆向选择问题。当公司发行负债后，将其投资于风险更高的资产，从而从债权人那里谋取价值（财富从债权人转移到股东手中），于是出现了资产替代效应问题。有形资产的担保能在一定程度上降低负债代理成本，限制这种机会主义行为。因此，资产的有形性与负债水平正相关。

许多实证研究都得出企业资产中有形资产占比越高，负债水平也越高的结论，其中经典的，如肖作平（2004b）的研究。但学者姜付秀和黄继承（2011）认为资产结构与资本结构没有关系。本节分别选取无形资产占总资产的比重、固定资产占总资产的比重作为资产结构的度量指标。

假设6-9：资产有形性与负债水平正相关。

6. 公司年龄

公司上市的时间越长，越有可能与银行及供应商建立起良好的信用关系，因而我们预期公司年龄与企业的债务水平正相关。本书以公司上市年限的自然对数作为公司年龄的代理变量。

假设6-10：公司年龄与资本结构正相关。

7. 资产流动性

资产流动性主要是指公司不同资产的变现能力，其对资本结构的影响是混合的。一方面，公司的资产流动性水平较高，说明其偿付债务的能力较强，基于此，资产流动性应与负债水平正相关。另一方面，公司资产的流动性程度比较高，有可能使用这些流动性资产作为新项目投资的资金来源，从而减少对债务的需求。所以，资产流动性对财务杠杆的比率起到了一个负向的影响。

学术界现有研究大多同意第二种说法，即资产流动性与负债水平负相关。肖作平（2004b）以流动比率度量资产流动性，以总负债/总资产度量资本结构，研究发现资产流动性与负债水平负相关。陈维云和张宗益（2002）的研究也得出了相同的结论。本节以速动资产/总资产的比率衡量资产流动性。

假设6-11：资产流动性与负债水平负相关。

8. 公司成长性

从代理成本的视角来看，成长性越高的公司，投资需求越大，就需要从外部进行股权或债务融资以满足资金需求。债务融资虽然具有杠杆效应，可成倍放大企业的收益，并且可发挥抵税效应，一定程度上减轻企业负担；但是需要定期定额支付利息费用，对于处在成长期的公司而言，是沉重的债务负担，容易陷入财务困境。因此，公司在进行外部融资时，就不会优先选择债务融资。

优序融资理论认为成长性与负债水平呈正相关关系。从股价角度讲，当股价超过价值时，管理者会趋向于发行股票，使老股东受益。新股东意识到这个可能性之后，为了购买股票他会有股票价格折扣的需求，因此，管理者就会避免发行股票。为了减少信息不对称的成本，公司应该有一个偏好的资金来源。从这个意义上讲，公司将会喜欢首先选择留存收益，然后是短期债务、长期债务，最后才是发行股票。所以，有好的投资机会的公司在缺乏内部现金流的时候，将会转向债务融资，从而提高了公司的财务杠杆。

从市场择时理论的视角来看，市场-账面比率（公司未来成长机会的一个代理变量）高的公司倾向于发行权益，因此未来成长性与负债水平负相关。

目前，学术界对成长性与负债率关系的实证研究结论基本可以分为三类：①公司成长性与负债水平呈负相关关系。肖作平和吴世农（2002）以资产总额增长率作为企业成长性的度量指标，研究发现企业成长性和负债水平显著负相关。肖作平（2004b），赖晓东和赖微微（2008）的研究也得出了相同的结论。②负债率与公司成长性之间相关关系不显著。陆正飞和辛宇（1998）以企业的总资产变化率为解释变量，发现企业的成长性与其负债比率呈负相关，但是相关关系不显著。洪锡熙和沈艺峰（2000）以过去三年主营业务收入为解释变量，发现公司的成长性不影响它的资本结构。冯根福等（2000）、李朝霞（2003）的研究结果也支持这个结论。③负债率与公司成长性呈正相关关系。吕长江和韩慧博（2001）以主营业务收入增长率为解释变量，发现公司的成长速度越快，负债率越高。胡国柳和黄景贵（2006）以资产增长率作为企业成长性的度量指标，经研究发现企业成长性与负债水平显著负相关。杨楠（2014）采用因子分析法探析创业板高新技术中小企业资本结构的影响因素，得出了相同的结论。本书采用主营业务增长率、总资产增长率、净利润增长率三个指标衡量公司成长性。

假设 6-12：公司成长性与负债水平负相关。

9. 非债务税盾

权衡理论认为负债融资的企业，其债务利息具有税盾的作用，这种抵税效应称为债务税盾。除了债务利息具有这种税盾作用外，企业提取的折旧及各项摊销费用等在进行利润计算时也有抵税的效应，原因是折旧和摊销费用是成本的组成部分之一，成本的增加会导致利润的减少，从而使税收减少，如果不计提折旧和摊销费用，企业的税负会增加，我们称这种不是由于利息引发的税盾作用为非债务税盾。当企业的非债务税盾效应大于债务税盾效应时，就会导致企业放弃债务融资，从而减少负债比重。

此外，从实体流量的角度来说，折旧和摊销费用属于企业的现金流入，当这种现金流入增加时，势必会减少外部融资的需求，按照优序融资理论，这必然会导致债务比重的降低。

冯福根等（2000）、肖作平和吴世农（2002）、童勇（2004）、胡跃红和郑震（2005）等认为非债务税盾和负债水平负相关。也有学者认为非债务税盾和负债水平无显著关系，肖作平（2004b）、杨楠（2014）的研究支持这一结论。本节以折旧/总资产度量非债务税盾。

假设6-13：非债务税盾和负债水平负相关。

10. 产生内部资源的能力

根据优序融资理论的说法，信息不对称的存在使公司内部产生的资源优于负债，企业的融资顺序是：内部资源、债务融资、股权融资。因此，企业债务水平应该与其产生内部资源的能力呈负相关关系。大多数学者的研究支持这一结论，如肖作平（2004b）、胡跃红和郑震（2005）、赖晓东和赖微微（2008）等的研究。本节以经营活动产生的现金流量净额/总资产的比率来度量企业产生内部资源的能力。

假设6-14：产生内部资源的能力与债务水平负相关。

11. 资产担保价值

已有的研究认为企业资产的组成或担保价值影响企业的融资来源，如果适于担保的资产（如存货、固定资产等）所占比例较大，则表明资产的担保价值越大，取得债务资金的能力越强，因此认为企业的债务水平与企业资产担保价值之间应有正的相关关系。与陆正飞和辛宇（1998）的研究一样，本书选择固定资产与存货之和与总资产的比值作为资产担保价值的替代。

假设6-15：资产担保价值与企业负债水平呈正相关关系。

12. 股利政策

股利政策是公司向投资者分配净利润时制定的政策，所涉及的主要是公司对其收益进行分配还是留存以用于再投资的策略问题。如果股利分配率高，则留存收益就少，意味着企业内源融资规模下降，因此股利政策也被称为公司内部筹资决策。留存收益与股利支付之间存在此消彼长的关系，减少股利分配会增加留存收益，相当于把股东投资的报酬作为对公司的再投资，从而减少了外部筹资需求。根据优序融资理论，公司进行外部融资时首先是债务融资，然后才是股权融资，减少了外部融资需求就意味着减少了债务筹资，而股利的发放会增加企业外部融资需求，因此股利政策与负债水平呈负相关关系。本节以股利分配率作为股利政策的代理指标。

假设6-16：股利分配率与企业负债水平正相关。

13. 独特性

从利益相关者理论来看，具有独特性产品的公司应具有较低的负债水平。Titman 和 Wessels（1988）认为，在清算过程中，生产独特性产品的公司，其顾客、供应商、工人会遭受到更高的成本。其工人和供应商可能具有工作特征技能和资本，且其顾客较难找到可替代的服务。如果企业破产概率高，对其产品的需求将越少。结果，为了减小破产概率和因此减少对其他利益相关者的潜在成本，生产独特性产品的企业应减少对负债的使用。

从代理成本看，雇员找工作的预期成本取决于公司产品和劳务的独特性。执行大众化工作的雇员相对于从事专业性工作的雇员，前者预期寻找成本较低。因此，当其他条件一样时，与人力相关的代理成本对于提供相对专用化产品和劳务的公司而言更高，因此独特性应与杠杆呈负相关。本节采用销售费用/主营业务收入的比率来衡量公司的独特性。

假设 6-17：产品独特性与负债水平负相关。

14. 所得税率

容易理解，负债利息具有税收抵减的作用，具有更高税率的公司具有使用更多负债的激励，但利用负债筹资的公司必须能通过经营获得足够的收入以支付利息，否则，便会陷入财务困境。因此，实际税率高的公司应该较多地使用负债来获得税收抵减利益。本节以所得税费用/税前利润来表示所得税率。

假设 6-18：所得税率与负债水平正相关。

6.2.2　治理结构因素影响资本结构安排理论分析

现代公司经营的基本特征是所有权与经营权分离，这就引出了公司治理的命题。公司治理又分为内部治理和外部治理，其目的是缓解股东和管理层、大股东和小股东等之间的代理问题。中国服务业上市公司治理结构如何影响资本结构？股权结构、董监高（上市公司的董事、监事和高级管理人员）安排又如何影响服务企业资本结构，这是本小节将要回答的问题。

1. 股权集中度

大多数学者的研究表明大股东具有监督管理层的动机和能力，限制管理层非企业价值最大化的行为，以保护其投资。随着大股东持股比例的增大其经济利益也增大，大股东保护其投资和监督管理者的激励也随之增强。而且，大股东偏好使用负债作为纪律机制，并且负债作为治理机制较其他直接干预的成本低，因此，股东偏好于使用负债作为控制代理成本的机制。所以，股权集中度与负债水平正相关。

假设 6-19：股权集中度与负债水平正相关，股权高度集中的公司更可能使用高的负债。

2. 股权结构

中国上市公司存在"一股独大"的独特现象，国家股股东是许多上市公司的第一大股东。从公司治理的角度看，国家股有其天生的治理缺陷，一是其承担政府行为，决定其决策并非完全出于效率投资，二是作为国家资本出资人代表的政府官员同一般企业的自然人出资主体的根本区别在于，政府官员并不具有对企业资产剩余的索取权利，而只能得到固定的工资及与其他行政人员类似的福利，这种没有剩余收益权的控制权是缺乏激励的控制权，所以无法从制度上保证其拥有充分的监督动机和积极性。国家股在一定程度上导致公司治理结构存在缺陷，进而导致管理者为规避风险，降低负债水平。基于此，本节以国家股比例来度量股权结构。

假设 6-20：国家股比例与负债水平负相关，国家股比例高的公司更可能使用低的负债。

3. 流通股比率

从理论上讲，流通股股东可通过参加股东大会投票选举和更换董事会成员来对公司管理者实施监控。但我国证券市场还并不完善，流通股股东多为中小股东，投机氛围较浓，其持有股份的目的是获取股票利得或股利，而非控制公司，存在"用脚投票"的情况，他们既无监督管理的动机，也无监督管理者的能力。因此，管理层有意愿降低负债比率，规避风险。

假设 6-21：流通股比率与负债水平负相关，流通股比率高的公司更可能使用低的负债。

4. 管理层持股

管理层持股会使管理层与股东利益趋同，减少管理者在职消费、掠夺股东财富等非企业价值最大化行为动机。为此，管理者为规避风险，更偏好低负债水平。并且，管理者持股的增加可减少所有权和控制权分离的代理成本，因此，应减少用负债作为纪律管理机制的需要。且随着管理者所持股份的增加，管理者壕沟效应增强，管理者具有更多的自由度和控制公司负债政策的选择。许多学者研究证明了管理层持股比例与负债比率负相关。

假设 6-22：管理层持股比例与负债比率负相关。

5. 治理结构

两职合一是一种比较独特的领导权结构，也就是企业 CEO 兼任董事会主席（Chairman of the Board，COB），是一种相对集权的领导结构。在两职合一的研究领域里，委托代理理论得到广泛认可，该理论认为董事长不应兼任总经理，董事会的作用是为了监督管理者，两职合一则意味着总经理要实现自我监督，这种制度安排不利于董事会实施独立有效的监督，据此大多数学者将两职分离的管理模式视为一种更好的治理结构。在两职合一的情况下，虽提高了企业的决策执行效率，但也存在着管理层自利而损害股东权益的倾向，出于规避风险的目的，管理层会偏好低负债水平。

假设 6-23：两职合一与负债比率负相关，即存在两职合一的公司其负债水平低于不存在两职合一的公司。

6. 董事会构成

独立董事是指独立于公司股东且不在公司内部任职，并与公司或公司经营管理者没有重要的业务联系或专业联系，并对公司事务做出独立判断的董事。更高的独立董事比例能够提高董事会对管理层的监督能力及有效性。

假设 6-24：独立董事占全体董事成员的比例与负债水平正相关，独立董事比例高的公司更可能使用高的负债。

7. 董事会规模

董事会规模已被识别为公司治理有效性的一个重要决定因素。随着董事会规模的增大，沟通和协调问题的难度增大，董事会控制管理层的能力下降，更大董事会规模使协调、沟通和制定决策的难度大于更小的董事会规模，保持小的董事会规模有助于提高其业绩，董事会规模大的公司不能有效地约束和监督管理者，董事会规模和公司业绩呈负相关。

假设 6-25：董事会规模与负债水平负相关，董事会成员多的公司更可能使用低的负债。

6.2.3 微观因素影响资本结构安排的实证分析

1. 实证研究设计

为证实上述的理论推导和假设，本节以 2020 年沪深 A 股交通运输、仓储及邮政业，住宿、餐饮业和信息传输、软件、信息技术服务业三大行业共计 494 家上市公司 152 个横截面数据为样本，采用因子分析法实证检验影响资本结构安排的微观因素。

2. 数据来源

本节所使用的服务业上市公司财务数据来源于国泰安数据库，三大行业样本公司共494家，其分布如表6-5所示，并按照以下标准进行筛选：①剔除金融保险类公司数据；②剔除 ST、*ST 和 PT 类、退市公司数据；③剔除财务数据缺失、异常，资产负债率大于 1 的公司数据；④剔除关键变量数据缺失的样本；⑤剔除样本重复观测值。经过以上筛选，最终得到2020年172个观测值。为避免异常值对研究结果的影响，本节对连续变量在前后 1%的水平上进行了Winsorize 处理。

表 6-5　按行业类别的样本分布

行业	公司数量	占总样本的百分比
交通运输、仓储及邮政业	114	23.08%
住宿、餐饮业	9	1.82%
信息传输、软件、信息技术服务业	371	75.10%

3. 变量定义

按照以往研究通用的做法，本书采用资本结构的账面价值而非市场价值进行分析，同时确定三个度量资本结构的负债比率：①总负债/总资产，即资产负债率；②流动负债/总资产；③长期负债/总资产。解释变量包括公司特征因素及治理结构因素，具体包含公司规模、公司成长性及股权集中度等，详见表6-6。

表 6-6　变量定义表（二）

变量名称		变量符号	变量定义
资本结构	资产负债率	TD	总负债/总资产
	流动负债与总资产比率	SD	流动负债/总资产
	长期负债与总资产比率	LD	长期负债/总资产
公司特征因素	公司规模	Size	总资产的自然对数
	偿债能力	SOL1	流动比率
		SOL2	速动比率
	营利能力	PRO	营业收入净利率=净利润/主营业务收入
		ROA	总资产收益率=净利润/平均总资产
		ROE	净资产收益率=净利润/平均所有者权益
	资产营运能力	OPERA1	存货周转率
		OPERA2	应收账款周转率

续表

变量名称		变量符号	变量定义
公司特征因素	资产结构	TANG1	无形资产/总资产
		TANG2	固定资产/总资产
	公司年龄	Listage	LN（公司已上市年数）
	资产担保价值	Tangible	（固定资产+存货）/总资产
	资产流动性	LIQU	速动资产/总资产
	公司成长性	Grow1	主营业务增长率=（本年主营业务收入−上年主营业务收入）/上年主营业务收入
		Grow2	总资产增长率=（期末资产−期初资产）/期初资产
		Grow3	净利润增长率=（本年净利润−上年净利润）/上年净利润
	非债务税盾	NDTS	折旧/总资产
	产生内部资源的能力	INRES	经营活动产生的现金流量净额/总资产
	信号传递	Signal	股利分配率=普通股每股现金股利/普通股每股收益额
	独特性	UNIQ	销售费用/主营业务收入
	所得税率	Tax	所得税费用/税前利润
公司治理结构	股权集中度	Top1	第一大股东持股数/总股本
	股权结构	SL	国家股股本/总股本
	流通股比率	AL	流通股股数/总股本
	管理层持股	Mshare	董事、监事及高管所持股份之和/总股本
	治理结构	Dual	两职合一
	董事会构成	Indep	独立董事/全体董事
	董事会规模	Board	Ln（董事会成员数）

4. 实证模型设计

根据本章前一部分的理论分析和变量定义，我们确定了影响公司资本结构安排的因素并对每一因素运用具有辨别性的指标进行衡量。基于此，本书采用二阶段多元程序，应用因子分析模型对各因素和资本结构间的关系进行分析。第一阶段，对这些变量做因子分析，找出其中相互独立的、影响公司资本结构的主要因素，这一阶段通常被称为测度模型。第二阶段，就这些主要因素对公司资本结构的影响进行回归分析。

该方法最早是由 Titman 和 Wessels（1988）在其研究中应用的。他们认为简单回归分析方法存在以下缺陷：由于没有一个唯一的变量能够代表我们希望衡量的特征，很难找到一些与公司其他特征无关的描述变量；由于观察到的变量并不能非常完美地表示需要研究的公司特征，在此情况下直接应用回归分析会导致变量误差；如果用直接回归，自变量与因变量的残差可能相关，由此甚至在所研究的不可观察的公司特征与因变量不相关的情况下也可能造成虚假回归。针对以上问题 Titman 和 Wessels 应用了因子分析法。

第一阶段设定的测度模型为

$$X = B\Gamma + E \qquad (6\text{-}4)$$

式中，X 为解释代理变量矩阵；Γ 为不可观察因子向量；B 为因子负载矩阵；E 为特殊因子向量（相当于多元回归中的残差项）。

该模型主要用于确定影响不可观察的普通因子的最小数目。由于我们在本节所设的变量受财务报表等披露所限，并不能完全描述资本结构理论所讨论的公司的一些特征。能更好描述这些特征的不可观察的一组变量潜在因子的信息可通过观察其对所设变量的影响得到，这正是因子分析法旨在解决的问题。

第二阶段使用的回归模型为：

以资产负债率 TD 作为被解释变量、流动负债占总资产比率 SD 作为被解释变量、非流动负债占总资产比率 LD 作为被解释变量，设定回归模型如下：

$$\text{TD} = \partial + \sum_{i=1}^{n} \beta_i \psi_i + \varepsilon_i \qquad (6\text{-}5)$$

$$\text{SD} = \partial + \sum_{i=1}^{n} \beta_i \psi_i + \varepsilon_i \qquad (6\text{-}6)$$

$$\text{LD} = \partial + \sum_{i=1}^{n} \beta_i \psi_i + \varepsilon_i \qquad (6\text{-}7)$$

式中，TD、SD 及 LD 为资本结构水平度量值；ψ_i 为与第 i 个因子相关的因子值；β_i 为回归系数；n 为所提取的因子数；∂ 为截距；ε_i 为随机误差项。

5. 实证结果及分析

1）描述性统计

本节按照前述变量定义，设计了相关指标，为了解该样本总体特征，对其进行了描述性统计，如表 6-7 所示。资产负债率的均值为 39.4%，标准差为 0.156，表明这三大行业上市公司的资本结构差别较大，部分企业财务状况良好，而部分企业深陷财务困境；流动负债占总资产的平均比率为 27.7%，最大值可达 65.3%，最小值低至 3%，仍然存在行业差别较大的问题；从长期负债占总资产比率的角度来看，其均值为 9.8%，低于流动负债占总资产的比率平均值，最大值为 47.4%，甚至有少部分企业没有承担长期债务。其余微观层面控制变量各值均处在合理范围，此处不再一一赘述。

表 6-7　变量描述性统计表（二）

变量	样本量	平均值	标准差	最小值	中位数	最大值
TD	152	0.394	0.156	0.034	0.374	0.793
SD	152	0.277	0.139	0.030	0.264	0.653
LD	152	0.098	0.113	0	0.051	0.474
Size	152	22.71	1.227	20.45	22.59	25.93
SOL1	152	2.328	2.527	0.325	1.739	26.32
SOL2	152	2.098	2.490	0.324	1.428	25.86
PRO	152	0.135	0.113	0.004	0.113	0.674
ROA	152	0.054	0.040	0.003	0.045	0.220
ROE	152	0.089	0.060	0.005	0.076	0.319
OPERA1	152	91.13	407.9	0.213	6.299	4 496
OPERA2	152	9.185	13.00	1.028	5.048	92.34
TANG1	152	0.067	0.109	0	0.031	0.689
TANG2	152	0.188	0.193	0.004	0.097	0.774
Listage	152	2.139	0.893	0	2.350	3.296
Tangible	152	0.253	0.185	0.017	0.180	0.800
LIQU	152	0.444	0.214	0.071	0.459	0.944
Grow1	152	0.084	0.242	−0.352	0.060	1.507
Grow2	152	0.192	0.353	−0.111	0.102	3.366
Grow3	152	0.127	0.549	−0.894	0.083	2.322
NDTS	152	0.112	0.130	0.004	0.051	0.568
INRES	152	0.064	0.055	−0.117	0.064	0.234
UNIQ	152	0.066	0.082	0	0.041	0.451
Signal	152	0.274	0.238	0	0.252	1.362
Tax	152	0.144	0.123	−0.138	0.131	0.594
Top1	152	32.56	16.11	5.650	30.12	75.72
SL	152	0.024	0.092	0	0	0.687
AL	152	0.809	0.231	0.095	0.899	1
Mshare	152	0.340	0.464	0	0.059	1.869
Dual	152	0.342	0.476	0	0	1
Indep	152	0.378	0.047	0.286	0.364	0.500
Board	152	2.146	0.222	1.609	2.197	2.708

2）因子提取

第一阶段，涉及初始因子的提取和因子的识别。通过正交旋转后的因子负载模式来识别因子，即通过各种标识变量的信息作为不可观察属性的代理变量。本书选用默认的正交旋转中的方差最大化方法识别因子。

利用 stata 16.0 对公司特征因素共计 28 个指标进行因子分析，得出因子变量的特征根和方差贡献率。因子分析中广泛采用凯泽检验法（Kaiser rule of thumb），即特征值大于 1 的方法来决定主成分的取舍。根据这一方法，保留前 8 个因子作为主成分因子，如表 6-8 所示。

表 6-8　相关矩阵的特征根及方差贡献率

因子	特征值	方差	占方差的百分比（%）	因子累积解释方差的百分比（%）
因子 1	6.989 04	3.776 22	0.249 6	0.249 6
因子 2	3.212 81	1.129 41	0.114 7	0.364 4
因子 3	2.083 41	0.385 37	0.074 4	0.438 8
因子 4	1.698 04	0.164 68	0.060 6	0.499 4
因子 5	1.533 36	0.099 89	0.054 8	0.554 2
因子 6	1.433 48	0.138 95	0.051 2	0.605 4
因子 7	1.294 53	0.240 15	0.046 2	0.651 6
因子 8	1.054 38	0.063 28	0.037 7	0.689 3
因子 9	0.991 1	0.065 88	0.035 4	0.724 6
因子 10	0.925 22	0.084 90	0.033 0	0.757 7
因子 11	0.840 32	0.036 00	0.030 0	0.787 7
因子 12	0.804 32	0.067 69	0.028 7	0.816 4
因子 13	0.736 63	0.084 72	0.026 3	0.842 7
因子 14	0.651 91	0.088 07	0.023 3	0.866 0
因子 15	0.563 85	0.029 75	0.020 1	0.886 2
因子 16	0.534 09	0.092 25	0.019 1	0.905 2
因子 17	0.441 85	0.018 71	0.015 8	0.921 0
因子 18	0.423 14	0.036 76	0.015 1	0.936 1
因子 19	0.386 38	0.012 40	0.013 8	0.949 9
因子 20	0.373 98	0.078 27	0.013 4	0.963 3
因子 21	0.295 71	0.089 81	0.010 6	0.973 8
因子 22	0.205 91	0.044 38	0.007 4	0.981 2
因子 23	0.161 52	0.008 79	0.005 8	0.987 0
因子 24	0.152 73	0.030 98	0.005 5	0.992 4
因子 25	0.121 75	0.073 06	0.004 3	0.996 8
因子 26	0.048 68	0.007 91	0.001 7	0.998 5
因子 27	0.040 77	0.039 66	0.001 5	1.000 0
因子 28	0.001 11	—	0.000 0	1.000 0

同时，通过碎石图（图 6-1）仍然可以看出应当选取前面 7 个因子作为主成分因子。

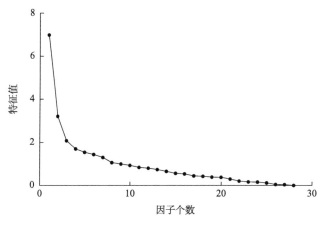

图 6-1　碎石图

　　为了明确解释 8 个主成分因子的经济含义，对因子载荷矩阵进行方差最大化旋转，得到旋转后的因子载荷矩阵，如表 6-9 所示。

表 6-9　因子载荷矩阵

变量	因子 1	因子 2	因子 3	因子 4	因子 5	因子 6	因子 7	因子 8	特殊方差
Size	0.227 7	−0.220 3	0.034 3	0.629 7	−0.255 5	0.218 6	−0.101 3	−0.018 9	0.378 2
SOL1	−0.106 5	0.953 2	0.072 1	−0.104 8	0.104 0	0.003 1	0.019 8	0.042 4	0.050 8
SOL2	−0.099 7	0.954 5	0.082 4	−0.082 3	0.119 3	0.010 8	0.010 1	0.047 3	0.048 8
PRO	0.086 3	0.255 0	0.651 5	0.212 0	0.064 5	0.084 9	−0.366 7	−0.144 3	0.291 5
ROA	−0.070 6	0.210 3	0.833 2	−0.116 1	0.184 6	−0.092 1	0.238 1	0.090 0	0.135 8
ROE	−0.070 2	0.023 8	0.806 8	−0.069 2	0.181 2	−0.072 7	0.337 0	−0.010 3	0.186 9
OPERA1	0.311 3	−0.096 8	0.184 5	0.049 1	0.170 5	0.121 9	−0.073 5	−0.026 7	0.807 3
OPERA2	0.445 3	−0.000 5	0.079 1	0.315 6	−0.243 1	−0.368 1	0.057 7	0.233 2	0.443 5
TANG1	−0.135 5	−0.128 3	−0.070 1	0.714 1	−0.120 8	0.006 3	−0.066 2	−0.006 7	0.431 3
TANG2	0.950 6	−0.095 2	−0.002 3	0.073 2	−0.021 3	0.078 9	−0.042 6	−0.023 1	0.073 0
Listage	0.152 6	−0.342 8	−0.176 8	0.169 1	−0.736 5	0.046 4	−0.101 8	−0.012 2	0.244 2
Tangible	0.915 9	−0.147 2	−0.054 3	−0.030 6	−0.080 3	0.088 8	0.077 9	−0.059 8	0.111 7
LIQU	−0.541 5	0.359 2	−0.058 6	−0.411 7	0.267 1	−0.031 3	0.227 3	0.058 2	0.277 5
Grow1	−0.060 3	0.148 8	0.257 7	−0.007 8	0.072 8	−0.008 2	0.817 6	0.066 7	0.229 5
Grow2	−0.133 3	0.739 0	0.170 9	0.050 8	0.229 9	−0.050 3	0.333 1	−0.139 6	0.218 4
Grow3	−0.004 7	0.171 6	0.321 9	−0.178 5	−0.010 3	−0.037 7	0.608 6	−0.247 9	0.401 6
NDTS	0.848 9	−0.055 3	−0.011 8	0.098 4	−0.150 0	0.146 3	−0.122 7	−0.011 8	0.207 4
INRES	0.175 2	−0.012 9	0.494 0	−0.089 1	−0.178 3	0.222 5	0.036 6	0.573 1	0.306 0
UNIQ	−0.323 3	−0.026 4	0.224 3	−0.425 6	0.052 3	−0.107 6	−0.014 0	0.577 1	0.315 8
Signal	−0.083 5	0.086 4	−0.246 2	0.290 8	0.208 3	0.013 3	−0.052 1	0.665 2	0.351 6

续表

变量	因子 1	因子 2	因子 3	因子 4	因子 5	因子 6	因子 7	因子 8	特殊方差
Tax	0.273 5	−0.103 0	−0.228 2	0.476 4	−0.115 6	−0.036 1	0.000 5	0.128 5	0.604 4
Indep	−0.142 9	−0.037 8	0.062 5	0.046 6	0.017 3	−0.788 9	−0.016 5	−0.082 4	0.342 3
Top1	0.395 1	−0.051 5	−0.147 2	0.576 8	0.201 4	0.047 2	−0.008 7	0.046 6	0.441 8
SL	0.135 6	−0.194 7	0.174 2	0.368 9	0.463 5	0.373 7	−0.108 1	−0.139 6	0.391 6
AL	0.165 6	−0.340 8	−0.245 9	0.017 6	−0.778 7	0.052 2	−0.026 1	−0.051 4	0.183 2
Mshare	−0.318 3	0.165 2	0.035 3	−0.287 6	0.495 1	−0.314 8	0.066 1	0.359 6	0.309 5
Dual	−0.249 7	0.225 2	−0.097 7	−0.282 3	0.334 5	−0.292 1	0.088 2	0.100 2	0.582 7
Board	0.258 3	−0.006 3	−0.057 9	0.225 4	−0.135 8	0.722 8	−0.054 8	−0.026 3	0.334 6

根据表 6-9 旋转后的因子载荷矩阵，在各因子上选取载荷较大的指标，可得到各主成分因子较明确的经济意义。一般认为，一个负载绝对值为 0.3 的因子表明变量和该因子之间至少有 9% 的重叠，即变量的方差能被该因子解释的部分至少为 9%。因子负载的绝对值越大，表明该因子和该变量的重叠性越高，在解释因子时越重要。通常认为，负载绝对值大于 0.71（50% 重叠）优，0.63（40%）很好，0.55（30%）好，0.45（20%）一般，低于 0.32（少于 10% 重叠）差。本书使用 0.63（40% 重叠）作为解释因子的分割点。表 6-9 显示，因子 1 上有显著负载的变量是固定资产比率、资产有形性、非债务税盾，根据前面提到的这些变量的经济含义，因子 1 被识别为资产担保价值，非债务税盾被归并为资产担保因子；资产流动性与资产担保因子负相关。同理，因子 2 对流动比率和速动比率有接近为 1 的载荷，对总资产增长率有 0.739 的载荷，容易理解总资产增长率越高，企业的偿债能力在一定程度上也可以得到提升，因此因子 2 被识别为偿债能力因子。因子 3 对总资产收益率有最大的载荷，高达 0.83，其次是净资产收益率和营业收入净利率，所以该因子被识别为营利能力因子。因子 4 上有显著负载的变量是无形资产比率，该比率反映了一家公司的资产结构状况，因此因子 4 被识别为资产结构。因子 5 对流通股比率有绝对值最大的载荷，因此因子 5 被识别为股权流动性。独立董事比例在因子 6 上有显著为负的载荷，董事会规模在因子 6 上有显著为正的载荷，因此因子 6 被识别为董事会结构。因子 7 对主营业务增长率和净利润增长率有较大的载荷，所以该因子被识别为公司成长性因子。因子 8 上有显著载荷的变量是股利分配率，因此被确定为股利政策因子。

第二阶段，计算各因子值，然后就各因子值对资本结构类型变量进行回归。由于因子值是通过正交旋转产生的，在回归方程中不会产生多重共线性问题。

3）回归结果及分析

运行模型，即以主成分因子值为解释变量，分别以资产负债率、流动负债/总资产、长期负债/总资产为被解释变量，得到 7 个因子值对资产负债率的回归结果。表 6-10 展示了因子值与负债水平的回归估计结果。

表 6-10   因子值与负债水平回归结果

因子名称	(1) TD	(2) SD	(3) LD
资产担保价值因子	0.003	−0.046***	0.045***
	(0.34)	(−5.74)	(6.13)
偿债能力因子	−0.075***	−0.059***	−0.015*
	(−7.62)	(−7.35)	(−1.97)
营利能力因子	−0.023**	−0.025***	0.002
	(−2.33)	(−3.05)	(0.27)
资产结构因子	0.028***	−0.022***	0.046***
	(2.82)	(−2.68)	(6.14)
股权流动性因子	−0.018*	−0.006	−0.013*
	(−1.79)	(−0.74)	(−1.77)
董事会结构因子	0.002	0.005	−0.006
	(0.23)	(0.64)	(−0.75)
公司成长性因子	0.039***	0.053***	−0.013*
	(3.90)	(6.63)	(−1.71)
股利政策因子	−0.037***	−0.021**	−0.015**
	(−3.76)	(−2.59)	(−1.99)
_cons	0.394***	0.277***	0.098***
	(39.89)	(34.59)	(13.34)
N	152	152	152
R^2	0.421	0.520	0.386

***、**、*分别表示在 1%、5%、10%的水平下显著

注：括号内数值为 t 值

从表 6-10 知，资产担保价值因子与公司负债水平似乎呈正相关关系，但在常规水平上并不显著；资产担保价值因子与长期负债占总资产的比例在 1%的水平下显著正相关，说明资产担保价值越大，取得长期债务资金的能力越强；但是，该因子与流动负债占总资产的比率显著负相关，说明企业适于担保的资产越低，反而不利于其短期融资，因为短期融资要求企业短期偿债能力强，而适于担保的长期资产一般变现能力较差，不能为短期债务提供担保。

偿债能力因子与企业总体负债水平、流动负债水平及长期负债水平分别在 1%、1%以及 10%的显著性水平下负相关，证实了原假设，企业偿还长短期债务的能力越强，也从另一个侧面说明其内部营运资金充足，因此在进行外部投资时，会优先使用内部资金，其次是外部融资，这符合优序融资理论的观点。

　　营利能力因子与企业总体负债水平和流动负债水平分别在 5% 和 1% 的水平下显著负相关，说明营利能力的增强会使企业的内部资金增多，根据优序融资理论，在内部资金充裕的情况下，企业不会选择外部融资。然而，营利能力却与企业的长期负债占总资产的比例正相关，这是由于在企业经营状况良好的情况下，企业有扩大投资的需求，那么长期负债就正好满足长期投资的需要。

　　资产结构因子代表企业有形资产占比、无形资产占比等因素，其与总体负债水平和长期负债水平在 1% 的水平上正相关，与流动负债水平在 1% 的水平上负相关。这是由于资产是公司偿还债务的物资保障，因此有形资产比重较高的公司更容易获得金融机构的借款和发行债券，从而提高公司负债比例，但是流动负债通常要求企业短期偿债能力强，有形资产通常为变现能力、偿付能力较差的固定资产。

　　股权流动性因子与资产负债率和长期负债占总资产的比率在 10% 的水平下负相关，与流动负债占总资产的比率仍呈负相关关系，但在常规水平下并不显著。在我国证券市场发展并不成熟、投机氛围较浓的情况下，流通股主要由投机型中小股东持有，其意并不在管理公司，"用脚投票"的现象较为严重，管理层为规避风险，通常会选择降低负债水平，这与原假设一致。

　　董事会结构因子与总体资本结构和流动负债占总资产的比率正相关，与长期负债占总资产的比率负相关，但均不显著，这说明董事会结构也即独立董事比例对企业资本结构的影响并不明显，董事会的治理效应处在较弱的水平。

　　公司成长性因子与资产负债率和流动负债占总资产比率在 1% 的显著性水平上正相关，与长期负债占总资产的比率显著负相关，在公司拥有较好的成长机会的时候，股价会一路上扬，为避免新股东"坐享其成"，老股东通常不愿意发行新股，所以将会首选内部资金，其次是债务融资，这符合优序融资理论。

　　股利政策因子与总体资本结构、流动债务水平及长期债务水平至少在 5% 的水平上显著负相关，这说明股利分配率越高，投资者更愿意向企业投资，企业对外部债务融资的需求就越少，证实了原假设。

第7章 资本结构与服务企业绩效研究

7.1 资本结构与服务企业绩效理论分析

7.1.1 资本结构与企业绩效的关系

从第 4 章的文献梳理得知，资本结构与企业绩效的关系已被广泛地研究。但是到底资本结构与企业绩效的关系如何，并没有一个统一的定论，其中有正相关关系（张兆国等，2008；梅波，2009；周三深，2009；陈治鹏，2015）、负相关关系（袁卫秋，2006；朱乃平和孔玉生，2006；黄文青，2010；方颖，2014；彭熠等，2014；唐洋等，2014）、倒"U"形关系（褚玉春和刘建平，2009；牛冬梅，2011；马力和陈珊，2013；李传宪和赵紫琳，2020）。本书认为当负债比率过高时，公司不能够进行正常融资，且经营风险、资本成本和研发支出都会受到更大的约束，从而对绩效造成负面影响，而服务业行业由于其特殊性，更有可能是负相关关系，如方颖（2014）在研究交通运输上市公司债务融资的财务治理效应的过程中发现，债务融资无论从存量上还是期限结构上都与企业绩效负相关，2015 年末，我国提出"供给侧结构性改革"后，企业在去杠杆方面有明显的成效，且去杠杆与企业绩效呈显著正相关，说明我国企业的实际情况是负债相对偏多，会对企业绩效产生负面影响。

假设 7-1：服务业行业中企业资产负债率与企业绩效呈负相关关系。

7.1.2 不同期限债务与企业绩效的关系

在企业的债务当中，用债务期限划分，可以分为短期债务和长期债务，首先是根据期限结构寻求变量方面，以往研究将债务区分为大范围和小范围的债务，大范围的债务指的是财务报表上流动负债合计和非流动负债合计，小范围的债务区分为短期借款和长期借款。以往研究对于债务期限结构的影响存在很大争议，有部分学者如朱乃平和孔玉生（2006）认为债务期限结构的不同不会对企业绩效结果造成影响，同样也有部分学者（李传宪和赵紫琳，2020）认为债务期限结构不同会对绩效产生显著不同的影响，流动负债比率与企业绩效呈正相关。但在服务企业中，并没有文献得出确切的结论，即不清楚不同的债务期限结构对企业绩效的影响有何不同，因此本节提出假设：

假设 7-2：不同的债务期限结构对企业绩效的影响呈显著差异。

假设 7-3：不同的债务期限结构对企业绩效的影响没有显著差异，且其对企业绩效的影响显著为负。

7.1.3　不同来源债务与企业绩效的关系

如前文文献综述所示，根据债务来源的不同，债务可以划分为金融性债务和经营性债务两类，同时也可以区分为银行借款、商业信用两类，以往研究中，尽管有少数文献表明，商业信用对绩效产生正面影响，但大多数文献认为经营性债务和金融性债务都对企业绩效产生负面效应，所以，本节提出假设：

假设 7-4：债权人性质差异对企业绩效的影响没有显著差异，且其对企业绩效的影响显著为负。

7.2　资本结构与服务企业绩效实证研究

7.2.1　样本选择与数据来源

本节选取沪深 A 股交通运输、仓储及邮政业，住宿、餐饮业和信息传输、软件、信息技术服务业三大行业上市公司 2010~2021 年的数据为初始研究样本。以 2010 年作为研究样本的起始年份，是为了避免 2008 年金融危机对我国上市企业产生的影响。本节所使用的服务业上市公司财务数据来源于国泰安数据库，按照以下标准进行筛选：①剔除被 ST、*ST 和 PT 类、退市公司数据；②剔除关键变量数据缺失的样本；经过以上筛选，最终得到 3 215 个公司的年度样本观测值。为避免异常值对研究结果的影响，本节对连续变量在前后 1%的水平上进行了 Winsorize 处理。

7.2.2　变量定义与模型设计

1. 被解释变量的度量

为分析对企业绩效的影响，参考刘晓光和刘元春（2019）等的做法，选取总资产收益率（净利润/平均总资产，ROA）和净资产收益率（净利润/平均所有者权益，ROE）作为企业绩效的衡量指标。在稳健性检验中，本节还选取营业收入净利率（净利润/主营业务收入，PRO）作为企业绩效的替代变量。

2. 解释变量的度量

在核心解释变量选择方面，参考黄乾富和沈红波（2009）、刘晓光和刘元春（2019）等学者的做法，以资产负债率（总负债/总资产，TD）度量资本结构；同时根据债务期限不同，设计解释变量流动负债比率，以符号 SD 表示，长期负债比率，以符号 LD 表示；根据债务来源不同，设计解释变量 BD 表示金融性负债比率，变量 CD 表示经营性负债比率。在稳健性检验中，根据黄乾富和沈红波（2009）的做法，本节选取 SD1（短期借款/总资产）和 LD1（长期借款/总资产）分别表示短期、长期债务；参考刘行等（2017）的做法，分别以银行借款比率 BD1[（短期借款+长期借款）/总资产]和商业信用比率 CD1（应付账款/总资产）衡量债务来源。

3. 控制变量的度量

在控制变量选取方面，本节主要选择了公司规模、偿债能力、公司年龄、资产流动性、公司成长性、管理层持股、治理结构、董事会构成、董事会规模、现金流量。变量定义表如表 7-1 所示。同时，本节也控制了年份和行业固定效应，以控制不随时间变化、不因行业变化的因素的影响。

表 7-1　变量定义表

变量符号	变量名称	变量说明
ROE	净资产收益率	净利润/平均所有者权益
ROA	总资产收益率	净利润/平均总资产
PRO	营业收入净利率	净利润/主营业务收入
TD	资产负债率	总负债/总资产
SD1	流动负债比率	短期借款/总资产
SD	流动负债比率	流动负债合计/总资产
LD1	长期负债比率	长期借款/总资产
LD	长期负债比率	非流动负债合计/总资产

续表

变量符号	变量名称	变量说明
BD	金融性负债比率	（非流动负债合计+短期借款+一年内到期的非流动负债+交易性金融负债+衍生金融负债）/总资产
BD1	银行借款比率	（短期借款+长期借款）/总资产
CD	经营性负债比率	（流动负债-非流动负债合计+短期借款+一年内到期的非流动负债+交易性金融负债+衍生金融负债）/总资产
CD1	商业信用比率	应付账款/总资产
Size	公司规模	总资产的自然对数
SOL	偿债能力	流动比率
Listage	公司年龄	Ln（公司已上市年数）
LIQU	资产流动性	速动资产/总资产
Grow	公司成长性	主营业务增长率=（本年主营业务收入-上年主营业务收入）/上年主营业务收入
Mshare	管理层持股	董事、监事及高管所持股份之和/总股本
Dual	治理结构	两职合一
Indep	董事会构成	独立董事/全体董事
Board	董事会规模	Ln（董事会成员数）
Cashflow	现金流量	经营活动现金净流量/总资产
SOE	产权性质	国有赋值1，民营赋值0
INV	资本投资	本年度固定资产、长期投资及无形资产的年度变化值之和/平均总资产
RD	研发投入	R&D/营业收入
Loan	债务融资成本	财务费用/平均负债总额
OFR	代理成本	管理费用/主营业务收入
CF	自由现金流	企业自由现金流/总资产

4. 模型设计

本节参考刘晓光和刘元春（2019）的做法，采用 tobit 回归模型，主要通过模型（7-1）检验资产负债率与企业绩效的关系。

$$R_{i,t} = \partial_0 + \partial_1 TD_{i,t} + \partial_i X_{i,t} + year_{i,t} + ind_{i,t} + \varepsilon_{i,t} \tag{7-1}$$

$$R_{i,t} = \partial_0 + \partial_1 SD_{i,t} + \partial_i X_{i,t} + year_{i,t} + ind_{i,t} + \varepsilon_{i,t} \tag{7-2}$$

$$R_{i,t} = \partial_0 + \partial_1 LD_{i,t} + \partial_i X_{i,t} + year_{i,t} + ind_{i,t} + \varepsilon_{i,t} \tag{7-3}$$

$$R_{i,t} = \partial_0 + \partial_1 BD_{i,t} + \partial_i X_{i,t} + year_{i,t} + ind_{i,t} + \varepsilon_{i,t} \tag{7-4}$$

$$R_{i,t} = \partial_0 + \partial_1 CD_{i,t} + \partial_i X_{i,t} + year_{i,t} + ind_{i,t} + \varepsilon_{i,t} \tag{7-5}$$

式中，$R_{i,t}$ 为 i 企业在 t 年的绩效水平，∂_1 为解释变量对应的系数，五个模型中除了解释变量不一致，其他变量均一致，模型（7-1）中的 $TD_{i,t}$ 为 i 企业在 t 年的账面资产负债率，模型（7-2）中的 $SD_{i,t}$ 为企业流动负债比率，模型（7-3）中的 $LD_{i,t}$ 为企业长期负债比率，模型（7-4）中的 $BD_{i,t}$ 为企业金融性债务融资比率，模型（7-5）中的 $CD_{i,t}$ 为企业经营性债务融资比率；$X_{i,t}$ 为一系列控制变量，$year_{i,t}$ 为企业的年份固定效应，$ind_{i,t}$ 为企业的行业固定效应，$\varepsilon_{i,t}$ 为随机干扰项。模型（7-1）主要用于检验总债务融资与企业绩效的关系，模型（7-2）到模型（7-5）则分别检验不同期限、来源的债务与企业绩效的关系。

7.2.3 描述性统计

表 7-2 列示了主要回归变量的描述性统计结果。在样本期内，企业总资产收益率的平均值为 0.039，说明在所选服务企业中，利润占总资产的比例在 3.9%左右。企业净资产收益率的平均值是 0.056，资产负债率的平均值为 0.361，说明在平均水平上，服务业的资产负债率偏低，与前文的行业分析一致，其中流动负债比率远远高于长期负债比率，说明服务企业更倾向于进行短期的债务融资。在债务来源上，可以看出金融性债务少于经营性质方面的债务。总体上讲，各个变量的统计结果基本符合预期。

表 7-2 主要变量的描述性统计

变量	样本量	均值	中位数	标准差	最小值	最大值
ROA	3 215	0.039	0.045	0.078	−0.411	0.215
ROE	3 215	0.056	0.072	0.140	−0.815	0.325
TD	3 215	0.361	0.349	0.185	0.045	0.886
SD	3 215	0.276	0.251	0.152	0.038	0.773
LD	3 215	0.085	0.029	0.116	0	0.505
BD	3 215	0.149	0.104	0.144	0	0.589
CD	3 215	0.211	0.188	0.121	0.027	0.671
Size	3 215	21.91	21.720	1.278	19.650	25.970
SOL	3 215	2.830	1.874	3.014	0.220	18.420
Listage	3 215	1.859	1.946	0.928	0	3.296
LIQU	3 215	0.462	0.475	0.224	0.057	0.925
Grow	3 215	0.188	0.121	0.402	−0.562	2.581
Mshare	3 215	0.173	0.039	0.214	0	0.687
Dual	3 215	0.302	0	0.459	0	1
Indep	3 215	0.377	0.364	0.052	0.333	0.571
Board	3 215	2.130	2.197	0.213	1.609	2.708
Cashflow	3 215	0.052	0.052	0.065	−0.136	0.234

7.2.4　实证结果与分析

1. 总资产负债率对企业绩效影响

表 7-3 首先报告了资产负债率对企业绩效影响的基础回归结果。其中第（1）列为对总资产利润率（ROA）的回归结果。结果显示，资产负债率的估计系数显著为负，资产负债率对服务企业绩效具有显著的负面影响，说明实证结果更加支持债务融资对企业绩效的影响是负向的这一结论。从第（2）列可以看出，在控制来了一系列变量之后，仍然是显著为负。同时，从第（3）列和第（4）列也能看出，资产负债率对净资产利润率（ROE）的影响仍然是显著为负的。总体上，对服务企业来说，资产负债率越高，越不利于提高企业的绩效，这与刘晓光和刘元春（2019）的发现一致，这也与假设 7-1 相符合，资产负债率在上升的过程中，企业资产的流动性、偿债能力和现金流量都会由于资金紧张而出现流动性降低、偿债能力下降、研发支出不足等问题，这些由资产负债率引起的因素共同导致了企业绩效水平的下降。

表 7-3　资产负债率对企业绩效的影响分析

变量	（1）ROA	（2）ROA	（3）ROE	（4）ROE
TD	-0.135^{***}	-0.149^{***}	-0.180^{***}	-0.236^{***}
	（0.010）	（0.012）	（0.023）	（0.030）
Size		0.010^{***}		0.020^{***}
		（0.001）		（0.003）
SOL		-0.003^{***}		-0.008^{***}
		（0.001）		（0.001）
Listage		-0.008^{***}		-0.013^{***}
		（0.002）		（0.003）
LIQU		0.071^{***}		0.122^{***}
		（0.009）		（0.018）
Grow		0.049^{***}		0.088^{***}
		（0.004）		（0.008）
Mshare		0.009		0.001
		（0.007）		（0.013）
Dual		-0.006^{*}		-0.012^{**}
		（0.003）		（0.006）
Indep		0.062^{**}		0.098^{*}
		（0.032）		（0.058）

续表

变量	（1） ROA	（2） ROA	（3） ROE	（4） ROE
Board		0.015*		0.024
		（0.009）		（0.016）
Cashflow		0.297***		0.465***
		（0.022）		（0.042）
_cons	0.162***	−0.124***	0.247***	−0.280***
	（0.009）	（0.034）	（0.022）	（0.066）
R^2	0.163	0.311	0.122	0.262
year	yes	yes	yes	yes
ind	yes	yes	yes	yes
N	3 215	3 215	3 215	3 215

***、**、*分别表示在 1%、5%、10%的水平下显著

注：括号内数值为 t 值

2. 不同期限下的债务对企业绩效影响

将总资产收益率（ROA）和净资产收益率（ROE）同时作为衡量企业绩效的指标，从表 7-4 中可知短期债务比率（SD）与企业绩效呈显著负相关关系，长期债务比率（LD）与企业绩效同样在 1%的水平下显著负相关，这与前人的研究存在差异，如赵玉珍和张心灵（2011）的研究认为长短期债务均与总资产报酬率呈显著正相关关系，王艳辉和王晓翠（2007）的研究表明长期负债比例越大，其经营绩效越好。结论不一致的原因可能是以往研究均没有从单个行业来进行，而在服务企业中，由于其流动负债比重高、部分行业轻资产等特性，长短期债务对绩效产生了负面影响。

表 7-4　债务期限对企业绩效的影响

变量	（1） ROA	（2） ROE	（3） ROA	（4） ROE
SD	−0.151***	−0.253***		
	（0.015）	（0.036）		
LD			−0.129***	−0.185***
			（0.018）	（0.038）
SOL	−0.003***	−0.008***	0.002***	0.001
	（0.001）	（0.001）	（0.000）	（0.001）
Listage	−0.007***	−0.011***	−0.010***	−0.016***
	（0.002）	（0.003）	（0.002）	（0.003）
LIQU	0.097***	0.169***	0.027***	0.057***
	（0.010）	（0.021）	（0.010）	（0.019）

续表

变量	（1）ROA	（2）ROE	（3）ROA	（4）ROE
Grow	0.048***	0.087***	0.050***	0.089***
	（0.004）	（0.008）	（0.004）	（0.008）
Mshare	0.009	−0.001	0.017**	0.013
	（0.008）	（0.014）	（0.008）	（0.014）
Dual	−0.006*	−0.012**	−0.004	−0.009
	（0.003）	（0.006）	（0.003）	（0.006）
Indep	0.050	0.080	0.047	0.072
	（0.033）	（0.059）	（0.032）	（0.059）
Board	0.014	0.022	0.012	0.019
	（0.009）	（0.016）	（0.009）	（0.016）
Cashflow	0.319***	0.496***	0.335***	0.528***
	（0.022）	（0.043）	（0.023）	（0.043）
_cons	−0.074**	−0.199***	−0.133***	−0.287***
	（0.033）	（0.062）	（0.035）	（0.067）
R^2	0.293	0.251	0.270	0.227
year	yes	yes	yes	yes
ind	yes	yes	yes	yes
N	3 215	3 215	3 215	3 215

***、**、*分别表示在 1%、5%、10%的水平下显著

注：括号内数值为 t 值

3. 不同来源下的债务对企业绩效影响

根据债务来源的不同，可将债务分为金融性负债和经营性负债，由表 7-5 可知，在控制其他因素后，不管是金融性负债（BD），还是经营性负债（CD），对企业的绩效影响都显著为负。所以针对以往研究的两种结论，本节更支持金融性负债和经营性负债都会负面影响企业绩效的结论，支持假设 7-4。

表 7-5　债务来源对企业绩效的影响

变量	（1）ROA	（2）ROE	（3）ROA	（4）ROE
BD	−0.145***	−0.227***		
	（0.014）	（0.031）		
CD			−0.121***	−0.201***
			（0.019）	（0.044）
SOL	0.001	−0.001*	−0.001*	−0.005***
	（0.000）	（0.001）	（0.001）	（0.001）

变量	（1） ROA	（2） ROE	（3） ROA	（4） ROE
Listage	−0.010***	−0.016***	−0.007***	−0.012***
	（0.002）	（0.003）	（0.002）	（0.003）
LIQU	0.029***	0.057***	0.084***	0.145***
	（0.010）	（0.018）	（0.011）	（0.023）
Grow	0.048***	0.086***	0.050***	0.090***
	（0.004）	（0.008）	（0.004）	（0.008）
Mshare	0.014*	0.008	0.012	0.005
	（0.008）	（0.013）	（0.008）	（0.014）
Dual	−0.003	−0.008	−0.006*	−0.013**
	（0.003）	（0.006）	（0.004）	（0.006）
Indep	0.061*	0.095	0.039	0.060
	（0.032）	（0.058）	（0.033）	（0.060）
Board	0.013	0.021	0.012	0.020
	（0.009）	（0.016）	（0.009）	（0.016）
Cashflow	0.296***	0.464***	0.356***	0.559***
	（0.023）	（0.044）	（0.023）	（0.044）
_cons	−0.118***	−0.269***	−0.091***	−0.227***
	（0.036）	（0.066）	（0.034）	（0.064）
R^2	0.289	0.244	0.271	0.232
year	yes	yes	yes	yes
ind	yes	yes	yes	yes
N	3 215	3 215	3 215	3 215

***、**、*分别表示在 1%、5%、10%的水平下显著

注：括号内数值为 t 值

7.3 稳健性检验

7.3.1 替换被解释变量

对于企业绩效指标，现有文献中存在众多的衡量方式，在主回归选取的两种方式的基础上，在此用营业收入净利率（PRO）作为替代变量。回归结果如表7-6所示，总资产负债率（TD）、短期债务比率（SD）、长期债务比率（LD）、金融性负债比率（BD）、经营性负债比率（CD）都与营业收入净利率显著负相关，表明结论稳健。

表 7-6 替代被解释变量回归表

变量	（1）PRO	（2）PRO	（3）PRO	（4）PRO	（5）PRO
TD	−0.510***				
	（0.044）				
SD		−0.559***			
		（0.052）			
LD			−0.364***		
			（0.065）		
BD				−0.453***	
				（0.050）	
CD					−0.482***
					（0.066）
Grow	0.122***	0.121***	0.125***	0.119***	0.128***
	（0.014）	（0.014）	（0.014）	（0.014）	（0.014）
Mshare	−0.001	−0.005	0.025	0.016	0.008
	（0.025）	（0.025）	（0.025）	（0.025）	（0.025）
Dual	−0.031***	−0.031***	−0.024**	−0.022*	−0.033***
	（0.011）	（0.012）	（0.012）	（0.012）	（0.012）
Indep	0.111	0.073	0.052	0.097	0.030
	（0.116）	（0.119）	（0.120）	（0.116）	（0.120）
Board	0.036	0.033	0.027	0.030	0.028
	（0.028）	（0.028）	（0.029）	（0.029）	（0.029）
Cashflow	0.574***	0.638***	0.716***	0.588***	0.779***
	（0.072）	（0.073）	（0.074）	（0.074）	（0.074）
_cons	−0.403***	−0.226*	−0.406***	−0.373***	−0.288**
	（0.127）	（0.130）	（0.133）	（0.139）	（0.129）
R^2	0.275	0.263	0.227	0.247	0.241
year	yes	yes	yes	yes	yes
ind	yes	yes	yes	yes	yes
N	3 215	3 215	3 215	3 215	3 215

***、**、*分别表示在 1%、5%、10%的水平下显著

注：括号内数值为 t 值

7.3.2 替换解释变量

1. 替换债务期限结构变量

借鉴黄乾富和沈红波（2009）在文献中对债务期限的定义，将主回归中的解释变量短期债务比率（SD）替换为短期借款比率（SD1）、长期债务比率（LD）

替换为长期借款比率（LD1），将债务的范围进一步缩小，以便于更细微地分析不同期限的借款对企业绩效的影响。由表 7-7 可知，在替换变量以后，短期借款比率和长期借款比率与企业绩效变量仍然显著负相关，表明负债引起的财务风险问题、研发投入下降问题将对服务企业绩效产生负面影响，主结论稳健。

表 7-7　替换债务期限变量与企业绩效回归表

变量	（1）ROA	（2）ROE	（3）ROA	（4）ROE
SD1	−0.156***	−0.274***		
	（0.022）	（0.048）		
LD1			−0.110***	−0.129***
			（0.019）	（0.042）
SOL	0.001	−0.002**	0.002***	0.001
	（0.000）	（0.001）	（0.000）	（0.001）
Listage	−0.009***	−0.014***	−0.010***	−0.015***
	（0.002）	（0.003）	（0.002）	（0.003）
LIQU	0.054***	0.096***	0.037***	0.074***
	（0.009）	（0.018）	（0.010）	（0.019）
Grow	0.047***	0.085***	0.050***	0.089***
	（0.004）	（0.008）	（0.004）	（0.008）
Mshare	0.014*	0.007	0.017**	0.013
	（0.008）	（0.014）	（0.008）	（0.014）
Dual	−0.003	−0.007	−0.004	−0.010
	（0.004）	（0.006）	（0.003）	（0.006）
Indep	0.045	0.071	0.045	0.067
	（0.033）	（0.059）	（0.033）	（0.060）
Board	0.012	0.019	0.014	0.022
	（0.009）	（0.016）	（0.009）	（0.016）
Cashflow	0.318***	0.491***	0.344***	0.543***
	（0.024）	（0.047）	（0.023）	（0.044）
_cons	−0.072**	−0.193***	−0.112***	−0.252***
	（0.035）	（0.063）	（0.035）	（0.066）
R^2	0.269	0.232	0.260	0.219
year	yes	yes	yes	yes
ind	yes	yes	yes	yes
N	3 215	3 215	3 215	3 215

***、**、*分别表示在 1%、5%、10%的水平下显著

注：括号内数值为 t 值

2. 替换债务来源变量

借鉴刘行等（2017）的做法，将按债务来源不同划分的金融性负债比率（BD）替换为银行借款比率（BD1），将经营性负债比率（CD）替换为商业信用比率（CD1），结果如表 7-8 所示，债务来源变量与企业绩效显著负相关，说明原结论成立。

表 7-8　替换债务来源变量与企业绩效回归表

变量	（1）ROA	（2）ROE	（3）ROA	（4）ROE
BD1	−0.137***	−0.208***		
	（0.015）	（0.032）		
CD1			−0.136***	−0.173***
			（0.027）	（0.057）
SOL	0.001	−0.001	0.001	−0.001
	（0.000）	（0.001）	（0.001）	（0.001）
Listage	−0.010***	−0.016***	−0.008***	−0.014***
	（0.002）	（0.003）	（0.002）	（0.003）
LIQU	0.037***	0.070***	0.066***	0.109***
	（0.010）	（0.018）	（0.010）	（0.019）
Grow	0.048***	0.087***	0.049***	0.088***
	（0.004）	（0.008）	（0.004）	（0.008）
Mshare	0.015*	0.010	0.015*	0.010
	（0.008）	（0.014）	（0.008）	（0.014）
Dual	−0.003	−0.008	−0.006*	−0.012*
	（0.003）	（0.006）	（0.004）	（0.006）
Indep	0.053*	0.082	0.030	0.049
	（0.032）	（0.059）	（0.033）	（0.060）
Board	0.016*	0.025	0.011	0.018
	（0.009）	（0.016）	（0.009）	（0.016）
Cashflow	0.309***	0.487***	0.344***	0.542***
	（0.024）	（0.046）	（0.023）	（0.044）
_cons	−0.101***	−0.243***	−0.091***	−0.227***
	（0.035）	（0.065）	（0.035）	（0.064）
R^2	0.277	0.234	0.261	0.220
year	yes	yes	yes	yes
ind	yes	yes	yes	yes
N	3 215	3 215	3 215	3 215

***、*分别表示在 1%、10%的水平下显著

注：括号内数值为 t 值

7.4　进一步分析

在进一步分析中，便于回归检验，将统一选取总资产收益率（ROA）来衡量企业绩效。

7.4.1　产权性质分组检验

从表 7-9、表 7-10 可知，对于服务企业而言，资产负债率、区分债务期限后的长短期负债比率及区分债务来源后的金融性负债和经营性负债的增加都会对企业绩效产生负面影响，并不因为产权性质的不同而呈现差异。

表 7-9　总负债及债务期限与产权性质分组回归表

变量	国企 ROA	民企 ROA	国企 ROA	民企 ROA	国企 ROA	民企 ROA
TD	−0.113***	−0.175***				
	（0.011）	（0.019）				
SD			−0.107***	−0.178***		
			（0.017）	（0.022）		
LD					−0.085***	−0.186***
					（0.010）	（0.038）
Listage	−0.003*	−0.013***	−0.003*	−0.013***	−0.005***	−0.015***
	（0.002）	（0.003）	（0.002）	（0.003）	（0.002）	（0.003）
LIQU	0.046***	0.075***	0.072***	0.099***	0.012	0.025*
	（0.012）	（0.013）	（0.013）	（0.014）	（0.014）	（0.014）
Grow	0.023***	0.060***	0.022***	0.060***	0.022***	0.061***
	（0.004）	（0.005）	（0.004）	（0.005）	（0.004）	（0.006）
Mshare	0.155***	0.013	0.146**	0.015*	0.147***	0.021**
	（0.054）	（0.009）	（0.057）	（0.009）	（0.048）	（0.009）
Dual	−0.005	−0.005	−0.004	−0.006	−0.005	−0.003
	（0.004）	（0.004）	（0.005）	（0.004）	（0.005）	（0.004）
Indep	−0.030	0.109**	−0.045	0.113**	−0.060*	0.088*
	（0.029）	（0.050）	（0.031）	（0.051）	（0.031）	（0.051）
Board	−0.004	0.022	−0.010	0.027*	−0.003	0.013
	（0.007）	（0.015）	（0.007）	（0.015）	（0.007）	（0.015）

变量	国企 ROA	民企 ROA	国企 ROA	民企 ROA	国企 ROA	民企 ROA
Cashflow	0.239***	0.321***	0.277***	0.331***	0.265***	0.370***
	(0.027)	(0.029)	(0.027)	(0.029)	(0.028)	(0.030)
_cons	−0.095***	−0.178***	−0.029	−0.200***	−0.115***	−0.177**
	(0.031)	(0.068)	(0.029)	(0.069)	(0.033)	(0.070)
R^2	0.429	0.332	0.384	0.319	0.359	0.296
year	yes	yes	yes	yes	yes	yes
ind	yes	yes	yes	yes	yes	yes
N	1 157	2 058	1 157	2 058	1 157	2 058

***、**、*分别表示在1%、5%、10%的水平下显著

注：括号内数值为 t 值

表7-10　债务来源与产权性质分组回归表

变量	国企 ROA	民企 ROA	国企 ROA	民企 ROA
CD	−0.050***	−0.171***		
	(0.017)	(0.027)		
BD			−0.120***	−0.158***
			(0.014)	(0.024)
SOL	0.002*	−0.003***	0.001*	−0.000
	(0.001)	(0.001)	(0.001)	(0.001)
Listage	−0.005**	−0.013***	−0.004***	−0.015***
	(0.002)	(0.003)	(0.002)	(0.003)
LIQU	0.047***	0.092***	0.011	0.034***
	(0.014)	(0.014)	(0.014)	(0.013)
Grow	0.022***	0.063***	0.022***	0.059***
	(0.004)	(0.005)	(0.004)	(0.005)
Mshare	0.137**	0.021**	0.162***	0.016*
	(0.053)	(0.009)	(0.048)	(0.009)
Dual	−0.005	−0.006	−0.004	−0.002
	(0.005)	(0.004)	(0.005)	(0.004)
Indep	−0.065**	0.096*	−0.039	0.107**
	(0.032)	(0.051)	(0.030)	(0.050)
Board	−0.010	0.023	0.000	0.017
	(0.008)	(0.015)	(0.007)	(0.015)
Cashflow	0.297***	0.377***	0.225***	0.330***
	(0.028)	(0.029)	(0.029)	(0.030)
_cons	−0.063*	−0.191***	−0.098***	−0.187***
	(0.032)	(0.069)	(0.032)	(0.070)

续表

变量	国企 ROA	民企 ROA	国企 ROA	民企 ROA
R^2	0.337	0.307	0.414	0.305
year	yes	yes	yes	yes
ind	yes	yes	yes	yes
N	1 157	2 058	1 157	2 058

***、**、*分别表示在 1%、5%、10%的水平下显著

注：括号内数值为 t 值

7.4.2　规模分组检验

本小节将进一步对企业按规模进行划分，对企业规模（Size）取均值为 21.91，企业规模大于或者等于 21.91 的企业取虚拟变量 1，表示大规模企业；企业规模小于 21.91 的企业取虚拟变量 0，表示小规模企业。用规模进行分组回归后，从表 7-11、表 7-12 来看，债务对企业绩效产生的负向影响不因企业规模的不同而不同。

表 7-11　总债务、不同期限债务与规模分组回归表

变量	大规模 ROA	小规模 ROA	大规模 ROA	小规模 ROA	大规模 ROA	小规模 ROA
TD	−0.115*** （0.016）	−0.170*** （0.020）				
SD			−0.104*** （0.024）	−0.179*** （0.022）		
LD					−0.107*** （0.018）	−0.152*** （0.046）
LIQU	0.056*** （0.017）	0.063*** （0.012）	0.075*** （0.021）	0.090*** （0.012）	0.004 （0.018）	0.024* （0.014）
Grow	0.038*** （0.007）	0.054*** （0.005）	0.039*** （0.007）	0.053*** （0.005）	0.039*** （0.007）	0.054*** （0.005）
Mshare	−0.038 （0.026）	0.014* （0.008）	−0.033 （0.027）	0.015* （0.008）	−0.027 （0.026）	0.021** （0.008）
Dual	−0.005 （0.007）	−0.006 （0.004）	−0.005 （0.007）	−0.007* （0.004）	−0.004 （0.007）	−0.004 （0.004）
Indep	0.162*** （0.042）	−0.013 （0.048）	0.141*** （0.042）	−0.012 （0.049）	0.141*** （0.042）	−0.014 （0.049）

续表

变量	大规模 ROA	小规模 ROA	大规模 ROA	小规模 ROA	大规模 ROA	小规模 ROA
Board	0.027**	0.009	0.020*	0.013	0.026**	0.004
	(0.011)	(0.013)	(0.011)	(0.013)	(0.011)	(0.014)
Cashflow	0.388***	0.265***	0.430***	0.268***	0.422***	0.305***
	(0.042)	(0.026)	(0.043)	(0.027)	(0.041)	(0.028)
_cons	−0.063*	0.142***	−0.067*	0.094**	−0.082**	0.109**
	(0.038)	(0.045)	(0.038)	(0.043)	(0.037)	(0.048)
R^2	0.282	0.348	0.259	0.339	0.264	0.299
year	yes	yes	yes	yes	yes	yes
ind	yes	yes	yes	yes	yes	yes
N	1 391	1 824	1 391	1 824	1 391	1 824

***、**、*分别表示在 1%、5%、10%的水平下显著

注：括号内数值为 t 值

表 7-12 债务来源与规模分组回归表

变量	大规模 ROA	小规模 ROA	大规模 ROA	小规模 ROA
CD	−0.062**	−0.148***		
	(0.030)	(0.026)		
BD			−0.121***	−0.153***
			(0.017)	(0.025)
Listage	−0.002	−0.011***	−0.005*	−0.013***
	(0.003)	(0.002)	(0.003)	(0.002)
LIQU	0.053**	0.077***	0.006	0.029**
	(0.022)	(0.013)	(0.018)	(0.012)
Grow	0.040***	0.055***	0.037***	0.052***
	(0.007)	(0.005)	(0.007)	(0.005)
Mshare	−0.030	0.019**	−0.028	0.017**
	(0.027)	(0.008)	(0.026)	(0.008)
Dual	−0.006	−0.007	−0.002	−0.004
	(0.008)	(0.004)	(0.007)	(0.004)
Indep	0.124***	−0.017	0.160***	−0.006
	(0.042)	(0.049)	(0.041)	(0.048)
Board	0.019*	0.009	0.026**	0.007
	(0.011)	(0.013)	(0.011)	(0.014)

续表

变量	大规模	小规模	大规模	小规模
	ROA	ROA	ROA	ROA
Cashflow	0.459^{***}	0.312^{***}	0.383^{***}	0.267^{***}
	（0.042）	（0.027）	（0.042）	（0.028）
_cons	-0.079^{**}	0.081^{*}	-0.071^{*}	0.119^{**}
	（0.037）	（0.043）	（0.037）	（0.048）
R^2	0.248	0.314	0.276	0.319
year	yes	yes	yes	yes
ind	yes	yes	yes	yes
N	1 391	1 824	1 391	1 824

***、**、*分别表示在 1%、5%、10%的水平下显著

注：括号内数值为 t 值

7.4.3　地区分组检验

本节按照 1986 年，由第六届全国人民代表大会第四次会议通过的"七五"计划中的东、中、西部划分标准，将地区划分为东部、中部、西部，来检验地理位置差异、经济差异、市场化程度差异下，债务水平对企业绩效的影响。从表 7-13 到表 7-15 中能够发现，资产负债率（TD）、短期债务比率（SD）、金融性负债比率（BD）及经营性负债比率（CD）对企业绩效的影响不受地区因素的干扰；而长期负债比率（LD）在市场化程度相对较低、经济发展水平偏低、地理位置偏远的西部地区是不显著的，这说明该地区的企业更多通过政府扶持获得融通资金，而并非依靠企业实力获得较长期限的外部融资，进而无法对企业绩效产生显著影响。

表 7-13　总负债与地区分组回归表

变量	东部	中部	西部
	ROA	ROA	ROA
TD	-0.153^{***}	-0.156^{***}	-0.138^{***}
	（0.014）	（0.039）	（0.052）
Size	0.010^{***}	0.009^{**}	0.004
	（0.002）	（0.005）	（0.010）
SOL	-0.004^{***}	-0.007^{**}	0.005^{*}
	（0.001）	（0.003）	（0.003）
Listage	-0.008^{***}	-0.011^{**}	-0.005
	（0.002）	（0.005）	（0.008）

续表

变量	东部 ROA	中部 ROA	西部 ROA
LIQU	0.071***	0.085***	0.041
	（0.010）	（0.032）	（0.056）
Grow	0.054***	0.035***	0.034*
	（0.005）	（0.010）	（0.018）
Mshare	0.011	0.079*	−0.085*
	（0.008）	（0.048）	（0.046）
Dual	−0.008**	−0.012	0.006
	（0.004）	（0.011）	（0.015）
Indep	0.045	0.164**	0.021
	（0.036）	（0.076）	（0.155）
Board	0.011	0.045	−0.026
	（0.010）	（0.031）	（0.044）
Cashflow	0.299***	0.306***	0.200**
	（0.025）	（0.057）	（0.081）
_cons	−0.121***	−0.240**	0.009
	（0.039）	（0.115）	（0.137）
R^2	0.313	0.442	0.379
year	yes	yes	yes
ind	yes	yes	yes
N	2 642	348	225

***、**、*分别表示在 1%、5%、10%的水平下显著

注：括号内数值为 t 值

表 7-14　债务期限与地区分组回归表

变量	东部 ROA	中部 ROA	西部 ROA	东部 ROA	中部 ROA	西部 ROA
SD	−0.147***	−0.205***	−0.165***			
	（0.017）	（0.053）	（0.058）			
LD				−0.145***	−0.105**	−0.040
				（0.020）	（0.047）	（0.068）
SOL	−0.003***	−0.009***	0.003	0.002***	0.002	0.012***
	（0.001）	（0.003）	（0.004）	（0.000）	（0.002）	（0.004）
Listage	−0.007***	−0.011**	−0.006	−0.010***	−0.015**	−0.011
	（0.002）	（0.005）	（0.008）	（0.002）	（0.006）	（0.008）

续表

变量	东部 ROA	中部 ROA	西部 ROA	东部 ROA	中部 ROA	西部 ROA
LIQU	0.093***	0.133***	0.076	0.026**	0.015	0.008
	（0.011）	（0.039）	（0.062）	（0.011）	（0.032）	（0.059）
Grow	0.053***	0.034***	0.037**	0.054***	0.038***	0.038**
	（0.005）	（0.009）	（0.017）	（0.005）	（0.011）	（0.018）
Mshare	0.010	0.078	−0.091*	0.020**	0.066	−0.090*
	（0.008）	（0.048）	（0.047）	（0.008）	（0.050）	（0.047）
Dual	−0.008**	−0.009	0.006	−0.005	−0.013	0.007
	（0.004）	（0.011）	（0.015）	（0.004）	（0.012）	（0.016）
Indep	0.025	0.168**	0.070	0.041	0.164**	0.022
	（0.037）	（0.077）	（0.153）	（0.037）	（0.078）	（0.157）
Board	0.008	0.060*	−0.011	0.011	0.033	−0.035
	（0.010）	（0.032）	（0.042）	（0.010）	（0.031）	（0.051）
Cashflow	0.325***	0.295***	0.223***	0.339***	0.348***	0.192**
	（0.025）	（0.057）	（0.081）	（0.025）	（0.064）	（0.087）
_cons	−0.066*	−0.143	0.092	−0.129***	−0.276**	0.008
	（0.038）	（0.118）	（0.133）	（0.041）	（0.123）	（0.155）
R^2	0.291	0.442	0.384	0.274	0.395	0.337
year	yes	yes	yes	yes	yes	yes
ind	yes	yes	yes	yes	yes	yes
N	2 642	348	225	2 642	348	225

***、**、*分别表示在 1%、5%、10%的水平下显著

注：括号内数值为 t 值

表 7-15　债务来源与地区分组回归表

变量	（1） 东部 ROA	（2） 中部 ROA	（3） 西部 ROA	（4） 东部 ROA	（5） 中部 ROA	（6） 西部 ROA
BD	−0.156***	−0.115***	−0.139**			
	（0.017）	（0.037）	（0.060）			
CD				−0.108***	−0.203***	−0.137*
				（0.020）	（0.072）	（0.074）
SOL	0.000	−0.000	0.011***	−0.001	−0.006*	0.006
	（0.000）	（0.002）	（0.003）	（0.001）	（0.003）	（0.004）
Listage	−0.011***	−0.012**	−0.007	−0.007***	−0.016***	−0.009
	（0.002）	（0.005）	（0.008）	（0.002）	（0.006）	（0.008）
LIQU	0.028***	0.021	0.004	0.079***	0.118***	0.052
	（0.010）	（0.031）	（0.056）	（0.012）	（0.045）	（0.063）

续表

变量	（1） 东部 ROA	（2） 中部 ROA	（3） 西部 ROA	（4） 东部 ROA	（5） 中部 ROA	（6） 西部 ROA
Grow	0.052***	0.036***	0.033*	0.055***	0.038***	0.040**
	（0.005）	（0.011）	（0.018）	（0.005）	（0.009）	（0.018）
Mshare	0.015*	0.065	−0.077*	0.015*	0.077	−0.099**
	（0.008）	（0.051）	（0.046）	（0.008）	（0.049）	（0.048）
Dual	−0.005	−0.012	0.010	−0.008**	−0.012	0.002
	（0.004）	（0.011）	（0.015）	（0.004）	（0.011）	（0.016）
Indep	0.051	0.153**	0.007	0.019	0.188**	0.044
	（0.036）	（0.077）	（0.155）	（0.037）	（0.079）	（0.155）
Board	0.011	0.043	−0.042	0.008	0.041	−0.017
	（0.010）	（0.031）	（0.050）	（0.010）	（0.031）	（0.041）
Cashflow	0.299***	0.321***	0.148*	0.362***	0.346***	0.247***
	（0.026）	（0.063）	（0.088）	（0.026）	（0.060）	（0.088）
_cons	−0.112***	−0.236**	−0.026	−0.079**	−0.214*	0.063
	（0.041）	（0.120）	（0.141）	（0.039）	（0.115）	（0.137）
R^2	0.295	0.408	0.354	0.269	0.418	0.358
year	yes	yes	yes	yes	yes	yes
ind	yes	yes	yes	yes	yes	yes
N	2 642	348	225	2 642	348	225

***、**、*分别表示在 1%、5%、10%的水平下显著

注：括号内数值为 t 值

7.5　影响路径研究

7.5.1　研发投入路径

以研发投入（RD）作为中介变量，本节主要通过模型（7-6）、模型（7-7）、模型（7-8）来检验债务融资是否能够通过减少研发投入进而负向影响企业绩效，研发投入（RD）具体定义见表 7-1。

$$R_{i,t} = \partial_0 + \partial_1 \mathrm{TD}_{i,t} + \partial_i X_{i,t} + \mathrm{year}_{i,t} + \mathrm{ind}_{i,t} + \varepsilon_{i,t} \tag{7-6}$$

$$\mathrm{RD}_{i,t} = \partial_0 + \partial_1 \mathrm{TD}_{i,t} + \partial_i X_{i,t} + \mathrm{year}_{i,t} + \mathrm{ind}_{i,t} + \varepsilon_{i,t} \tag{7-7}$$

$$R_{i,t} = \partial_0 + \partial_1 \mathrm{TD}_{i,t} + \partial_2 \mathrm{RD}_{i,t} + \partial_i X_{i,t} + \mathrm{year}_{i,t} + \mathrm{ind}_{i,t} + \varepsilon_{i,t} \tag{7-8}$$

模型（7-6）的数据因与前文重复，在此处不重复展示，解释变量 $\mathrm{TD}_{i,t}$ 依次替换为 $\mathrm{SD}_{i,t}$、$\mathrm{LD}_{i,t}$、$\mathrm{BD}_{i,t}$、$\mathrm{CD}_{i,t}$。表 7-16 和表 7-17 列示了中介效应的检验结

果，从表 7-16 的第（1）列、第（3）列、第（5）列，表 7-17 的第（1）列和第（3）列看，TD、SD、LD、BD、CD 均显著为负，说明不管是整体债务融资还是长期债务、短期债务、金融性负债融资、经营性债务融资都能够减少企业的研发投入，负向影响企业创新，从而降低企业绩效水平。从表 7-16 的第（2）列、第（4）列、第（6）列，表 7-17 的第（2）列和第（4）列可见，TD、SD、LD、BD、CD 均显著为负，RD 也显著为负，说明研发投入是债务融资与企业绩效关系中的部分中介因子，但是在其他文献中研发投入对企业绩效是正向影响，而在表 7-16 和表 7-17 中可以看出属于负向影响，可能是研发投入存在滞后效应，最终的正面影响无法通过本次回归体现。

表 7-16　研发投入中介效应回归表（1）

变量	（1）RD	（2）ROA	（3）RD	（4）ROA	（5）RD	（6）ROA
TD	−0.054***	−0.155***				
	（0.008）	（0.012）				
RD		−0.113***		−0.106***		−0.077***
		（0.028）		（0.028）		（0.028）
SD			−0.066***	−0.158***		
			（0.010）	（0.015）		
LD					−0.024**	−0.131***
					（0.010）	（0.018）
LIQU	−0.057***	0.064***	−0.044***	0.093***	−0.069***	0.022**
	（0.009）	（0.009）	（0.009）	（0.010）	（0.009）	（0.010）
Grow	−0.007***	0.048***	−0.007***	0.048***	−0.007***	0.049***
	（0.002）	（0.004）	（0.002）	（0.004）	（0.002）	（0.004）
Mshare	−0.020***	0.007	−0.021***	0.007	−0.017**	0.016**
	（0.007）	（0.008）	（0.007）	（0.008）	（0.007）	（0.008）
Dual	0.013***	−0.004	0.013***	−0.004	0.014***	−0.003
	（0.003）	（0.003）	（0.003）	（0.003）	（0.003）	（0.003）
Indep	−0.031	0.059*	−0.034	0.047	−0.038	0.044
	（0.024）	（0.032）	（0.024）	（0.033）	（0.024）	（0.032）
Board	−0.001	0.015*	−0.001	0.014	−0.002	0.012
	（0.006）	（0.009）	（0.006）	（0.009）	（0.006）	（0.009）
Cashflow	0.038**	0.301***	0.043***	0.323***	0.055***	0.339***
	（0.017）	（0.022）	（0.017）	（0.022）	（0.017）	（0.023）
_cons	−0.031	−0.128***	−0.011	−0.075**	−0.026	−0.135***
	（0.029）	（0.034）	（0.029）	（0.033）	（0.030）	（0.035）

续表

变量	(1) RD	(2) ROA	(3) RD	(4) ROA	(5) RD	(6) ROA
R^2	0.473	0.318	0.473	0.298	0.466	0.273
year	yes	yes	yes	yes	yes	yes
ind	yes	yes	yes	yes	yes	yes
N	3 215	3 215	3 215	3 215	3 215	3 215

***、**、*分别表示在 1%、5%、10%的水平下显著

注：括号内数值为 t 值

表 7-17　研发投入中介效应回归表（2）

变量	(1) RD	(2) ROA	(3) RD	(4) ROA
BD	−0.038***	−0.148***		
	(0.009)	(0.014)		
RD		−0.090***		−0.090***
		(0.028)		(0.029)
CD			−0.061***	−0.127***
			(0.011)	(0.019)
Listage	−0.005***	−0.011***	−0.004**	−0.008***
	(0.002)	(0.002)	(0.001)	(0.002)
LIQU	−0.070***	0.023**	−0.048***	0.080***
	(0.009)	(0.010)	(0.009)	(0.011)
Grow	−0.007***	0.047***	−0.006***	0.050***
	(0.002)	(0.004)	(0.002)	(0.004)
Mshare	−0.018**	0.012	−0.019***	0.011
	(0.007)	(0.008)	(0.007)	(0.008)
Dual	0.014***	−0.002	0.013***	−0.005
	(0.003)	(0.003)	(0.003)	(0.003)
Indep	−0.034	0.058*	−0.039*	0.035
	(0.024)	(0.032)	(0.024)	(0.033)
Board	−0.001	0.013	−0.001	0.012
	(0.006)	(0.009)	(0.006)	(0.009)
Cashflow	0.043**	0.300***	0.060***	0.362***
	(0.017)	(0.023)	(0.017)	(0.023)
_cons	−0.026	−0.120***	−0.019	−0.092***
	(0.030)	(0.036)	(0.029)	(0.034)
R^2	0.468	0.294	0.470	0.275
year	yes	yes	yes	yes

续表

变量	（1）RD	（2）ROA	（3）RD	（4）ROA
ind	yes	yes	yes	yes
N	3 215	3 215	3 215	3 215

***、**、*分别表示在 1%、5%、10%的水平下显著

注：括号内数值为 t 值

7.5.2 债务融资成本

以债务融资成本（Loan）作为中介变量，本节主要通过模型（7-9）、模型（7-10）、模型（7-11）检验债务融资是否通过债务融资成本导致企业绩效减少，债务融资成本（Loan）具体定义见表 7-1。

$$R_{i,t} = \partial_0 + \partial_1 \text{TD}_{i,t} + \partial_i X_{i,t} + \text{year}_{i,t} + \text{ind}_{i,t} + \varepsilon_{i,t} \qquad (7\text{-}9)$$

$$\text{Loan}_{i,t} = \partial_0 + \partial_1 \text{TD}_{i,t} + \partial_i X_{i,t} + \text{year}_{i,t} + \text{ind}_{i,t} + \varepsilon_{i,t} \qquad (7\text{-}10)$$

$$R_{i,t} = \partial_0 + \partial_1 \text{TD}_{i,t} + \partial_2 \text{Loan}_{i,t} + \partial_i X_{i,t} + \text{year}_{i,t} + \text{ind}_{i,t} + \varepsilon_{i,t} \qquad (7\text{-}11)$$

模型（7-9）的数据因与前文重复，在此处不重复展示，解释变量 $\text{TD}_{i,t}$ 依次替换为 $\text{SD}_{i,t}$、$\text{LD}_{i,t}$、$\text{BD}_{i,t}$、$\text{CD}_{i,t}$。从表 7-18 的第（3）列，表 7-19 的第（1）列和第（3）列可见，SD、CD 均显著为负，但是 BD 显著为正，说明短期债务融资和经营性债务融资对债务融资成本的影响为负，即这两种融资方式会导致债务融资成本的减少；而金融性债务融资会增加债务融资成本，原因可能是短期债务融资和经营性债务融资的利息小，企业付出的成本小，但是金融性债务融资的成本相对较高。从表 7-18 的第（4）列可见，SD 为负，从表 7-19 的第（2）列可见，BD 为负，同时从表 7-19 的第（4）列可见，CD、Loan 均为负，说明债务融资成本会负向影响企业绩效，债务融资成本也是短期债务融资、金融性债务融资与企业绩效的部分中介因子。从表 7-18 的第（2）列和第（6）可见 Loan 不显著，即它并不是总债务融资和长期债务融资与企业绩效的部分中介因子。

表 7-18 债务融资成本中介效应回归表（1）

变量	（1）Loan	（2）ROA	（3）Loan	（4）ROA	（5）Loan	（6）ROA
TD	0.010**	−0.149***				
	（0.005）	（0.012）				
Loan		−0.002		−0.065*		0.029
		（0.031）		（0.033）		（0.032）

续表

变量	(1) Loan	(2) ROA	(3) Loan	(4) ROA	(5) Loan	(6) ROA
SD			−0.024***	−0.152***		
			(0.006)	(0.015)		
LD					0.066***	−0.131***
					(0.005)	(0.018)
LIQU	−0.025***	0.071***	−0.016***	0.096***	−0.012***	0.028***
	(0.005)	(0.009)	(0.006)	(0.010)	(0.005)	(0.010)
Grow	−0.002	0.049***	−0.002*	0.048***	−0.002*	0.050***
	(0.001)	(0.004)	(0.001)	(0.004)	(0.001)	(0.004)
Mshare	−0.012**	0.009	−0.014***	0.008	−0.013***	0.017**
	(0.005)	(0.007)	(0.005)	(0.008)	(0.005)	(0.008)
Dual	0.002	−0.006*	0.001	−0.006*	0.002	−0.004
	(0.002)	(0.003)	(0.002)	(0.003)	(0.002)	(0.003)
Indep	0.008	0.062**	0.012	0.051	0.004	0.047
	(0.014)	(0.032)	(0.014)	(0.032)	(0.013)	(0.032)
Board	0.005	0.015*	0.005	0.014	0.005	0.012
	(0.003)	(0.009)	(0.003)	(0.009)	(0.003)	(0.009)
Cashflow	−0.047***	0.297***	−0.056***	0.315***	−0.041***	0.336***
	(0.010)	(0.022)	(0.010)	(0.022)	(0.010)	(0.023)
_cons	0.106***	−0.124***	0.106***	−0.067**	0.126***	−0.137***
	(0.018)	(0.034)	(0.018)	(0.034)	(0.017)	(0.035)
R^2	0.672	0.311	0.674	0.293	0.681	0.270
year	yes	yes	yes	yes	yes	yes
ind	yes	yes	yes	yes	yes	yes
N	3 215	3 215	3 215	3 215	3 215	3 215

***、**、*分别表示在 1%、5%、10%的水平下显著

注：括号内数值为 t 值

表 7-19　债务融资成本中介效应回归表（2）

变量	(1) Loan	(2) ROA	(3) Loan	(4) ROA
BD	0.060***	−0.149***		
	(0.004)	(0.014)		
Loan		0.069**		−0.083**
		(0.029)		(0.034)

变量	（1）Loan	（2）ROA	（3）Loan	（4）ROA
CD			−0.059***	−0.126***
			（0.007）	（0.019）
Listage	0.001	−0.010***	0.001	−0.007***
	（0.001）	（0.002）	（0.001）	（0.002）
LIQU	−0.015***	0.030***	−0.007	0.083***
	（0.005）	（0.010）	（0.006）	（0.011）
Grow	−0.001	0.048***	−0.002	0.050***
	（0.001）	（0.004）	（0.001）	（0.004）
Mshare	−0.012**	0.015**	−0.015***	0.011
	（0.005）	（0.008）	（0.005）	（0.008）
Dual	0.001	−0.003	0.000	−0.006*
	（0.002）	（0.003）	（0.002）	（0.004）
Indep	−0.000	0.061*	0.010	0.039
	（0.013）	（0.032）	（0.014）	（0.033）
Board	0.004	0.013	0.005*	0.013
	（0.003）	（0.009）	（0.003）	（0.009）
Cashflow	−0.026***	0.298***	−0.050***	0.352***
	（0.010）	（0.023）	（0.010）	（0.022）
_cons	0.116***	−0.126***	0.103***	−0.082**
	（0.018）	（0.036）	（0.018）	（0.034）
R^2	0.684	0.290	0.680	0.272
year	yes	yes	yes	yes
ind	yes	yes	yes	yes
N	3 215	3 215	3 215	3 215

***、**、*分别表示在 1%、5%、10%的水平下显著

注：括号内数值为 t 值

7.5.3　自由现金流

以自由现金流（CF）作为中介变量，本小节主要通过模型（7-12）、模型（7-13）、模型（7-14）检验企业债务融资是否能够通过影响企业自由现金流，进而影响企业绩效，自由现金流（CF）的定义详见表 7-1。

$$R_{i,t} = \partial_0 + \partial_1 TD_{i,t} + \partial_i X_{i,t} + year_{i,t} + ind_{i,t} + \varepsilon_{i,t} \qquad (7\text{-}12)$$

$$CF_{i,t} = \partial_0 + \partial_1 TD_{i,t} + \partial_i X_{i,t} + year_{i,t} + ind_{i,t} + \varepsilon_{i,t} \qquad (7\text{-}13)$$

$$R_{i,t} = \partial_0 + \partial_1 TD_{i,t} + \partial_2 CF_{i,t} + \partial_i X_{i,t} + year_{i,t} + ind_{i,t} + \varepsilon_{i,t} \qquad (7\text{-}14)$$

模型（7-12）的数据因与前文重复，在此处不重复展示，解释变量 $TD_{i,t}$ 依次替换为 $SD_{i,t}$、$LD_{i,t}$、$BD_{i,t}$、$CD_{i,t}$。从表 7-20 的第（1）列、第（5）列及表 7-21 的第（1）列可见，TD、LD、BD 显著为负，表明总债务融资、长期债务融资、金融性债务融资会减少企业的自由现金流，可能的原因是这三种融资方式需要的成本较高，对资金的约束效应高，从而影响到企业自由现金流；但是从表 7-20 的第（3）列和表 7-21 的第（3）列可见，SD 和 CD 显著为正，说明短期债务融资和经营性债务融资会增加企业自由现金流，因为短期债务融资主要是为了当期的资金周转等，自然会导致当期的自由现金流增加，经营性债务融资的融资成本低可能也是自由现金流增加的原因之一。从表 7-20 的第（2）列、第（4）列、第（6）列和表 7-21 的第（2）列和第（4）列可见，TD、SD、LD、BD、CD 显著为负，而 CF 显著为正，表明自由现金流会促进企业绩效的提升，自由现金流在企业债务融资与企业绩效的关系中发挥了部分中介的作用。

表 7-20　自由现金流中介效应回归表（1）

变量	（1）CF	（2）ROA	（3）CF	（4）ROA	（5）CF	（6）ROA
TD	−0.032*	−0.142***				
	（0.018）	（0.011）				
CF		0.198***		0.217***		0.194***
		（0.018）		（0.018）		（0.019）
SD			0.105***	−0.173***		
			（0.021）	（0.014）		
LD					−0.262***	−0.078***
					（0.027）	（0.016）
LIQU	−0.107***	0.092***	−0.145***	0.129***	−0.157***	0.058***
	（0.017）	（0.009）	（0.019）	（0.010）	（0.017）	（0.010）
Grow	−0.016*	0.052***	−0.016*	0.052***	−0.016*	0.053***
	（0.008）	（0.004）	（0.008）	（0.004）	（0.008）	（0.004）
Mshare	0.020	0.005	0.027*	0.003	0.023	0.013*
	（0.014）	（0.007）	（0.014）	（0.007）	（0.014）	（0.007）
Dual	−0.005	−0.005	−0.003	−0.005*	−0.004	−0.003
	（0.006）	（0.003）	（0.006）	（0.003）	（0.006）	（0.003）

续表

变量	(1)	(2)	(3)	(4)	(5)	(6)
	CF	ROA	CF	ROA	CF	ROA
Indep	0.070	0.049*	0.055	0.038	0.086	0.031
	(0.055)	(0.029)	(0.055)	(0.029)	(0.054)	(0.030)
Board	0.014	0.012	0.012	0.011	0.015	0.009
	(0.014)	(0.008)	(0.014)	(0.008)	(0.014)	(0.008)
Cashflow	0.056	0.286***	0.093**	0.299***	0.029	0.329***
	(0.039)	(0.021)	(0.039)	(0.021)	(0.038)	(0.022)
_cons	−0.073	−0.110***	−0.076	−0.058*	−0.154*	−0.103***
	(0.097)	(0.037)	(0.099)	(0.034)	(0.090)	(0.037)
R^2	0.068	0.402	0.075	0.401	0.096	0.354
year	yes	yes	yes	yes	yes	yes
ind	yes	yes	yes	yes	yes	yes
N	3 215	3 215	3 215	3 215	3 215	3 215

***、**、*分别表示在 1%、5%、10%的水平下显著

注：括号内数值为 t 值

表 7-21　自由现金流中介效应回归表（2）

变量	(1)	(2)	(3)	(4)
	CF	ROA	CF	ROA
BD	−0.154***	−0.116***		
	(0.023)	(0.013)		
CF		0.190***		0.214***
		(0.019)		(0.019)
CD			0.131***	−0.149***
			(0.027)	(0.018)
Listage	−0.017***	−0.007***	−0.018***	−0.003**
	(0.003)	(0.001)	(0.003)	(0.001)
LIQU	−0.134***	0.055***	−0.149***	0.116***
	(0.017)	(0.009)	(0.019)	(0.011)
Grow	−0.018**	0.051***	−0.017**	0.054***
	(0.008)	(0.004)	(0.008)	(0.004)
Mshare	0.019	0.010	0.026*	0.007
	(0.014)	(0.007)	(0.014)	(0.007)

续表

变量	（1） CF	（2） ROA	（3） CF	（4） ROA
Dual	−0.003	−0.002	−0.002	−0.006*
	（0.006）	（0.003）	（0.006）	（0.003）
Indep	0.090*	0.044	0.063	0.025
	（0.054）	（0.029）	（0.055）	（0.030）
Board	0.015	0.010	0.013	0.010
	（0.014）	（0.008）	（0.014）	（0.008）
Cashflow	0.006	0.295***	0.066*	0.342***
	（0.039）	（0.022）	（0.039）	（0.021）
_cons	−0.096	−0.100***	−0.064	−0.077**
	（0.096）	（0.037）	（0.100）	（0.036）
R^2	0.084	0.372	0.076	0.377
year	yes	yes	yes	yes
ind	yes	yes	yes	yes
N	3 215	3 215	3 215	3 215

***、**、*分别表示在1%、5%、10%的水平下显著

注：括号内数值为 t 值

7.5.4　代理成本

以代理成本（OFR）作为中介变量，本小节主要通过模型（7-15）、模型（7-16）、模型（7-17）检验企业债务融资是否能够影响代理成本，进而影响企业绩效，代理成本（OFR）定义详见表7-1。

$$R_{i,t} = \partial_0 + \partial_1 \mathrm{TD}_{i,t} + \partial_i X_{i,t} + \mathrm{year}_{i,t} + \mathrm{ind}_{i,t} + \varepsilon_{i,t} \qquad （7\text{-}15）$$

$$\mathrm{OFR}_{i,t} = \partial_0 + \partial_1 \mathrm{TD}_{i,t} + \partial_i X_{i,t} + \gamma_{i,t}\mathrm{year} + \mathrm{ind}_{i,t} + \varepsilon_{i,t} \qquad （7\text{-}16）$$

$$R_{i,t} = \partial_0 + \partial_1 \mathrm{TD}_{i,t} + \partial_2 \mathrm{OFR}_{i,t} + \partial_i X_{i,t} + \mathrm{year}_{i,t} + \mathrm{ind}_{i,t} + \varepsilon_{i,t} \qquad （7\text{-}17）$$

模型（7-15）的数据因与前文重复，在此处不重复展示，解释变量 $\mathrm{TD}_{i,t}$ 依次替换为 $\mathrm{SD}_{i,t}$、$\mathrm{LD}_{i,t}$、$\mathrm{BD}_{i,t}$、$\mathrm{CD}_{i,t}$。从表7-22的第（1）列、第（3）列和表7-23的第（1）列可见，TD、SD、BD 显著为负，表明总债务融资、短期债务融资、金融性债务融资会减少企业的代理成本。从表7-22的第（5）列和表7-23的第（3）列可见，LD 和 CD 不显著；从表7-22的第（2）列、第（4）列和表7-23的第（2）列可见，TD、SD、BD 显著为负，而 OFR 也显著为负，表明代理成本会导致企业绩效下降，同时也表明代理成本在企业总债务融资、短期债务融资、金融性债

务融资与企业绩效的关系中发挥了部分中介的作用。

表 7-22　代理成本中介效应回归表（1）

变量	（1）OFR	（2）ROA	（3）OFR	（4）ROA	（5）OFR	（6）ROA
TD	−0.073***	−0.152***				
	（0.021）	（0.012）				
OFR		−0.051***		−0.050***		−0.043***
		（0.010）		（0.010）		（0.010）
SD			−0.090***	−0.155***		
			（0.029）	（0.015）		
LD					−0.029	−0.130***
					（0.023）	（0.017）
LIQU	−0.063***	0.068***	−0.045**	0.095***	−0.078***	0.024**
	（0.019）	（0.009）	（0.022）	（0.010）	（0.020）	（0.010）
Grow	−0.015*	0.048***	−0.015*	0.048***	−0.014*	0.049***
	（0.008）	（0.004）	（0.008）	（0.004）	（0.008）	（0.004）
Mshare	−0.035**	0.008	−0.036**	0.007	−0.031*	0.016**
	（0.017）	（0.007）	（0.017）	（0.008）	（0.017）	（0.008）
Dual	−0.007	−0.006*	−0.007	−0.006*	−0.006	−0.004
	（0.007）	（0.003）	（0.007）	（0.003）	（0.007）	（0.003）
Indep	0.175***	0.071**	0.171**	0.059*	0.165**	0.054*
	（0.067）	（0.032）	（0.067）	（0.033）	（0.067）	（0.033）
Board	0.032**	0.016*	0.032**	0.015*	0.031**	0.013
	（0.015）	（0.009）	（0.015）	（0.009）	（0.015）	（0.009）
Cashflow	−0.076	0.293***	−0.069	0.315***	−0.052	0.333***
	（0.048）	（0.022）	（0.047）	（0.022）	（0.047）	（0.023）
_cons	0.822***	−0.082**	0.849***	−0.032	0.830***	−0.098***
	（0.080）	（0.035）	（0.079）	（0.034）	（0.080）	（0.036）
R^2	0.301	0.319	0.301	0.300	0.298	0.275
year	yes	yes	yes	yes	yes	yes
ind	yes	yes	yes	yes	yes	yes
N	3 215	3 215	3 215	3 215	3 215	3 215

***、**、*分别表示在 1%、5%、10%的水平下显著

注：括号内数值为 t 值

表 7-23　代理成本中介效应回归表（2）

变量	（1） OFR	（2） ROA	（3） OFR	（4） ROA
BD	−0.087***	−0.149***		
	（0.020）	（0.014）		
OFR		−0.049***		−0.043***
		（0.010）		（0.010）
CD			−0.036	−0.123***
			（0.033）	（0.018）
Listage	−0.004	−0.010***	−0.003	−0.007***
	（0.004）	（0.002）	（0.004）	（0.002）
LIQU	−0.086***	0.025***	−0.063***	0.081***
	（0.019）	（0.010）	（0.023）	（0.011）
Grow	−0.015**	0.047***	−0.014*	0.050***
	（0.008）	（0.004）	（0.008）	（0.004）
Mshare	−0.033*	0.012	−0.032*	0.011
	（0.017）	（0.008）	（0.017）	（0.008）
Dual	−0.006	−0.003	−0.007	−0.007*
	（0.006）	（0.003）	（0.007）	（0.004）
Indep	0.177***	0.069**	0.163**	0.046
	（0.067）	（0.032）	（0.067）	（0.033）
Board	0.032**	0.015*	0.031**	0.014
	（0.015）	（0.009）	（0.015）	（0.009）
Cashflow	−0.083*	0.292***	−0.047	0.354***
	（0.048）	（0.023）	（0.046）	（0.023）
_cons	0.822***	−0.078**	0.839***	−0.054
	（0.079）	（0.036）	（0.079）	（0.035）
R^2	0.301	0.297	0.298	0.277
year	yes	yes	yes	yes
ind	yes	yes	yes	yes
N	3 215	3 215	3 215	3 215

***、**、*分别表示在 1%、5%、10%的水平下显著

注：括号内数值为 t 值

第8章 重庆市服务企业典型案例分析

为进一步考察重庆市服务企业资本结构影响因素及其对绩效的影响，我们走访了多家从事旅游资源开发、管理、运营、服务的相关旅游服务企业，从事集成电路、半导体芯片、软件与信息技术服务的高新技术服务企业，从事交通运输、仓储等业务的物流服务企业，深入调研这些重点行业目前的负债融资情况与相关政策现状，了解企业在绩效提升上的主要困难，挖掘企业债务融资方面的真实诉求。在综合多方因素后，我们选择重庆旅投、物奇科技、浪潮通软、渝新欧作为典型案例进行深入分析，借此为构建覆盖面广、针对性强的政策措施体系提供支持，同时为同类型的其他服务企业在资本结构安排和企业经营管理与绩效提升上提供参考。

8.1 重庆市旅游业服务企业

8.1.1 重庆旅游业发展概述

1. 重庆旅游基本简介

重庆作为中国四大直辖市中的西部直辖市，是长江上游集聚信息技术、金融科技、物流运输和商业贸易于一体的现代化中心城市，同时也是"西部大开发""一带一路"等东西地区、中外联动的核心城市。这座贯通川蜀之地的信息、科技、金融和交通中心枢纽，目前为我国服务业的发展做出了重大贡献。随着经济的增长和川渝地区的知名度急剧升温，"网红城市"重庆风靡各大社交媒体与短视频平台，重庆旅游业也迎来了一个崭新的"春天"。

重庆旅游资源丰富多样，特殊的地理环境和气候条件赋予了这座城市旅游业得天独厚的先决条件。山城、雾都、桥都都是它的代名词，这座历史文化名城自改革开放以来，其旅游业在全市经济发展中一直发挥着至关重要的作用。

2. 重庆旅游近年发展情况

近年来，重庆旅游人气高涨，越来越多外地游客涌入重庆。看山城美景、吃重庆火锅、观魔幻都市成为人们热议的话题，重庆也成为各地游客出行规划中必"打卡"的理想城市。但 2019 年底新冠疫情的到来让重庆旅游行业受到了前所未有的冲击。

据统计，2017 年重庆共接待游客 5.42 亿人次，实现旅游总收入 3 308 亿元，同比分别增长 20.3%和 25.1%。其中，接待入境游客 358.35 万人次，旅游外汇收入 19.48 亿美元，同比分别增长 13.2%和 15.5%。

2018 年全市接待境内外游客 5.97 亿人次，同比增长 10.15%。2018 年重庆市国内外旅游收入合计 4 344.15 亿元，累计同比增长 31.32%，其中，旅游外汇收入 21.90 亿美元，同比增长 12.4%。

2019 年全市接待境内外游客 65 708.03 万人次，同比增加 10%，其中入境旅游人数 411.343 9 万人次，旅游外汇收入 25.248 3 亿美元。

2020 年，根据重庆市文化和旅游发展委员会的数据，A 级景区接待游客总人数是 16 114.3 万人次，同比下降 40.4%，旅游产业增加值总额为 979.18 亿元，同比下降 4.8%，全市接待入境旅游人数 14.634 2 万人次，旅游外汇收入 1.079 2 亿美元。

2021 年 A 级景区接待游客总人数是 17 546 万人次，同比增长 8.88%，旅游产业增加值总额为 1 076.09 亿元，同比增长 9.9%。

从图 8-1 可见，重庆市的旅游人数从 2017 年到 2019 年一直稳步增长，但是 2020 年因为疫情急剧下滑。2020 年和 2021 年的数据因重庆市文化和旅游发展委员会的统计口径出现变化，因此无法准确地与 2019 年进行比较，但从 A 级景区接待游客人次来看，2020 年和 2021 年的人数下滑非常严重，2021 年相较 2020 年有所上升。

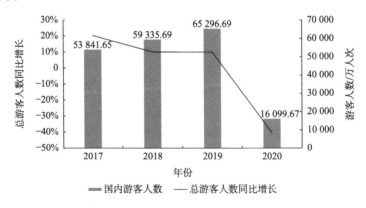

图 8-1　重庆市境内旅游人数变化趋势图

从图 8-2 可见，2017~2019 年重庆市旅游总收入呈增长的趋势，但是重庆市文化和旅游发展委员会公布的 2020 年和 2021 年的数据是旅游产业增加值总额，也无法与 2017~2019 年的数据进行比较，从增长情况来看，2020 年同比增长−4.8%，说明收入有下滑，而 2021 年增长了 9.9%，说明 2021 年旅游业收入有所回温。

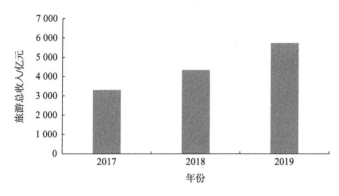

图 8-2　重庆旅游总收入变化趋势图

因此，尽管重庆市旅游在全国、全世界的知名度日益提升，重庆市旅游业发展水平也走向了新的高度，但重庆市旅游业仍然因为疫情受到了严重冲击，除了疫情的影响外，重庆本身旅游业的发展也存在部分问题，如在旅游产品方面，重庆旅游产品有效供给不足，产业效益有待提升；在旅游推广方面，重庆旅游宣传营销不足，全民兴旅氛围不浓。在旅游项目投资方面，重庆旅游发展资金不足，旅游项目建设用地规划少。

从调研反馈结果来看，在这一系列问题中，旅游项目投融资方面的问题日益显著，旅游服务企业在资本结构安排、资产配置组合上存在一定的困难，进而面临着难以突破的绩效瓶颈。由于前期投资大、投资时间长、资金回收速度慢，重庆旅游服务企业在日常运营、资金周转与还本付息等多方面均形势严峻。

3. 重庆旅游业负债融资现状

通过系列走访调研，不难发现，尽管重庆市有着独特地理位置、浓郁风土人情及广阔市场前景等优势，但重庆旅游服务企业的发展水平仍然困于较大的债务负担。整体而言，重庆旅游服务企业负债融资形势艰难。由于前期投资巨大、投资回收期漫长，重庆旅游服务企业在日常运营、资金周转与还本付息等多方面均形势严峻。据调研反馈，重庆旅游业资产负债率整体在 40%~60%，与服务业发达地区相比偏高。企业一般以项目为单位进行投融资，虽然项目融资的期限较长、额度较大、利息较低，但由于旅游产品价格、景区门票价格受国家的宏观调控和限制，前期投入往往很难在短时间内收回。同时，在银行借贷方面，银行等金融机构往往因不了解旅游市场实际情况而低估旅游项目的投资回收期，即使有合适的债务融资渠道企业也难以在计划的时期内还本付息。在负债结构上，重庆旅游业服务企业以短期的银行贷款、流动贷款为主，为了偿还前期可谓"不计成本"的大量资本投入，企业也正在尝试用公司债券、短期融资券等其他方式进行资金周转。总体来看，重庆市旅游业服务企业资本结构不尽合理，偿债能力弱，债务负担重。

4. 重庆旅游业优惠政策现状

目前，政府不断出台各类政策，旨在改善债务结构，以可控方式和可控节奏逐步减少杠杆，防范金融风险压力，促进经济持续健康发展。一方面，重庆旅游业抓住了市场机遇，正站在蓬勃发展的黄金时期；另一方面，重庆市旅游业服务企业"债台高筑"，债务融资情况形势险峻。对此，市委、市政府、市人大和旅发委①都给予了高度重视，组织召开全市旅游发展大会，不断推进旅游发展各项工作，致力于打造重庆旅游业发展"升级版"。

重庆市旅游发展委员会先后落实了《国务院办公厅关于加快促进全域旅游发展的指导意见》（国办发〔2018〕15 号）及 16 个配套方案，构成"1+16"旅游发展政策体系，为全域旅游发展提供了有力保障。《重庆市人民政府办公厅关于推进长江三峡旅游金三角一体化发展建设的实施意见》（渝府办发〔2016〕213 号）、《重庆市人民政府办公厅关于加快乡村旅游发展的意见》（渝府办发〔2016〕127 号）等 15 个市级旅游度假区规划陆续编制完成。重庆市旅游业发展规划体系已经初步形成，为进一步指导旅游业高速发展奠定了坚实基础。在提高重庆旅游的国际地位方面，重庆市旅游局修订出台《重庆市入境旅游奖励实施办法》（渝文审〔2015〕32 号），进一步加大奖励力度，对旅游对口资源等设置奖项，调动境内外旅行商来渝积极性。2019 年，重庆市文化和旅游发展委员会印发《重庆市旅游行政执法和旅游投诉处理工作督办办法（修订版）》，旨在提高重庆市旅游行政执法和旅游投诉处理工作质效。随后，为促进重庆市年度入境旅游营销计划顺利开展和实施，充分发挥重庆文化旅游境外推广中心营销推广作用，重庆市文化和旅游发展委员会印发《重庆文化旅游境外推广中心管理办法》。2020 年 12 月 29 日，重庆市文化和旅游发展委员会通过了《重庆市旅游度假区管理办法》；2022 年 2 月 17 日，重庆市文化和旅游发展委员会印发《重庆市旅游业发展"十四五"规划（2021—2025 年）》，一系列政策文件的发布，推进了旅游与相关行业和领域的融合发展。

---

① 2017 年 12 月，重庆市旅游局更名为市旅游发展委员会，简称旅发委。2018 年 10 月，重庆市文化和旅游发展委员会正式挂牌，将重庆市文化委员会、重庆市旅游发展委员会的职责整合，组建重庆市文化和旅游发展委员会。

与此同时，关于改善旅游业投融资环境、促进旅游投资消费持续增长的相关政策也陆续出台。然而，政策规划与实际落地情况仍然存在一定的差距。据走访调研反馈，在一定程度上，大部分旅游服务企业的绩效瓶颈来源于企业偿债负担、资金周转、纳税等方面。如何降低资产负债水平、提高投资效率、加快资金周转、减轻税收压力成了旅游服务企业普遍关注的问题。

8.1.2　典型案例呈现——重庆旅投

1. 重庆旅投基本情况

重庆旅投是重庆市内最大的资本投资、资本运作平台，最开始于 2011 年 7 月组建，原本属于重庆交通旅游投资集团的旅游板块，但是由于业务的需要，将其独立运作。在重庆市国有资产监督管理委员会（简称重庆市国资委）和重庆市的大力支持之下，重庆旅投的初始注册资本高达 10 亿元。重庆旅投成立的目的在于：对全市重要旅游资源进行投资、招商、规划、开发、建设、经营和管理。重庆旅投集团部门结构如图 8-3 所示。

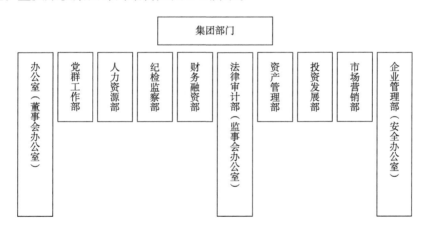

图 8-3　重庆旅投集团部门结构

重庆旅投在成立期间，大力发展重庆旅游、基础交通建设，开创了长江三峡、乌江画廊、山水都市等精致、精品的旅游项目，而巫山小三峡、白帝城等优秀景区也是由重庆旅投进行牵头，带动当地政府进行开发建设的。目前，"一心两带"的发展格局已经基本形成。重庆旅投在酒店和游轮上的建设成绩也十分突出。重庆旅投不仅投资建设了奢华的五星级"长江游轮"并且在短短几年的时间内，一共筹建了 7 艘质量、性能优越的长江游轮；J·W 万豪高端酒店也是由重庆旅投投资建设，是目前重庆市最高端的酒店之一。

　　重庆渝富资产控股集团有限公司（简称渝富资产控股）拥有重庆旅投 100%
的股份，财务金融、法律监督、资产管理、投资、开发、营销部门等多个职能部
门相继建立。重庆旅投每年接待超过 1 000 万人的国内游客，已经成了全国二十
大旅游集团之一。

　　近年来，重庆旅投投资组建了十余家子公司（图 8-4），这为重庆旅游的发展
壮大提供了坚实助力，奠定了西部旅游龙头地位。

图 8-4　重庆旅投集团子公司

　　尽管集团旗下各类业务板块发展迅速，但企业发展仍然面临着债务、税务等多
方面的挑战。目前，企业自身的资产负债率水平在 73% 左右，负债以长期的银行借
款为主，企业自身在资金周转、还本付息、税收上均面临着不同程度的负担和压力。

2. 重庆旅投不同阶段发展情况

1）初创期：2006~2011 年

　　重庆旅投在建立之初的使命，便是大力发展重庆市的旅游经济。2006 年 9
月，重庆旅投对长江三峡、乌江画廊和山水都市等重要的旅游资源进行了整合
开发。对内而言，重庆旅投作为重庆交通旅游投资集团（简称重庆交旅）的子
公司，其业务还存在着大量的未完成交接项目，为了更好地完成企业大力发展
重庆市旅游行业的使命，重庆旅投将公路资产剥离，逐步发展成以旅游投资为
主题的重点行业。

　　一方面，由于旅游行业的特殊性，旅游项目的前期投入较大，资产负债率随项
目投入的不断增大而提高；另一方面，集团在剥离了公路资产之后营利能力有所下
降，因此集团的资金周转能力不如前期，企业对政府部门的财政拨款及其他支持政
策的依赖性也更强。作为市政府、市国资委领导下的重点企业，2011 年 7 月 29 日，

集团下属全资子公司重庆旅游投资集团有限公司提升为市国资委出资的企业集团，为市属国有重点企业，重庆交旅集团全体员工的劳动人事关系整体转移至重庆旅投集团，这标志着重庆旅投正式成立。

2）转型期：2011~2015 年

2012 年，重庆旅投、重庆机场集团、宜昌三峡机场有限责任公司共同开发的"空水联运"服务项目正式启动，开始打造长江三峡无缝旅游。同年，联合国教科文组织国际岩溶研究中心专家组考察旅投集团金佛山景区，对金佛山的自然风光给予了高度评价。2013 年，集团首个房地产项目——彭水交旅依城项目竣工交房。同年，重庆市首家集旅游要素相关的旅游综合服务平台——"重庆旅游天地"正式开业，西部最大的主题公园——乐和乐都主题公园开园，金佛山-神龙峡成功创建"国家 AAAAA 级旅游景区"，统景风景区资源整合协议正式签订。2014 年，集团投资开发的第一个旅游地产项目南川金佛山天星小镇 AB 区度假物业正式建成交房，金佛山景区列入"世界自然遗产名录"，彭水两江假日酒店建成运营，集团旗下位于主城的首个星级酒店——重庆 J·W 万豪酒店新装开业。此外，集团还正式接管了重庆旅游资产管理有限公司。

这几年来，重庆旅投硕果累累，公司不断开发、投资、整合优质旅游资源，将多个大型旅游景区带到人们眼前，为重庆旅游做出的贡献是不容忽视的。然而，随着旅游项目不断开发成功，集团的债务负担也日益加重。此外，政府相关财政资金紧张，对企业在政策上的优惠力度也有所减弱。对于企业前期在旅游项目开发上耗费的巨额成本而言，已落地的部分政策中对企业的优惠力度较小，相关补贴并不能减轻企业的债务压力。面对"债台高筑"的情况，重庆旅投开始思考一系列措施维持资金流周转。

在经营期间，重庆旅投通过信用发债、短期流动贷款等方式偿还前期以土地、房产等固定资产向银行进行抵押而取得的长期借款利息。此外，企业还在资本市场中寻找合适的金融机构发行公司债券，对融资成本严格把关。同时，自 2014 年起，重庆旅投便开始考虑处理集团旗下一部分相对而言营利能力较弱的旅游资产。例如，2014 年丰都景区营业收入为 4 017 万元，净利润为−1 221 万元，呈现负增长的状态。重庆旅投便开始计划将丰都景区及丰都县的旅游资源归还至地方政府。2015 年 6 月 5 日，重庆旅投与丰都县政府签订协议，约定丰都县政府以 3.86 亿元作为重庆旅投在丰都县投资的平衡补偿。

这一系列措施虽然从一定程度上为企业资金周转提供了帮助，但并没有从根源上解决问题。重庆旅投就多个项目向银行进行贷款时，银行因对市场形势缺乏充分分析往往会低估投资回收期。在长期贷款的还款期限即将来临时，项目的营利情况却无法满足企业还本付息的需求。

3）发展期：2015~2019 年

面对前期大量资本的投入，重庆旅投并未像大多数旅游业民营企业一样有所退缩，而是在市政府的领导下进一步优化、整合全市旅游资源，加大开发程度，为重庆市旅游发展保驾护航。

2015 年，旅投集团继续扩大其酒店业务，位于重庆主城的重庆两江酒店开业运营，逐步打造口碑酒店。同年，面对信息技术和科技创新的飞速发展，重庆旅投成立全资子公司——重庆仁义在线旅游业服务有限公司，主要负责搭建重庆在线旅游及生活服务平台并面向市场开展在线旅游相关业务，是集团"十三五"的战略重点，也是集团创新融资模式的重要平台。2016 年，重庆旅投加速其旅游项目投资开发与管理的脚步，金佛山天星国际温泉城打造完成，乐和乐都水上乐园正式开放，内蒙古师范大学佛学文化研究院金佛寺实践基地在金佛山金佛寺成立。2017 年，公司开始对集团内部子公司进行资源整合，进一步优化渝之旅公司和阳光国际旅行社有限公司的资产资源。2018 年，为了改善负债融资状况，提升企业绩效，集团也开始了对组织架构、营利模式甚至公司战略的调整。面对国家对国企混改的呼声，重庆旅投也在思考引入更多的社会资本，为企业可持续发展注入新鲜血液。

与此同时，政府对旅游业的相关优惠政策体系也在逐步地调整变化。一方面，政府对企业的优惠政策力度较小，对缓解企业债务压力而言作用不大。政府虽然给予一小部分补助，但企业仍然需要自负盈亏，债务负担难以释放。另一方面，在持续的债务压力下，企业的税务负担仍然较大，旅游业中大多数企业特别是民营企业难以维持日常经营。

在银行等金融机构方面，旅游业服务企业在贷款审批上也面临着更加严峻的形势。除了贷款审批资质上更加严格，土地使用权也不可再为企业贷款提供抵押，因为该项权利实际归于国家或地方政府，而非企业所有。这一系列的政策变化实际上对减轻企业的债务及税务压力收效甚微，甚至部分政策变化还在某种程度上加重了企业的负担。

根据调研反馈，虽然重庆旅投的营利能力在业内名列前茅，但其每年纳税额约占营业收入的 20%，再加上人力成本约占 40%，企业自身最后的净利润实际上并不令人满意。

3. 重庆旅投问题反馈

结合上文对重庆旅投各阶段发展情况的回顾，不难发现重庆旅投在各个发展阶段面临的主要问题涉及以下几点。

（1）资产负债率水平偏高，债务压力大，资金周转困难。据调研反馈，重庆旅投的资产负债率水平在 73% 左右，企业还本付息较为困难。由于国有企业自身的社会公益性，以及旅游项目本身要求大量的前期投入，重庆旅游在多个大型旅游项目的建设中投入几乎不计成本，资金主要来源于财政拨款与银行贷款。同时，旅游项目本身由于门票受国家统一管辖，营利能力有限，项目投资回收期漫长，中后期相关优惠政策跟不上企业日常运营成本的增加，项目中后期资金周转形势严峻。

（2）与资产相关的税种较多，企业纳税压力大。重庆旅投税务负担的根本原因来源于旅游业本身的特殊性，旅游业中的住宿、餐饮服务本身依赖于大量的资产资源，而与资产相关的税种较多，如契税、房产税、耕地占用税等，因此企业需要缴纳的税较多，税务压力大。此外，自 2016 年 5 月 1 日起，《营业税改征增值税试点实施办法》（财税〔2016〕36 号）开始落实，之前与营业税相关的税收返还政策也不再适用。在专票抵税方面，由于重庆旅投的业务基本分布在区县，与主城区的旅游公司相比取得专票较难，因此增值税抵扣税额的情况较少。此外，随着国家政策对旅游服务企业税收政策支持力度的减弱，企业纳税压力大。

（3）权益融资有缺失，项目前期只有政府投入，项目后期政府给予的资金支持力度不够。重庆旅投原隶属重庆交旅旗下的旅游板块，由国资委统一管理，国有资本对企业资本结构的影响较大，社会资本等权益资本较少。因此，在旅游项目开发阶段往往仅有国有资本的投入，缺乏社会资本，缺少相应的资金支持。

（4）优惠政策有缺失，相关优惠政策不到位、不持续，无法在必要时帮助企业渡过难关。国家目前在旅游行业的相关政策实际落实效果不理想，对项目的支持力度无法在必要时满足企业需求。同时由于政策大多聚焦于旅游项目的前期，对中后期阶段不够重视，企业的绩效表现不佳。

（5）银行等金融机构的信用评级体系不完善、不灵活，对于旅游业的土地等资产的评估不到位，低成本长期借款审批困难。

（6）旅游项目受地理位置、资源条件等先决条件的限制。

4. 重庆旅投企业诉求

面对上述严峻形势，重庆旅投采取了一系列措施积极应对，尝试从商业模式和公司战略上缓解企业资金周转、债务和税务多方面的压力。然而，在一系列措施的实施过程当中，仍然需要政府、银行等金融机构的多方支持，也需要企业积极探索新的改革方式。

（1）改变商业模式，拓展营利途径。面对技术变革，特别是信息技术的飞速发展对人们生活产生的深刻影响，企业应逐步开拓新的营利模式，着眼于智慧旅游，着力构建更加智能化、专业化的大数据服务平台，通过对信息技术的广泛运用实现消费方式的现代化转变。

（2）细化旅游服务项目，丰富旅游增值服务。随着国民经济水平的提高和文化风潮的兴起,旅游将更加深入地渗透到人们的日常生活中,旅游方式也将从"走马观花"的观光式向体验式、浸入式转变。对比来看,体验式、浸入式的旅游体验更深刻,更受年轻消费者青睐,营利能力和市场前景也更佳。因此,重庆旅投应积极开发更能满足消费者需求、更受游客喜爱的体验式、浸入式旅游项目。

在前期旅游项目的基础之上,重庆旅投还应加速推广多种类型的增值服务。例如,设计具备重庆旅游特色、川渝文化特征的文旅产品、文创产品,在各景点适当区域及电商平台进行推广销售,让外来游客走进重庆,把重庆带回家。

(3)提高旅游项目软实力,深化旅游体验。与秀丽的自然山水风光相比,更具备人文情怀和历史沉淀的旅游项目更具备持续营利的可能性,因此,重庆旅投将在旅游资源等硬性条件的把控上稳中求进,同时更多地关注项目本身的"软实力"。除了在旅游过程中给消费者带来身心放松的体验,还对人们的文化素养有所熏陶。

(4)政府匹配更多优质资源,不断增大旅游宣传投入。旅游项目本身受到市场经济运行情况和地理位置、气候等自然条件的限制,重庆旅投希望政府能进一步为企业匹配优质的旅游资源项目。自身也将积极参与、配合政府及相关单位的招商引资活动,为旅游资源的开发、整合与管理工作奠定更坚实的基础。

(5)积极探索合作方式,加速旅游国企混改。旅游服务业的混改离不开企业、政府及相关单位的共同推进和团结协作。各级主体应积极推进国企混改,积极探索国有企业融入社会资本的合作方式,如债转股、兼并重组、资产证券化等。进一步对外加大开放,对内加快改革,弥补权益资本缺失这一短板。

(6)加速旅游业税制改革,减轻旅游企业税收负担。企业希望税务相关部门能够更重视旅游企业的税收压力。同时,企业也希望税务部门能够在税收筹划上为企业提供引导和咨询,在合法合理的前提下,进一步降低企业各个环节的税收压力。

(7)加强信用评估体系建设,信贷管理机制灵活化。我国目前各大银行等金融机构的信用评估指标体系有待完善,对旅游项目相关贷款单位的信用评估更关注财务指标,对项目的发展前景不够重视。因此,企业更希望政府及相关单位能进一步促进金融服务发展,为旅游项目贷款提供更灵活、更人性化的信用评估服务。

8.2 重庆市高新技术业服务企业

重庆市是我国西部大开发的重点和前沿阵地,是我国西部对外的"窗口",也是我国最具发展潜力的经济带——长江沿江地区开发开放的"龙尾"。顺应世界经济大潮，重庆市经济技术实力正在不断增强，为重庆建设高新技术业集群奠定了坚实的基础。

8.2.1　重庆高新技术业发展概述

1. 重庆高新技术业基本简介

作为我国中西部唯一的中央直辖市，重庆是全国几大老工业基地之一，在国家调整产业结构、加速产业升级换代和积极承接国际产业转移的政策指导及西部大开发和中央直辖各项优惠政策的支持下，重庆市高新技术业经过多年的发展，整体实力和发展水平都有了较大幅度提高，已经步入了快速发展轨道，显现出经济快速增长的势头。

2. 重庆高新技术业近年发展情况

目前，重庆市有效期内的高新技术企业达到了 5 108 家，如图 8-5 所示，重庆市有研究与试验发展（R&D）活动的单位个数，由 2013 年的 887 家增长至 2019 年的 2 873 家。其中，企业有研究与试验发展活动的单位数增幅最大，侧面表明重庆市企业自身重视研究与试验发展活动的开展。

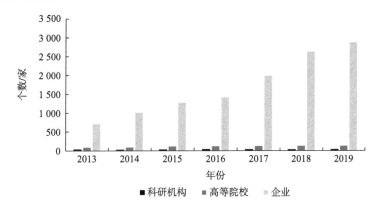

图 8-5　重庆市研究与试验发展活动基本情况

如图 8-6 所示，2013~2020 年，重庆市专利授权量从最初的 24 828 件增长至 55 377 件，整体呈上升趋势，表明重庆市技术发展活动较为活跃，同时专利数量关系到科研成就，说明重庆市整体创新能力不断增强。

2013~2020 年重庆市科技机构经费内部支出中的政府资金由最初的 24.113 3 亿元增长至 77.810 1 亿元，总体为上升趋势，呈现了良好的发展态势，说明重庆市政府给予科技创新、科技研发高度的支持与重视。

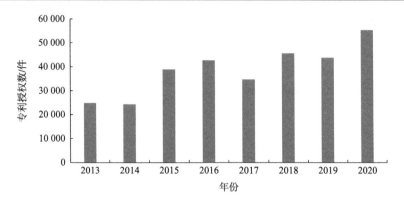

图 8-6　重庆市专利授权数

资料来源:《重庆统计年鉴》

3. 重庆高新技术业负债融资现状

据调研反馈,重庆市高新技术业发展取得了长足进步,高新技术企业数量稳健增长。2017 年重庆市高新技术业资产负债率稳定在 36.1% 左右,与重庆市服务业整体资产负债率水平相比偏低。

整体而言,重庆高新技术业负债融资情况不容乐观。由于高新技术行业高投资、高风险、高收益等特性,高新技术企业难以获得银行贷款。且由于高新技术企业初创期研发投资巨大、回收期漫长,重庆高新技术服务企业在公司日常运营、资金周转与还本付息等多方面均形势严峻。

4. 重庆高新技术业优惠政策现状

中共中央制定的新一轮西部大开发战略规划,继续强调了科技发展在区域发展总体战略中的重要位置,并加强了政策上对高新技术行业的扶持力度。

为全面贯彻落实研发开发费用加计扣除优惠政策,鼓励企业加大研发投入,促进企业技术创新,重庆市财政局印发了《关于进一步明确研究开发费用加计扣除有关事项的通知》(渝财税〔2016〕51 号)。2016 年 10 月,重庆市科学技术委员会同步制定印发了《重庆市科技型企业培育"百千万"工程实施方案》(渝科委发〔2016〕65 号),形成了全市大力度、大规模培育高新技术企业的举措,以推动全市产业升级和创新发展。重庆市各区县陆续出台科技创新激励扶持办法等政策,如《渝中区促进科技创新发展办法》(渝中府办〔2017〕154 号)、《大力实施创新驱动发展战略加快建设创新生态圈的若干政策》(渝北委办发〔2017〕6 号)、《重庆市江北区人民政府关于印发重庆江北区推动创新驱动发展政策(试行)的通知》(江北府发〔2016〕7 号)等。2019 年以后,更多政策出台对科技企业进行激励,如《国家外汇管理局关于支持高新技术和"专精特新"企业开展跨境融资便利化试点的通知》(汇发〔2022〕16 号)、《关于进一步提高科技型中小企业研发费用税前加计扣除比例的公告》（财政部 税务总局 科技部公告 2022 年第 16 号），以上政策的发布说明重庆市对高新技术企业的重视。

8.2.2　典型案例呈现——物奇科技

重庆是全国发展大规模集成电路最早的城市之一，具备发展集成电路产业的深厚的产业基础和良好的政策土壤。在 2018 年首届中国国际智能产业博览会期间，重庆市政府发布《重庆市加快集成电路产业发展若干政策》（渝府办发〔2018〕121 号），进一步助推集成电路产业发展。集成电路产业作为国家战略性、基础性和先导性产业正迎来新一轮"黄金机遇期"。

本次调研企业——重庆物奇科技作为重庆集成电路产业"设计"环节的重要代表，在高新技术服务上具备一定的优势，物奇科技的股权结构如图 8-7 所示。

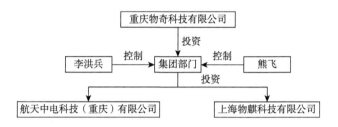

图 8-7　物奇科技股权结构

1. 物奇科技基本情况

重庆物奇科技作为重庆微电子有限公司的全资子公司，于 2016 年 11 月在重庆渝北区仙桃数据谷成立，其注册资本为 3 600 万元。目前公司共计 200 人，在互联网企业中属于大中型规模，公司由行政部、市场部、财务部、研发部、生产部、采购部组成，如图 8-8 所示。

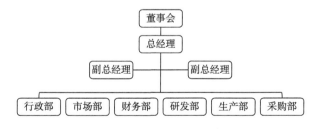

图 8-8　物奇科技集团部门结构

作为一家半导体芯片公司，物奇公司致力于提供物联网和人工智能领域高度整合的芯片解决方案，主攻物联网通信、安全、终端智能市场。物奇公司分别在中国和美国拥有研发中心，公司汇集了曾在全球顶尖企业任职的核心高管和研发人员。

在研发团队上，物奇科技拥有优秀的研发队伍，其研发团队成员均是通信、电子、软件、半导体等技术领域人才，与公司经营、研发产品具有高匹配度。

在研发投入上，物奇科技非常看重研发板块的投入，每年至少花费 2 000 万元在科研上。2017 年 6 月，其芯片研发设计完成，10 月流片完成，并于年底实现量产，仅用了一年的时间就量产了第一颗电力物联网的载波芯片，单芯片整合度业内领先。

2. 物奇科技发展现状

物奇科技现在正处于初创期，收入低且研发投入巨大，前三年企业一直处于亏损状态。芯片研发需要大量的资金投入，其中人力成本占比最大，物奇科技 2018 年研发投入一亿元，人力成本耗费近九成。并且物奇科技于 2017 年成功研发出的第一款自主芯片尚未在市场上占据稳定地位，所以收入有限。但是，技术的进一步完善、研发能力的提升和产品市场的开拓都需要大量的资金支持。

同时，由于物奇科技所处行业的特殊性，传统的融资渠道无法满足企业的发展，物奇科技目前资金来源为风险投资的股权融资，资产负债率极低。高新技术企业与风险投资业协同成长，主要表现为投资与被投资的关系。高新技术业与风险投资公司都具有高风险性的特点，在风险投资系统中，高技术企业利用其技术优势，风险投资业利用其资金优势，两者在风险企业中相互结合。一旦高新技术企业亏损或倒闭，那么风险投资业就会遭受资金损失；反之，高新技术企业的产品一旦在市场上获得成功，并且能够形成技术垄断，在市场上形成强劲的竞争优势后，企业就会得到很好的垄断利润，企业价值也会急剧增加，形成双赢。

3. 物奇科技问题反馈

虽然目前物奇科技并未出现资金缺口，但基于企业的长远发展考虑，物奇科技持续发展过程中仍存在不少阻碍，为此物奇科技站在行业角度，提出了高新技术企业存在的普遍性问题。

（1）融资途径受限。由于高新技术企业在初创期特有的高技术风险和市场风险特性，以及企业专利在银行评估系统中难以评估其价值无法变现、轻资产企业缺少有形动产抵押物等，物奇科技融资途径大幅受限，使得银行借款此类普遍且常见的融资方式都无法使用。融资途径的受限局限了物奇科技的资金来源，造成其融资约束，无法使企业达到理想的资本结构，不利于实现企业价值最大化。

（2）与银行对接时间成本高。随着国家对高新技术业的重视，银行也随之推出一系列促进高新技术企业发展的贷款政策、优惠政策。由于重庆市各银行出台的政策不同，其对企业的要求也有所不同。但银行并未详细告知企业办理所需材料与办理流程，无明确文件指导，也无专人讲解，致使企业人员无法提前进行准备，反复奔波办理，时间成本耗费较大。

（3）政府资助不到位。重庆市政府在招商引资时对企业承诺的政策优惠较多，支持力度大，但落地后政府支持不持续，且目前支持力度较小。此外，高技术服务业争取政府的计划项目、争取金融机构的贷款和社会化的投资也十分困难。

4. 物奇科技企业诉求

基于上述发展瓶颈，企业提出了一系列相应诉求，期望通过政府、银行和企业自身的共同努力，从政策改革、税收减负等方面缓解企业发展压力。

（1）进行贷款政策变革。企业希望对该类轻资产的高新技术企业进行贷款政策变革，银行可尝试建立一套新的担保价值评估标准，着重评估此类企业无形资产价值和未来发展前景；或者政府充当企业与银行间的桥梁，通过政府为满足一定条件的企业提供担保，使其能够获得银行贷款；再者国家可以出台相应的政策性贷款，拓宽轻资产高新技术企业的融资渠道。

（2）银行派专人对企业进行政策要求讲解。企业希望银行等金融机构能够设立专门的部门或派专门人员对所在金融机构出台的各项政策要求及流程进行讲解，这样不仅可以节省企业的时间成本，还能减少金融机构不必要的无效工作。

（3）出台更合理有效的税收优惠政策。目前税收优惠中，财税〔2012〕27 号规定"我国境内新办的集成电路设计企业和符合条件的软件企业，经认定后，在 2017 年 12 月 31 日前自获利年度起计算优惠期，第一年至第二年免征企业所得税，第三年至第五年按照 25% 的法定税率减半征收企业所得税，并享受至期满为止"。集成电路设计企业前五年几乎均处于亏损状态，该政策对此类企业意义不大，希望政府能够针对企业的周期特性给予更合理的税收优惠政策。

（4）加大引进人才优惠政策。希望政府能对该类研发投入大、人力成本高的企业在研发人员个税优惠等方面出台更多的帮扶政策，在技术骨干人才引进方面出台相关政策，从实际上为企业解决困难。

（5）提高税务机关工作效率。希望政府各级税务机关能够及时跟进学习国家出台的各项税收政策和文件，熟悉各项新政策的申报和操作流程，提高基层办理人员的专业能力和工作效率，使纳税人能够方便快捷地实现即时纳税。

8.2.3　典型案例呈现——浪潮通软

1. 浪潮通软基本情况

浪潮通软是浪潮集团有限公司（简称浪潮集团）的全资子公司，是中国企业管理软件与云服务领导厂商，是最大的行业 ERP（enterprise resource planning，企业资源计划）提供商，集团管控、财务共享第一品牌，智能制造领军企业。

浪潮作为国产 IT 行业领军者，打造了一支"敢打敢拼、勇于创新"的青年尖端研发"急行军"——浪潮 AI 服务器研发团队。浪潮集团旗下浪潮信息、浪潮软件、浪潮国际三个子公司核心产品均由该团队研发，这支平均年龄不到 30 岁的青年生力军，以服务器技术创新研发为己任，向世界彰显浪潮速度，用智慧计算，让中国 AI 计算力驱动全球信息化科技变革。

2. 浪潮通软发展现状

2016 年浪潮通软与重庆市正式签署战略合作协议，正式签约入驻了两江国际云计算产业园，浪潮（重庆）云计算中心建成并正式揭牌运营。近年来，浪潮通软在重庆当地政府的支持下，布局云服务、大数据、智慧城市、工业互联网等产业。

随着浪潮通软与政府合作的不断深入，浪潮通软经营业绩也取得了迅猛发展。其主营业务收入持续上升的同时，其扩张能力也不断显现。

从资产负债率看，浪潮通软 2016~2018 年连续三年的资产负债率分别为 43%、53% 和 44%，三年的资产负债率水平均位于 40%~60%，属于适宜的水平。因浪潮通软满足银行抵押贷款的条件，贷款速度快，贷款利率低，所以公司的主要负债融资方式为银行贷款，并且目前的负债融资水平能够满足企业现阶段和未来发展的需要。同行业的代表性企业金蝶、用友公司则因无法达到满足银行抵押贷款的能力，因此难以通过银行贷款的形式进行债务融资。金蝶的资产负债率在 30%~40%，用友的资产负债率则低于 30%。

从整体来看，2018 年浪潮通软营业额实现新高，较上年同期增加约 24.3%，毛利较上年同期增加约 34.7%。由此可以看出浪潮通软的营利能力也在稳步提升。2018 年浪潮通软不仅完成重组浪潮天元通信，同时也与 Odoo 设立合资公司，推出首款开源云 ERP 产品 PSCloud，由此也可以看出浪潮通软具有一定的扩张能力。

3. 浪潮通软问题反馈

浪潮通软作为软件与信息技术服务产业的龙头企业，其自身的资源储备及享有的政策优惠远高于同行业内其他中小型企业。但一个行业的发展无法仅靠单个企业力量的推动，只有解决好中小企业的发展难题，促进行业资源整合，才能真正实现行业高速发展。基于此，浪潮通软提出了软件与信息技术服务产业存在的普遍性问题。

1）中小企业融资难

对于软件与信息技术服务产业来说，如果缺乏政府的扶持、信用评审制度不健全，中小型企业无重资产抵押物要想通过银行贷款或者其他信贷的方式获得融资则比较困难，因此软件与信息技术服务产业企业的资产负债率均处于较低的水平。

2）相关政策与法规不健全

目前政府对软件与信息技术服务产业缺乏强有力的宏观调控管理机制，在税收与信贷方面缺乏优惠政策和具体措施。目前该行业中获得国家政策优惠的企业较少，获得优惠资格的资格审批条件要求有点过高。

3）风险投资机制不健全

风险投资作为新兴融资模式，我国目前并没有明确的规章制度和有效的约束机制，导致风险投资管理较混乱。对于高技术服务业科技项目的风险评估、市场价值等无法准确地估量，缺乏中介机构为风险投资机构和企业之间提供对应的服务达成交易，很容易造成融资资源的流失。

4. 浪潮通软企业诉求

基于当前软件与信息技术服务产业存在的发展难题，企业提出以下几点诉求。

1）降低企业融资成本

企业理想的负债融资比例为 50% 左右，更偏向于通过银行贷款的形式来达到预期比例，所以企业目前最希望得到银行的审批放款，同时希望出台相关的税收优惠使其负债融资的利息降低。

2）多主体协同解决企业融资难题

对于软件与信息技术服务整个行业来说，企业希望政府能打造良好的营商环境，积极解决行业中小企业融资难问题，对各类企业一视同仁，推动民营企业融资等措施切实落地。

3）政府加强纳税宣传，提供纳税辅导

企业希望政府能加强税收宣传和税辅导，认真落实好税法宣传、税法咨询、纳税辅导等职责规定的服务工作，帮助纳税人掌握税法知识，熟悉办税程序，可以针对小规模、财务制度不健全的初创企业，提供专门的纳税辅导，帮助企业用好、用足各项税收优惠政策。为纳税人掌握税收政策当好宣传员，为纳税人搞好财务和经营管理当好信息员，为纳税人办理纳税事宜当好辅导员。

4）银行建立纳税筹划部门

企业希望银行等金融机构建立专业的纳税筹划部门，帮助企业进行合理的设计。随着"营改增"政策的颁布及全面实施，国家税收法律法规呈现出日益繁杂的态势，这使得各种类型的涉税事项进一步地嵌入企业的各个业务当中，导致企业出现不同程度的税务风险问题。税务风险作为企业发展经营过程中的一个突出性的风险点，企业希望通过自身与金融机构专业人员的共同努力对其加以防范与化解。

8.3 重庆市物流业服务企业

8.3.1 重庆物流业发展概述

1. 重庆物流业基本简介

重庆作为我国中西部的衔接中心，以优越的自然条件和经济基础，打造了强大的物流支持体系。重庆依托便捷的交通设施、人口红利和重点产业园区，建设了"3+12+N"物流园区体系工程。目前，重庆基本建成三个"三合一"国家级枢纽平台，布局建设重庆西部现代物流园、重庆航空物流园、果园港物流园等三大枢纽型物流园，形成内陆自由贸易采购中心、供应链金融中心、临港产业服务中心、物流大数据中心、物流贸易协同创新中心五大功能；通过对涪陵、北碚、江津等地区进行规划建设，初步建成 N 个配送型物流园区模式。

2. 重庆物流业近年发展情况

相关资料显示，如图 8-9、图 8-10 所示，2013 年重庆市快递业务量突破 1 亿件，2012 年快递行业收入已突破 10 亿元；并且从 2013 年开始，重庆市物流快递业的增长速度逐年上升，在 2016 年时已经接近 3 亿件，2020 年已过 7 亿件。重庆市快递业务量的不断增长相应带动了重庆市快递收入水平。重庆市整体快递收入从 2013 年的 13.7 亿元增长到 2016 年的 39 亿元，2020 年时已达 83 亿元。总体而言，重庆市快递业务发展状况良好。

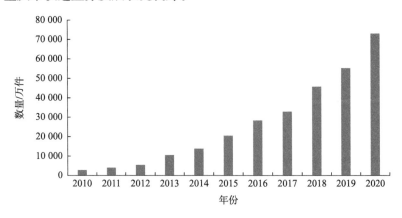

图 8-9 重庆市快递业务量统计情况

资料来源：《重庆统计年鉴》

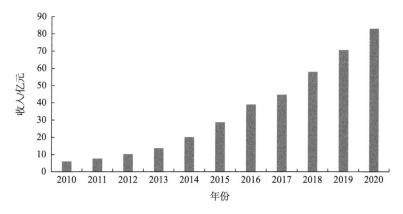

图 8-10　重庆市快递业务收入情况

资料来源：《重庆统计年鉴》

3. 重庆物流业负债融资现状

通过调研，重庆市物流业发展取得长足进步，物流规模平稳快速增长，2017年重庆市物流业资产负债率稳定在 63.1% 左右。虽然重庆物流业起步较早，但物流企业规模普遍偏小。在 2017 年中国物流业企业百强名单中，重庆物流企业仅有两家，中小物流企业及物流平台企业居多。在银行借贷方面，重庆市物流企业普遍通过银行借款、仓库抵押融资。但是物流行业中，中小企业在贷款方面的确存在融资难、融资贵和融资慢等问题。物流行业的轻资产性导致其在银行借贷方面一直处于弱势地位，而中小企业的融资渠道也较为单一，难以通过股权融资或者发放公司债券进行，因此导致了中小物流企业发展缓慢、运营艰难的现状。

4. 重庆物流业优惠政策现状

2017 年，《国务院办公厅关于进一步推进物流降本增效促进实体经济发展的意见》（国办发〔2017〕73 号）发布，这是继国务院办公厅转发国家发展改革委《物流业降本增效专项行动方案（2016—2018 年）》之后，再次就物流业降本增效发出的重要文件。重庆作为国家物流总体布局中的西南物流区域核心城市、全国物流园区一级布局城市、现代物流创新发展试点城市，全市上下高度重视物流业发展。目前，重庆市物流降本增效工作已进入"深水区"，下一步将围绕"推进物流行业管理体制改革、构建'通道+枢纽+网络'物流运行体系、建立智慧物流体系、构建物流金融新生态、创新物流用地供地模式"五个方面，重点推动"优化行业管理体制，降低制度性交易成本；促进多式联运有机衔接，提高组织运营效率；建设国家物流枢纽，提高集散分拨效率；建设智慧物流体系，提高信息交换效率；构建物流金融业态支持，降低企业融资成本；创新用地供地模式，降低用地交易成本"六项试点任务，促进全市物流降本增效。

为加快现代物流业发展，推动重庆全面融入共建"一带一路"和长江经济带发展，重庆市人民政府办公厅于 2021 年印发《重庆市现代物流业发展"十四五"规划（2021—2025 年）》，预计到 2025 年，货物运输总量达到 16 亿吨，铁路货运量占比提升 2 个百分点左右，多式联运货运量年均增长 20%以上，社会物流总费用与 GDP 比率降低 1~2 个百分点，"一核一环一带两片区、六通道（即"4＋2"物流通道）五枢纽多节点"的现代物流体系空间结构基本成形。

8.3.2　典型案例呈现——渝新欧供应链公司

20 世纪 90 年代，重庆市过去的贸易产业主要集中于"汽摩产品"，但随着这类劳动密集型产业的竞争优势丧失，重庆急需扶持新的贸易产业来支撑贸易的发展。为解决出口物流问题，2010 年 8 月，重庆市正式向海关总署、铁道部提出开行重庆至欧洲铁路大通道"五定"班列[①]的请求，打造"渝新欧"国际铁路。

在渝新欧铁路开通一段时间后，为进一步发挥渝新欧铁路沿线各国铁路部门的优势，降低运价，缩短运转时间，整合沿线各国铁路部门的优势，渝新欧（重庆）物流有限公司（简称渝新欧物流公司）合资组建完成。

1. 渝新欧供应链公司基本情况

2012 年 4 月 12 日，渝新欧物流公司正式成立，股权结构如图 8-11 所示。渝新欧将主要开展重庆和欧洲之间双向的"站到站"服务，发挥股东优势，优化运转线路，组织回程货源，减少中间环节，降低物流成本。该公司主要负责承办进出口货物及过境货物的国际陆路运输货运代理业务。

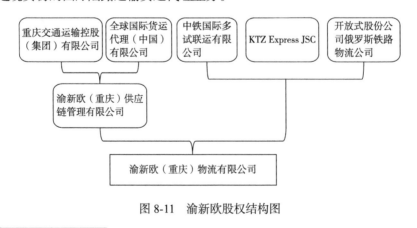

图 8-11　渝新欧股权结构图

---

① "五定"班列，五定即定点、定线、定车次、定时、定价。

为进一步支持渝新欧物流公司发展，2016 年 9 月 28 日，由重庆交通运输控股（集团）有限公司和民生实业（集团）有限公司共同出资成立渝新欧（重庆）供应链管理有限公司。该公司为渝新欧物流公司提供供应链信息管理平台支持，配合渝新欧物流公司完成对接政府及上级部门的有关指示和项目执行，承接并推进与渝新欧品牌相关联的产品服务和建设。渝新欧供应链公司主要负责渝新欧公司信息化建设及运营、跨境电商平台建设及运营、"一带一路"直播平台建设及运营，以及推进"渝新欧+"相关产业发展。

渝新欧供应链公司主要代理渝新欧物流公司的非笔记本电脑客户的国际货物运输。自 2016 年成立以来，公司在全国中欧班列的运输行业中发展较快。渝新欧班列从 2017 年的 663 班一跃发展为 2018 年的 1 498 班，如图 8-12 所示。

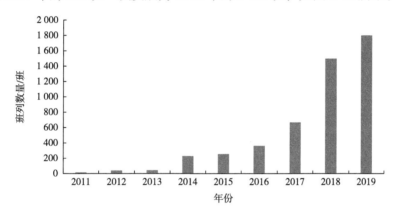

图 8-12　渝新欧班列开行情况

2. 渝新欧班列发展现状

渝新欧供应链公司业务全面启动始于 2017 年初，目前享受的税收优惠政策主要有国际货物运输代理服务免征增值税优惠等。2017 年国际货物运输代理业务总收入 8.7 亿元，免征增值税 5 233 万元；2018 年 1~9 月该业务总收入 4.7 亿元，免征增值税 2 832 万元，合计享受优惠金额超过 8 000 万元。公司还享受了 2011 年国家税务总局出台的《财政部　海关总署　国家税务总局关于深入实施西部大开发战略有关税收政策问题的通知》（财税〔2011〕58 号）西部大开发企业可减按 15%税率缴纳企业所得税。另外，目前各地对中欧班列的补贴政策基本为 USD3000/箱，折合人民币 20 000 元左右。

通过调研，渝新欧供应链公司的资产负债率为 76%，在物流行业中偏高，其负债主要集中于国际铁路沿线各代理商包括中铁公司的铁路运费。除此之外，公司 2019 年向工商银行融资 4 000 万元，主要用于购置"保温集装箱"。公司目前主要的负债融资方式为质押贷款，但由于渝新欧供应链公司属于轻资产公司，且公司本身政策性较强，在向银行质押贷款方面具有一定难度，对各个商业银行的"吸引力"较差，增加了公司后期实施市场化战略的融资难度。同时，目前的财政补贴仅仅只能弥补公司日常资金周转缺口，对公司未来发展"渝新欧+"所需的资金提出了挑战。

渝新欧供应链公司是为了响应"一带一路"的号召，从事的"中欧"、"中亚"和"越南"国际铁路运输服务，属于一个"平台"公司，但目前的市场化程度较低。再加上铁路运输成本是海运的一倍以上，中欧班列开行之初，为了从海运的市场抢夺货源，各地政府只能通过财政补贴的方式，将运价压低到接近海运的价格，导致公司整体的业务受到了全国各地中欧班列公司无序开行的影响，其收入也因其他公司的残酷"杀价"而有所降低，所以公司整体收益较差。

3. 渝新欧供应链公司未来战略

由于渝新欧供应链公司是一个平台公司，公司目前的运营主要依靠政策补贴，随着补贴"退坡"政策的提出，政策补贴显然不是公司发展的长久之计。且目前中欧每年海运量约 2 亿多吨，陆路运输量不过 7 000 万吨左右，故中欧铁路班列必定是高附加值产品。因此，渝新欧供应链公司最终的发展战略是应政府有关主管部门和股东的要求逐步实现"市场化"、实现"渝新欧+"，掌握未来"新丝绸之路"的商业脉搏。对此，公司对外投资成立渝新欧两江（重庆）实业发展有限公司、重庆兴欧报关服务有限公司、清渝威视技术有限公司、中新环通（重庆）多式联运有限公司等。另外，为实现"渝新欧+"这一战略目标，公司理想的负债融资结构应该是资产负债率控制在 60%~70%，而不能超 70%；应付铁路沿线各代理商的运费与向银行等相关金融机构的借款比例应是 6∶4 左右。

4. 渝新欧公司问题反馈

渝新欧公司作为支撑国家"一带一路"重要支撑的现代物流业服务企业，其自身的资本及享有的政策优惠远高于同行业内其他中小型企业。为此，渝新欧公司提出了现代物流服务产业存在的普遍性问题。

1）市场化程度低，应收账款和存货"两金"问题凸显

渝新欧供应链公司自 2016 年成立以来，由于全国中欧班列竞争激烈、运价低廉、返程货物缺乏等一直需要政府的大力补贴，其自身市场化程度较低。同时，由于近几年来国家宏观调控政策的推出和执行，扭转了物价指数连续多年下滑的趋势，一些原材料持续涨价，导致我国一些企业为了维持正常生产，储备的部分原材料占用资金量大幅上升，从而加大了企业存货资金的占用率。

2）政治任务负担重

渝新欧供应链公司属于平台公司，政策性非常强，目前主要是以完成政治

任务为中心。在 2018 年政府要求渝新欧班列达到 1 500 班,2017 年开行只有 663 班,为完成市政府下达的政治任务,要求公司 2018 年中欧班列增加开行至 1 400 班左右。随着财政部的补贴"退坡"政策出台,公司在脱离政府补贴后难以依靠班列营收维持经营。国内各平台公司(也包括渝新欧供应链公司)都在苦苦地寻求"市场化"之路。

3)负债融资结构不合理

目前公司的资产负债率达 76%,比较偏高。公司主要负债还是因欠国际铁路沿线各代理商及中铁公司的铁路运费所致。公司这样的运行方式,对目前国内各"中欧班列"公司来说,基本上是一个普遍现象。并且,公司到银行贷款融资难度比较大,商业银行要掌握一定的质押物才愿意贷款,但像渝新欧供应链公司这样的轻资产公司,目前各个商业银行对公司都没有太大的贷款意向,不过在财政补贴拨款到账时的那段时期会有所缓解。另外,公司受到市场大环境影响:国内各平台公司要完成班列运输任务,中铁部公司又规定空箱不能出境,势必要"抢"出口货物,造成了公司在调节和优化负债融资结构上出现难题。

4)未来战略资金需求量大

目前渝新欧供应链公司已对外投资成立 4 家公司,但由于渝新欧供应链公司营收较差、补贴依赖性强等一直难以更好支持旗下 4 家公司的发展。再加上公司本身属于轻资产公司,难以在各个商业银行中进行质押贷款融资,所以目前资金缺口较大。为更好地在全国中欧班列的市场竞争中站稳脚跟,公司必须实行战略转型。但战略转型资金需求量巨大,公司如何在脱离政策补贴及资产较少的情况下融资将是未来发展的关键。

5. 渝新欧供应链公司诉求

基于当前现代物流业存在的发展难题,公司提出以下几点诉求。

1)加大降低"两金"力度

第一,公司要响应国家"一带一路"倡议和重庆市政府的号召,努力把重庆建设成为西部重要的物流枢纽。同时,公司希望能够降低应收账款和存货"两金"所占资产的比例,加大与客户的联络沟通,及时清收账款。第二,根据客户的资信情况细分筛选公司的客户群体,了解并清理历史遗留的"两金"问题,为公司的高质量运行和逐步"市场化"扫清障碍。

2)加强企业体制改革

第一,在地方政府控制财政补贴的规模和年限的情况下,公司希望政府能够创新政策扶持手段,促进班列运营企业创新投融资及运营模式,推进班列运行常态化、经营模式市场化等。第二,公司希望市场尽快完善现代企业制度,构建产权明晰、自负盈亏的市场经营主体,强化铁路行业竞争机制。

3）积极提升信用估值

第一，公司要借助现有资源平台，加强与各金融机构的联系沟通，积极发展"走"出去战略，与国际铁路沿线各代理相关供应商进行积极有效的沟通，主动展现公司的"软"实力，尽最大努力赢得他们的信任和最大的支持。第二，公司需要争取获得政府相关职能部门的支持和推荐，协助公司与相关的金融机构结成战略同盟。希望获得相关金融机构的最大支持，从而减轻公司的财务成本。

4）创新企业融资方式

公司希望重庆市政府能支持贸易融资服务创新。金融机构采取多种运单、提单的信用证结算、融资等金融服务及便利化举措等，都可进一步减轻企业的融资压力。同时，公司希望各方主体积极支持企业利用"运单融资"融资、"运单信用证结算"等方式，拓宽企业融资渠道。

第9章 助推中国服务业转型升级的政策优化思路

9.1 完善服务业优惠政策体系

9.1.1 中国服务业发达地区优惠政策经验总结

1. 降低融资成本，拓宽融资渠道

在融资方面，中国各省市都根据各自的特点出台了相关政策来降低融资成本和拓宽融资渠道，进一步缓解企业的债务压力，促进企业绩效提升。在开创新融资方式上，上海、浙江、北京等地区起到了良好的带头作用，这些地区的相关经验值得多地借鉴和推广。

在拓宽融资渠道上，各服务业发达城市均提出了新的融资创新模式。上海在创新金融产品上贡献颇多，信用保险保单融资、应收账款质押融资、供应链融资、海外并购融资、知识产权质押融资等业务纷纷出炉，进一步拓宽了融资渠道。

浙江重视小微企业信用体系建设，推广林权抵押、专利权质押、商标权质押和排污权抵押贷款等新型融资方式，不断拓宽小微企业融资渠道。

在降低企业融资成本上，各省市主要采取金融机构降低借款利率、担保费率，地方政府出资降低企业融资费用等方式。

以北京为例，北京服务企业相对起步较早，在有效整合银行信贷资源和融资渠道上积累了丰富经验。在降低物流企业融资成本并统筹资金，采取政府股权投资、PPP（public-private partnership，政府和社会资本合作）模式，重点支持公益性、公共性流通基础设施建设和运营等多方面，北京已经形成了较为完善的政策体系。

2. 重视税收优惠，推进税制改革

在税收优惠上，我国服务业发达地区也都纷纷进行各类政策的试点、实施，对各省市重点发展的服务业制定了各种税收优惠政策。然而，由于税收政策具有自主性强、分类细的特点，各城市对服务业的税收政策覆盖范围和优惠幅度大小不一。

上海率先在全国施行税制改革，对服务业实施营业税与增值税合并征收措施，这一举措大大减轻了服务业的税负。同时，上海对税改后实际税负增加的企业，根据市、区两级承担比例给予补助，并加大对试点行业在试点期间新增税收区的部分镇级分成比例，对符合条件的试点行业企业，优先申报和争取引导资金的支持。

在地方税奖励上，浙江将税收返还与发展绩效情况挂钩，进一步推进税收优惠的合理化。

在税收减免上，浙江更重视服务业重点企业和小微企业的发展，增大了税收优惠的支持力度。原本小型微利企业年应纳税所得额上限从 30 万元提高至 50 万元，同时在缴纳企业所得税上也有所优惠。

3. 重视财政支持，设立引导资金

在财政支持方面，各城市都确定了适合本地区服务业发展的明确目标，对各自确定要重点发展的行业给予大力支持，最大限度地提供政府扶持。

北京市政府及相关单位设立了多类型的差异化服务业发展引导资金，拓展和丰富了"北京服务"系列基金群。

浙江省自 2011 年起，逐步加大了服务业财政引导资金的支持力度，促进各类发展基金的对接合作。

上海市则专门设立市、区两级现代服务业发展引导资金，进一步帮助引导资金的配套，促进服务业集聚区的建立形成，推动服务企业的信息化水平提升。

4. 完善补贴奖励，促进企业发展

在补贴奖励方面，各省市的补贴奖励政策主要针对部分服务企业提供购置或租赁自用办公用房费用、交易手续费、新产品研发费、贷款贴息、外贸出口等的补贴和奖励。广东、浙江、北京、上海等服务业发达地区的财政补贴和奖励政策都比较完善，其中北京的相关政策体系最完善，覆盖的产业范围最广。

北京各区对首次通过国家高新认定的企业会给予一定的资金奖励。例如，于北京中关村改制上市的企业将得到更多的资金帮扶，而对于涉及国际服务业外包相关业务的企业，上海市予以专门的研发资金扶持。浙江对首次认定高新技术企业分不同区域进行差别奖励补助。例如，杭州首次办理认定国家高新技术的企业可奖励 20 万元，办理通过后再奖励 30 万元；而其中上城区首次认定国家高新技术企业则奖励 30 万元。

综上所述，我国服务业发达地区的政策优惠体系已经较完善，在一定程度上，许多普适性的优惠政策可以在多地区进行推广，不断推进政府及相关单位针对不同服务业的特征，设计、调整、完善相应的优惠政策，满足企业必要需求，不断促进服务企业的绩效提升和转型升级。

9.1.2　重庆市服务业优惠政策现状与差距分析

正如前文所述，与上海、广东、浙江等服务业发达地区相比，重庆市服务业由于起步晚，在发展水平和政策体系上都存在一定的差距。重庆市服务业政策体系目前已经初步建立，在融资、税收优惠、财政支持、补贴奖励四个方面都有所延伸和完善。当前，改善服务企业资本结构、促进服务企业绩效提升的政策优惠体系主要聚焦在以下几个方面。

1. 在融资方面

为进一步发挥好企业债券、银行产业（创业）基金等融资工具在推进供给侧结构性改革、促投资、稳增长中的积极作用，重庆市政府出台了一系列支持企业融资的政策。

第一，拓宽企业融资渠道。重庆鼓励银行以政府采购合同为依据向政府采购中标供货商提供信用贷款等融资服务，同时积极探索企业采用仓单、商铺经营权、商业信用保险单、应收账款、动产等质押融资方式。

第二，促进企业直接融资。战略性新兴服务业是重庆重点关注的对象，促进企业开展私募股权融资、股权质押融资等，加速优质企业的上市进程，成功上市的企业将受到重庆财政奖励的大力支持。对于改制上市的企业，重庆分为改制上市前和改制上市成功后两个阶段分别给予补贴。在主板、新三板和重庆股份转让中心（OTC）上市（挂牌）的企业，改制上市前段经费补贴分别为 100 万元、50 万元和 20 万元，改制上市成功后的财政奖励分别为 400 万元、200 万元和 100 万元。

第三，降低企业融资成本。重庆重视中小微新兴服务业的发展，对于该类企业不可避免的首笔坏账损失，将给予对应银行一定补偿。这一系列的补偿则划分归入"风险池基金"中。同时，对于中小微企业关注的担保费率过高的问题，重庆鼓励担保机构和金融机构进一步降低该费率，而对于担保机构与金融机构的损失，重庆市财政将给予相应的补偿。

上述方式对于降低重庆服务企业融资难度、提升融资效率起到了一定的作用，但其在推广力度和企业引导上还有待加强。一方面，一些新型的融资方式对小微企业并不适用；另一方面，小微企业对政策的具体实施和功能作用了解得并不全面。此外，对中小微新兴服务企业发放信用贷款和首笔贷款形成的坏账损失给予补偿，这一方式并不能从根本上解决银行等金融机构发生坏账损失的问题，最后利益受到损害的主体仍然是银行等金融机构。因此，从长远角度来看，全面提升全民信用管理意识，使企业珍视自身信用，养成积极提升自身信用的习惯，建立起完善的信用评估体系才是重中之重。

2. 在税收优惠方面

1）对于高新技术服务企业

在重庆，高新技术服务企业应纳增值税视营利情况而定，对于月销售额低于3万元的高新技术企业，免收增值税，而对于年应纳税所得额小于30万元的企业，也有所优惠。同时，重庆市还在税收返还上有一定的针对措施。当年首次认定的高新技术服务企业，自认定年份起，前面三年纳税额中的一半将被返还至企业，每年返还的总金额不超过300万元，这在一定程度上也可视为财政对高新技术服务企业的研发资金补助。

但实际情况下，高新技术服务业由于自身产品特性，往往存在研发周期漫长、日常运营成本较高等问题。上述的相关政策大多数聚焦于认定后的前几年。也就是说，相关政策大多集中在企业发展初期，而在企业进行产品研发的过程中缺乏相应的配套优惠政策。从企业的整个发展生命周期来看，相关优惠政策的持续性仍然有待进一步提升。同时，由于该行业研发投入大，税收优惠相关的政策对于缓解资金压力而言力度较小，高新技术业的发展有赖于更具针对性的优惠政策落到实处。

2）对于物流服务企业

在物流方面，重庆近几年的突破也较为明显。在重庆的诸多保税园区、保税物流中心内，物流企业的运输收费标准进一步降低，相关环节的增值税可进一步优惠，而关税则可免收。

但由于物流业在重庆起步晚，中小型民营物流企业发展情况复杂，重庆民营物流业绩效情况普遍不够理想。虽然上述相关的物流企业税改正在进行中，但该行业的税后净利仍然无法满足企业的发展需求。物流业虽然享有部分税收优惠政策，但目前重庆仍然存在营改增后税费增加、重复纳税、合法专票难以取得、城镇土地使用税过高等问题。

3）对于旅游服务企业

在旅游方面，重庆进一步重视大力发展乡村旅游，乡村旅游经营户可以享受小微企业增值税优惠政策。此外，在用水、用电、用气价格方面，乡村旅游服务企业享受一般工业企业同等政策。

然而重庆市旅游服务企业在税收上仍然负担过重。由于与资产相关的税种较多、"营改增"后企业实际纳税额不降反增、农村旅游专用发票取得较难等多方面的问题，重庆市部分大型国有企业纳税额几乎占到企业营收的 20%，税收负担仍然有待进一步减轻。

整体来看，重庆市服务业目前的税收优惠主要针对新兴服务业，虽然对不同行业实施差异化的优惠政策，但从实际情况来看，优惠政策对企业的支持力度并不明显，其在各类型服务企业上的针对性和差异性也有待提升。

3. 在财政支持方面

重庆在财政支持方面的优惠政策主要聚焦于专项发展资金和特殊政策扶持两个方面。在专项发展资金上，重庆每年安排 20 亿元重点支持技术创新型企业。引导企业增加研发投入、支持企业新产品研发及产业化。在特殊政策扶持上，重庆市建立战略性新兴服务业重大招商项目"一事一议"制度，根据具体情况对优质企业给予特殊扶持。

4. 在补贴奖励方面

1）重视对中小微企业的补贴奖励

重庆市政府对中小微企业建立了"小巨人"评选标准，每年推动 20 家以上核心竞争力强的中小微企业发展壮大，给予每户最高不超过 60 万元的一次性奖励；同时，还引入了"隐形冠军"这一概念，每年支持两家以上"小巨人"企业成长为国内细分行业领域的"隐形冠军"企业，一次性奖励不超过 200 万元。对于挂牌上市的中小微企业，重庆财政也有更进一步的优惠。

2）重视对战略性新兴服务企业的补贴奖励

重庆支持知名战略性新兴服务企业总部、地区总部、采购总部、研发总部、后台运营中心和结算中心在渝成立，其具体表现在财政补贴上。该类企业在开始的前两年将被给予一定的补贴优惠，而具体额度则按年纳税额度情况而定。自 2017 年起，年纳税总额在 50 万元以上、税收年增长 15%以上的服务企业，年终按企业当年对地方财政的新增税收贡献给予 5%的资金奖励，但在额度上存在最高不超过 5 万元的限制。

可见，重庆市在奖励补贴方面对于不同类型不同行业的服务企业有所侧重，但上述优惠政策对企业的实际作用还有待进一步加强。对于中小微企业的补贴奖励额度相对较小，力度有待加大；对可以达到上市标准的企业，3 万元或 30 万元的奖励对缓解企业资金压力而言作用都并不突出。

综上，以重庆的政策力度作为基数，用"+"表示优惠政策给企业带来的实际作用，将重庆的优惠政策体系与其他地区进行对比，不难看出重庆的优惠政策体系还有待进一步完善。如表 9-1 所示，"++"表示政策优惠程度或扶持力度较重庆更大，"−"表示政策缺失、力度不大或操作不易。

表 9-1　重庆与其他服务业发达地区财税扶持政策力度比较

优惠政策	重庆	上海	北京	广东	浙江
融资政策	−	+	++	+	++
税收优惠	−	++	+	+	+
财政支持	+	+	++	+	++
补贴奖励	++	+	++	+	++

9.1.3　完善重庆市服务业优惠政策体系的建议

我国服务业优惠政策体系发展虽然较为迅速，但由于服务业的发展呈现出不同类型、不同地区、不同规模、不同产权性质等多方面的差异特征，当前的优惠政策体系仍然有待进一步完善。无论是在融资、税收还是在财政、补贴奖励方面，其覆盖面和针对性都应进一步扩大和加强。

当前，我国相关优惠政策体系的发展水平并不均衡，东部沿海地区比西部地区更全面，更有所侧重。在健全完善我国优惠政策体系的过程中，政府及相关部门应注重吸纳、借鉴发达地区的优秀经验，同时结合自身实际情况和行业差异，深入一线了解服务企业发展的实际情况，及时响应不同类型服务企业的不同诉求，深入分析各类问题背后的根本原因，从源头入手解决企业融资难、融资贵的问题，不断优化我国服务企业优惠政策体系，进一步促进我国服务企业的资本结构改善和绩效提升。

同时，各地方各省市也应积极配合中央的号召，探索完善优惠政策体系的多种方式。本节通过上述比较分析与现状总结，结合前文对资本结构与绩效情况的综合考察，针对重庆市服务企业的资本结构现状、企业绩效现状与优惠政策体系现状，提出以下几点建议措施，进一步完善重庆市服务业优惠政策体系。

1. 在融资方面

在我国服务业发达省市中，浙江、北京和上海在支持企业融资方面做得较完善，不仅提出了符合时代发展的新型融资模式，还大大降低了政府、金融机构等的借款利率，逐步加大了企业融资力度、多渠道地拓宽了企业融资方式、引导金融机构大力支持企业融资。相比之下，重庆在拓宽企业融资渠道及降低融资成本方面政策力度较发达城市而言较弱，且重庆对于国家出台的拓宽企业融资渠道方面的政策落实程度较差。同时，重庆未加大金融机构对中小型物流业企业的政策扶持力度。

对此，重庆应向国内发达地区学习借鉴服务企业融资创新方式，积极推广落实国家出台的政策，确保服务企业能够全面享受服务业政策"大礼包"。

第一，可成立专家组或举办培训，对中小型服务业进行调研，确保中小型服务业了解并享受到相关政策的支持。

第二，重庆市政府应联合金融机构共同出台降低服务企业融资成本的措施。市政府应重点关注中小型服务企业，可通过对金融机构补贴等方式保障中小型服务企业有途径可贷。

第三，针对服务业国有企业，重庆市政府应结合企业具体发展情况，合理配置资源，合理设置金融机构对国有企业的融资标准，降低服务业国有企业资产负债率，保障其资本结构的合理性及加大力度推进国有企业市场化程度。

2. 在税收优惠方面

结合发达地区服务业的优惠政策体系来看，上海由于税制改革，在全国范围首开先例，税收优惠政策相对比较完善。浙江、北京结合自身地方区域特色，针对中小微企业和服务业高新技术企业税收优惠力度相对较大。相比之下，重庆市优惠政策的侧重点还有待进一步探究。对此，政府及相关单位可从以下几点入手进一步完善优惠政策体系。

第一，不仅针对高新技术服务业和物流服务业加大优惠力度，还应在了解发达地区对服务企业税收覆盖范围的基础上，查漏补缺，借鉴其他省市经验，逐步扩大税收抵扣范围。

第二，对于国家出台的"减税降费"政策，重庆市政府在响应国家政策的同时，应结合自身区域特色及服务企业整体发展情况，学习服务业发达省市的地方税政策，建立适合重庆服务业发展的地方税收优惠，做到"从整体到局部"地实施"减税降费"政策。

3. 在财政支持方面

在我国服务业发达地区，北京、上海、广东等都已建立产业引导基金，并逐步扩大其资金规模。虽然重庆近几年在服务企业财政支持方面的力度在逐步增加，对服务业各个行业都设立了产业引导基金，但与上海、北京、广东和浙江这些地区相比，财政支持力度不大。对此，政府及相关单位可从以下几个方面进一步改进体系。

第一，结合重庆市服务业发展情况，对标发达地区服务业引导基金标准，建立规模合理的引导全市服务业发展的引导基金。

第二，针对服务业各个行业，应联合行业协会，建立行业内部引导基金，确保服务企业在行业内部获得行业协会支持，在服务业大环境下能够得到政府部门帮助，建立服务企业"多层引导基金"模式。

第三，重庆市政府要建立完善可享受引导基金企业的标准，适当对发展好、发展快、有潜力的服务企业放宽标准。

4. 在补贴奖励方面

重庆与较发达地区上海、广州、浙江都对高新技术企业进行了补贴奖励政策，但政策完备程度还是落后于北京。北京作为全国政治、经济和文化中心，相关的政策体系最为完善。为加快服务业发展节奏，紧跟发达地区发展步伐，政府及相关单位应重视和关注战略性新兴服务企业在重庆的后续发展，不仅仅只聚焦于单纯的补贴奖励，还要结合企业在重庆后续发展的具体情况，调整相应的补贴奖励政策，确保企业入驻重庆后依然可以得到持续的、有针对性的扶持。

9.2　改善中国服务企业融资环境

9.2.1　健全信贷管理体系，加强信用评级指标体系建设

目前，中国中小服务企业进行信贷时的首选仍然是商业银行。从银行供给来看，由于信息不对称、中小企业自身发展存在缺陷、银行授信机制不灵活等，商业银行与服务企业之间往往存在"银行授信难，服务企业融资难"现象。近年来，中国也陆续出台了系列政策支持、促进中小企业发展，但中国目前的信用评级体系仍不完善，构建有利于中国服务业各类型中小企业发展的信用评级指标体系刻不容缓。

1. 中国服务业目前的信贷管理现状

1）企业层面

在信贷管理方面，中国服务企业自身存在的问题主要体现在两个方面：

第一，中国服务企业自身信用管理意识薄弱。与国际社会中的发达国家相比，中国服务业起步较晚，发展尚未成熟，中小服务企业自身在信贷管理上经验明显不足。目前，我国中小服务企业自身信用管理意识薄弱，缺乏专门的信用管理相

关职能部门，对信用关系的重视程度有待加强，极易出现因自身信用问题而难贷款、难融资的现象。

第二，中小服务企业信贷频率高、风险大。这是由我国中小服务企业自身特点决定的，无论是从内部控制的角度还是风险管理的角度来看，我国服务企业普遍缺乏独立、完善的内部信用评级体系，商业银行在针对中小服务企业特别是民营企业进行放贷时也尤为谨慎。

2）银行等金融机构层面

目前我国各大商业银行信贷管理体系较为落后，不健全、不灵活的管理制度成了我国服务企业与商业银行之间信贷关系的障碍。我国商业银行在服务企业信贷方面的主要问题如下。

第一，各大银行的信用评级标准参差不齐。在信贷前评价的指标不统一、侧重点不同，导致不同银行对同一服务企业的信用评价等级存在差异。

第二，客户信用评级数据库不完善。目前，业内对企业重复信用评级的现象严重，但是数据类型并不完善，数据库功能并未得到有效的开发和利用。

第三，商业银行信用评级队伍不健全。商业银行的信用评级队伍往往由经济学、金融学、财务管理学等学科领域的专业人员组成，对不同类型服务企业实际运营情况了解不全面，对企业信用的评估不到位，进而影响服务企业信用评级的结果。

第四，缺乏信息化系统基础设施体系。由于我国过去长期实行利率管制，银行对贷款定价、信用管理等方面的深入研究较少，相关信息支撑技术更是鲜为人知。此外，我国商业银行财务核算、风险管理相关的信息化系统功能较为落后，信息化系统有待完善，信贷管理的效率也有待提升。

第五，缺乏最高授信额度管理。作为银行进行风险控制的有效途径，最高授信额度管理并未受到国内商业银行的重视。受宏观政策和自身信贷规模的影响，商业银行必须考虑客户的最高授信额度，然而我国大部分商业银行为了抢占市场份额盲目扩大最高授信额度，进而影响贷款的收回等后续工作。

第六，缺乏授信资产后续管理。我国商业银行目前普遍重贷前防范而轻贷后管理，但授信资产后续管理是商业银行根据信用评级进行授信贷款的重要保证。仅有的客户贷后资产管理所依据的基础资料也较为局限，银行难以掌握客户贷后真实、准确、全面的实际情况，不能了解授信额度与风险程度的关系，不能为长期的信贷合作关系打下坚实基础。

第七，不善使用先进的商业银行贷款定价方法。与西方相比，由于我国金融业的发展起步较晚，我国商业银行在银行贷款上的定价能力仍然有待提升。无论是在贷款基准利率的选择还是在贷款定价模型的适用上，我国商业银行都仍然处在初期的摸索阶段，无法灵活应对经济形势变化、分析货币市场的供求关系以分析、选择、使用科学合理的贷款定价方法。

3）社会层面

我国中小型服务企业融资难不完全是因为企业与银行自身，这一严峻形势也受我国当前市场环境、法律环境和文化环境的影响。

我国外部征信机构和评级机构的资质参差不齐。第一，目前我国市场上的信用评级机构公信力较弱，利益冲突和激励扭曲明显；第二，我国目前与这些机构相关的法律不健全，中小服务企业自身利益难以被有效维护；第三，我国尚未形成多元、优质的授信文化，公民信用意识淡薄，对信用管理缺乏应有的重视。这一系列问题都成了我国服务企业解决融资问题、提升企业绩效的痛点和难点。

2. 加强服务业信贷管理，进一步加强信用评级的措施建议

1）对政府及相关单位

目前社会信用缺失现象不仅仅体现在服务业融资困境方面，还体现在财务报表造假、提供虚假信息等多个领域，因此，政府及相关单位应加快社会信用体系建设，这不仅能为解决服务企业融资难等问题发挥作用，还对防范信息不对称具有重要意义。具体而言，加快社会信用体系建设主要有以下几个部分的工作。

第一，加快信用管理相关的法律保障体系建设。我国现有信用担保相关的法律法规条款模糊、对象不明确等问题突出。为了避免担保机构钻法律漏洞，我国信用管理相关的法律保障体系应进一步明确条款中的概念、对象，指明相关行为、事项的法律性质，加快健全法律法规建设的步伐。

第二，加强对社会信用评级机构评级行为的监管。相关执法部门应加强打击社会信用评级机构的虚假披露行为，增大信用评级透明度，改善信用评级质量，保证信用调整的及时性、客观性。

第三，树立多角度的安全屏障。无论是再担保体系和反担保体系都应进一步加快完善，共同保障债权人、债务人的权利。同时，相应的风险共担机制也应加快健全。一方面，风险共担机制可加强金融机构与担保机构之间的合作；另一方面，风险共担机制也可进一步分散风险，起到调控作用。

2）对我国服务企业

第一，强化信用管理意识。企业必须加强信用管理职能部门建设，在财务工作中设立专门的信贷管理全流程管控岗位，提升信用管理能力水平。

第二，积极提高自身信用等级。加强企业信用文化建设，不断促进员工重视信用管理为公司财务、业务、战略等方面带来的重要作用，珍惜企业信用，与银行等金融机构建立长期、稳定的信贷关系。

第三，构建企业信用文化，提升企业社会形象。为解决服务企业融资难问题，提升服务企业的资信能力，企业首先要建立诚信的社会形象，一是要建立诚信的企业价值观；二是进行持续的全员诚信教育；三是积极树立诚信的企业社会形象。

第四，在内部控制中加强对信用管理的重视。改变企业的管理模式，建立规范的现代企业制度，促进法人治理结构的逐步完善，企业可从信用管理角度上使决策、监督、考核更加科学。

第五，构筑良好的银企关系，加强各方合作。银行和企业应该抛弃传统的敌对意识，加强合作。企业要主动维持与银行之间的关系，培养相互之间的信任程度，坦诚汇报自身情况。银行应进一步加深对企业的了解，全面把握风险，愿意与企业合作实现共赢。

3）对银行等金融机构

第一，构建合理完善的中小企业信用评级体系。由于服务业自身特性，不同类型的中小型服务企业具有不同的发展特征，银行等金融机构应从实际情况出发，深入分析不同类型服务企业"短、频、急"等信贷特征，针对性地构建合理完善的中小服务企业信用评级体系，实现信贷标准化、高效化管理。

第二，加快信息平台、信息技术系统建设。在完善客户信用数据池的同时，银行应充分利用大数据、人工智能、物联网、区块链等多项技术综合开发或引进更专业、更完善的信息技术系统，利用网络工具从市场上挖掘大量信息，实时监控客户的信用变化，不断提高信贷管理效率。

第三，建立专业型信用评级队伍。队伍中不仅包含金融、经济领域的分析专家，还应有具备多年企业实操经验、了解服务业中小企业实际情况的专业财务人员。在积极培养授信额度专业技术人员的同时，也应重视对该类专业技术人员数据分析能力的培养。

第四，严格审批、加强风控管理。银行应根据经济形势不断调整授信额度，严控授信额度审批，重视信贷前、中、后的全程风险管理，加强最高授信额度管理，促进授信决策对信贷管理、正常运营和后续发展全过程的良性循环，同时构建更谨慎的授信额度管理文化。

第五，学习借鉴国际上先进的贷款定价方法。在庞大的数据库和信息技术支持的基础上，完善成本核算和管理体系，银行等金融机构应采用先进的贷款定价模型，针对不同时期不同市场情况及不同问题的侧重点，确定不同的贷款定价，考虑客户核心利益，为异质客户提供合理的差别化服务。

4）对服务业行业协会

作为企业之间有效沟通的信息交流平台，各类型服务业的行业协会应意识到自身的重要作用，积极组织各类活动，对业内重点话题、未来发展问题进行探讨，积极发挥政府、企业、商业银行之间的信息纽带作用，同时在各类活动中加强对公民和企业信用管理意识的培养，在政府及相关部门的领导下不断促进社会授信文化建设。

9.2.2　重视服务企业税收筹划，进一步减轻企业税务负担

企业作为一个经营体，为了满足自身利益最大化的目标，在选择债务融资方式时往往会考虑到融资成本，而负债的抵税效应也会让企业加强对税收筹划的关注。自"营改增"以来，党中央、国务院进一步降低企业税收负担，为服务业释放了更大空间，不断促进服务业转型升级高效发展。

1. 中国服务业目前的税收筹划现状

与其他行业相比，中国服务业的融资渠道较少、融资困难较多，对税收筹划的重视程度也更强。同时，中国服务业又几乎完全由中小企业组成，为了克服融资渠道单一、融资额度低这些限制企业发展的困难，加强各类服务业中小企业税收筹划对减轻企业负担、促进企业发展刻不容缓。

1）高新技术业

中国服务业中高新技术服务企业在税收筹划上仍然存在许多误区，对税收优惠政策的认识不到位，未能充分利用相关政策降低自身税收压力，税收筹划管理意识有待加强，税收筹划整体水平有待提升。

2）物流业

虽然目前物流业的税收改革已经取得了初步成果，但作为一个新兴的综合性服务业，其在运输、仓储等不同业务上的征税特点不同，该行业的税收管理体制还存在诸多不足，其主要问题有：

第一，大多数中小型民营物流企业对税法的了解程度不够，在物流运输、仓储服务及第三方代扣代缴方面存在严重的重复纳税情况。

第二，与其他类型的服务业相比，物流业的毛利润仅在5%左右，税后净利润不尽理想。

第三，中国现阶段的所得税属地缴纳制度，不利于业务范围跨省、跨市、跨区域的物流企业，这一定程度上加重了物流企业的纳税负担。

第四，开票纳税人资格界定不合理。目前，自开票纳税人不仅需要满足必须拥有车辆这一需求，还受到纳税人属地和开票额度的限制，严重制约物流服务企业的发展。

第五，提供物流仓储服务的物流企业承受着高额的城镇土地使用税负担。

此外，除了物流业的税务问题形势严峻之外，其他服务业的税收体制也有待细化和完善。大多数中小服务企业对税收筹划的方法选择不够专业、实施税收筹划的成本较高、缺少与税务机关之间的有效沟通、管理理念落后的同时还缺乏相应的税收筹划专业人员。对于服务企业而言，诸多税收筹划问题加剧了

企业融资难、融资贵的问题，限制了企业的可持续发展。因此，充分发挥税收优惠作用、合理进行税收筹划成了企业进一步降低融资成本、提升企业绩效的重要途径。

2. 加强服务业税收筹划，进一步降低融资成本的措施建议

1）对政府及相关单位

第一，根据不同类型服务企业的实际特征进行差异化税改。不同类型的服务企业面临的税收压力不同，现阶段税改的侧重点也应有所不同。政府及相关单位在税改过程中应注意分析各类型服务企业的基本特征，了解企业日常经营活动与各项业务流程，针对不同类型的服务企业设计差异化的税收制度体系。

第二，实现以产业导向为主的企业所得税税收优惠。我国现行的企业所得税政策都是由企业所在地、市、省所制定，没有按照以当地服务企业的发展水平不同制定不同税收政策。因此对企业所得税征收税负应该实现以服务企业生产为导向的税收制度，这样可以更好地在宏观基础上加强对国家重点发展行业的政策扶持，促进我国服务企业经营性结构改革和企业分工细化。

第三，取消重复性行政收费，进一步降低企业税收负担。税收政策应该逐渐公开化、透明化，税务机关应积极应对企业的纳税问题，为其提供一定程度的咨询服务，同时取消重复性的行政收费，为企业提供更便捷、更优惠的办税服务。

第四，对第三方税务代理机构加强监管，充分发挥自身作用。尽管我国税务代理制度起步较晚，发展较缓慢，但目前市场上已经出现一批第三方税务代理机构，然而这些机构的专业胜任能力和公信力还有待进一步考察。政府及相关单位应加强对市场上税务代理机构的资质审查，确认其专业能力和知识水平，促进第三方税务代理机构市场健康稳定发展。

第五，提高税务执法人员专业水平，促进税收秩序良性发展。由于我国经济发展水平、教育水平存在地区差异，不同地区的税务执法人员专业胜任能力也参差不齐，各岗位税务执法人员的基本素质和专业素养都有待提高。各地区政府及相关单位应重视对税务执法人员的专业水平培养，促进税务机关为企业提供更优质的服务，同时进一步稳定国家税收秩序的良性发展。

第六，加强税务机关信息化建设，促进税收工作效率提升。通过信息化手段的充分应用，企业和税务机关可在线完成税收的申报、缴纳等工作环节。一方面，这为企业提供了便捷；另一方面，也大幅提升了税收工作的实际效率。

第七，建立企业信用数据库，完善企业信用体系建设。在利用大数据、人工智能等技术工具的基础上，税务机关可协助相关单位进行企业信用信息的收集和管理，将信用数据库在全国各级单位系统中联网互通，促进企业强化自身信用管理，强化依法纳税意识，进入良性循环的轨道。

第八，建立健全的税收优惠监督管理制度。健全的监督机制体系是减少系统腐败和保证工作效率的保障。我国在健全自身税收政策时也应建立相应的税收监督系统以便更好地使税收政策落实。

2）对我国服务企业

第一，树立正确的税收筹划观念，明确税收筹划目标。我国各类中小服务企业应建立合法纳税意识，强化税务管理，提高自身品牌形象。

第二，提高自身财务管理和会计核算水平，使税收筹划为企业财务制度建设服务。企业积极进行税收筹划，既可以提高企业自身的资金管理能力，又可以进一步促进企业完善财务制度、加强内部控制。

第三，及时与税务机关进行沟通，建立良好的社会关系。我国税收政策复杂多变，企业自身应加强与税务机关之间的信息互通，防止因税收政策制度变化而无法及时调整税收筹划策略的现象发生。对于税收筹划中的重点难点问题，企业可选择与税收机关进行交流沟通，以设计更科学合理、更具针对性的税收筹划方案。

第四，熟悉国家税收政策，及时调整、适应税收筹划方案。我国服务业税收改革正在进行，服务企业应对此做好准备，关注税收政策的调整，熟悉税收法律与各项制度，正确理解政策变化的目的与意义，及时应对政策制度的变化，不断降低筹划风险。

第五，树立风险意识，加强税收筹划过程中的风险控制。企业在进行日常经营活动相关的税收筹划时，各个环节都存在涉税风险，建立合理、完善的风险控制机制对消除风险隐患具有重要作用，能够避免企业因税收筹划中的短期行为而损害企业长远发展的情况发生。

第六，根据自身行业的实际特征，在税收筹划上具体问题具体分析。对于不同类型的服务企业，我国税务相关的制度与法律的侧重点都有所不同，同一税收筹划方案不可能适用于各行各业。服务业体系庞杂，种类众多，服务企业应坚持具体问题具体分析，合理分析自身实际情况，结合所在行业相关法律法规设计税收筹划。

第七，重视对企业财务人员税收筹划工作的培养，加强培训和再教育。企业应该定期举办专家讲座，为企业财务人员讲解最新税收政策。同时，参与税收筹划的财务人员应具有复合背景优势，不仅要拥有会计专业的相关技能，还要对国家税收相关政策足够熟悉和了解，具备与时俱进、终身学习的能力。

9.2.3 提高服务企业信息化水平，加强大数据平台建设

1. 中国服务业大数据平台现状

大数据时代下企业对数据的采集、处理、分析等能力逐渐得到加强，能促进

服务企业效率提升。服务企业信用信息的开放共享也会对促进服务企业的健康运营、政府相关部门高效地行使管理职能和金融与咨询机构高效地进行资源配置起到很大帮助。有大数据技术支持的情况下，无须增加任何硬件设施成本就可以打破掌握服务企业信用信息的部门、机构和行业之间的横向壁垒，使其在相关法律法规的规范和保障下，为建立开放和共享的服务企业信用信息平台提供条件。

目前，大数据正处于发展的阶段，相关政府、企业对大数据的应用也还存在问题，数据的收集、数据平台建设还不够完善。

2. 加强服务业信息化，进一步完善大数据平台的措施建议

1）强化服务业平台顶层设计

科学合理的顶层设计是服务业大数据平台建设的关键，需从落实国家宏观政策出发，结合地方实际需求，统筹考虑平台目标、数据主权、关键技术、法治环境、实现功能等各个方面，以"高起点、高定位、稳落地"开展平台的顶层设计，保障城市服务业大数据平台建设有目标、有方向、有路径、有节奏地持续推进，并且根据项目进展状况，不断迭代更新、推陈出新。

2）完善服务业平台配套保障机制

服务业大数据平台建设与运营须有相应的配套保障机制，并充分发挥保障机制的导向作用和支撑作用，以确保平台规划建设协调一致和平台整体效能的实现。例如，建立服务业大数据资源管理机制，明确数据内容的归口管理部门、数据采集单位和共享开放方式等；建立服务业大数据平台运行管理机制，明确平台使用中数据、流程、安全等各项内容和管理标准，保障平台持续稳定运行。

服务业大数据平台建设还应加强服务业大数据管理，实现数据从采集环节到数据资产化的全过程规范化管理，明确数据权属及利益分配，以及个人信息保护、数据全生命周期的管理责任问题。

3）明确服务业数据资源分类分级管理，健全数据资源管理标准

分类分级管理是数据管理基本规范和使用标准的体现，它的实现可以促进企业建立一套科学合理的数据分类体系。不同领域、多种格式的数据整合在一起后，企业可方便查找、利用各类数据，企业各个业务流程的工作效率都可得到大幅提升。

4）因地制宜开展平台建设与运营

服务业大数据平台的建设与应用要结合，避免出现重平台建设轻平台使用的现象。政府、产业和城市的数据资源极其庞杂，需要明确平台数据资源的权属性，保障数据所有权的归属。

政府拥有政府数据资源所有权，互联网企业往往掌握着先进的数据技术和拥有互联网思维的专业队伍，本地企业对当地的人才资源、市场环境、产业发展等因素有更清晰、更准确的认识，需要充分盘活政府、互联网企业、本地企业等各

方资源，参与服务业平台的建设与运营。服务业大数据平台的数据治理和运营体系相当复杂，平台建设的模式和路径没有固定模式，需要挖掘地方优势，突出地方特色，为大数据决策提供有力的支撑。

9.3　深化服务企业组织结构与经营模式转型

与其他产业不同，我国旅游业服务企业可以选择的融资渠道较多，前期投入较大，普遍债务水平偏高。当前，降杠杆、提绩效成了我国旅游服务企业更关注的内容。与其他产业的债务融资情况相比，我国服务企业在旅游项目投资前期投入巨大，而在项目中后期，由于偿债能力弱、纳税压力大、优惠政策力度低等方面的问题，企业普遍面临着较大的债务压力。同时，我国旅游服务企业中国有企业居多，前期在进行融资时权益资本有所缺失，目前也面临着国企混改、资产重组等问题。此外，旅游业的发展也受到地理位置、资源条件等诸多先天性因素影响，旅游服务企业绩效的进一步提升难度较大。

通过对以上多方面因素的分析、考察，我们针对旅游服务企业的不同问题提出了一系列针对性建议。

9.3.1　加快旅游服务企业国企混改步伐，积极引入社会资本

长期以来，国家掌握着旅游业的自然风光等资源，国有企业在旅游服务企业中的比重较高。由于管理制度不健全、权责范围不清晰、部门利益难以协调等问题，旅游业国企改革成了减轻旅游服务企业债务压力、全面提升企业绩效的重要途径。

1. 政府层面

1）积极加强引导，推进国企混改

由于在较长的一段时间里，国有企业以国有资本为主要的资金来源进行日常运作，对社会资本了解不足，对资本市场不够熟悉。政府应明确自身定位，积极发挥引导、促进作用，为国企混改提供专业的咨询，全程跟进国企混改过程，注重国有资本在国企混改中的妥善处理。

2）根据国企自身特征，选择合适混改方式

具体而言，国有旅游服务企业可以选择混合所有制改革、资产证券化、并购重组、完善激励机制等方式进行改革。政府及相关单位应综合考虑各种混改方式，

优中选优，充分协调各方利益，提高国企混改效率，不断推进国有旅游企业的市场化进程。

3）重视企业可持续发展，协调多方利益关系

党的十八届三中全会提出要积极发展混合所有制经济，国有资本、集体资本、非公有资本等交叉持股、相互融合的混合所有制经济，允许民营资本参股国有资本投资项目。然而相关文件也并未对利益关系做深入区分，政府及相关单位应综合多方需求，以共同利益、长远利益为重，统筹协调多方关系，促进国企混改的效率提升。

4）加强相关法治建设，保障国企混改有效进行

法律体系的健全和完善可以保障旅游业国企混改有效进行。此外，产权制度的创新可帮助企业明确所有权责任，有助于企业按照经济发展规律和市场规则，运用市场化手段开发、管理风景名胜等旅游资源，建设基础设施，进行投融资活动等。

2. 企业层面

对企业而言，旅游国企改革应根据企业自身实际情况，进行有差异的、有侧重点的分类改革。

1）企业应根据自身规模和经营实力，选择恰当混改方式

据走访调研反馈，不同类型、不同级别的国有旅游企业在经营实力上存在较大差别，受国资委、国务院和省级国资委管辖的国有旅游企业经营实力较强，其融资规模和债务压力也更大；受省级、地级政府及相关单位管辖的中小型国有旅游企业规模较小且经营效率低。因此，国有旅游企业在进行国企改革时应根据自身情况具体问题具体分析。

中央旅游企业和国有大型旅游集团的混合所有制改革可以通过兼并、资产重组、整体上市等方式进行。合理设置国有企业的股份比例，确定社会资本、外部资本的限额，将国有资产与社会资本进行优势互补，建设一批具有国际竞争力的大型旅游集团。

中小型国有旅游企业可在股份改制的基础上经优化重组后公开拍卖，不断推进产权性质多元化，推动民间资本和外资参与竞拍，积极吸纳优质的社会资本。对于亏损严重的小型国有旅游企业，可直接对企业资源进行整合包装后予以出售、处置。

2）建立多方制衡的法人治理结构，明确各方权责范围

企业应在政府及相关单位的协作下，维护各方基本利益。在国有企业混改过程中注重法人治理结构的完善。引入民间资本和外资后，清晰、规范、合理的法人治理结构有助于国有企业进行投融资等战略决策的部署和实施。国有资本的管

理由各级国资委选派相应人员进入董事会行使出资人权利。企业应根据股权结构成立董事会，引入外部董事，保证混改工作各方的独立性。

3）聘请外部经营者进入管理层，培养企业家责任感

国有企业可对前期具有一定经验和能力水平的管理人员授权经营，同时，企业还应积极培养高管在企业发展上的责任感，再从外部聘请一批经验丰富、知识全面的专家为企业的日常运营管理和长期发展保驾护航。

4）健全激励机制，重视职业经理人引进

引进、建立职业经理人制度也对我国旅游企业的发展至关重要，引入专业的企业家对国有企业进行管理，同时配合恰当的激励机制，可从根本上加速国企的"去行政化"进程。

9.3.2　转变商业模式，增强营利能力

随着信息技术的飞速发展和我国思想风潮的变化，人们对旅游服务业提出了更高的要求，旅游业也走到了改革升级的关键节点。目前，我国旅游企业的营利来源主要是门票收入、住宿餐饮服务收入，增值服务较少。同时，我国大多数旅游景点、观光体验项目都存在门票价格的限制，该方式的营利水平有限。我国旅游服务企业应逐步开拓新的商业模式，以价值化、多元化的营利方式提升自身竞争力。例如，开发建设主题文创社区、积极发展在线旅游，提供更全面周到的旅游增值服务，设计、销售具备地方民俗特色的文创产品等。

居民消费水平和消费需求的突破和转变，对旅游业的商业模式也提出了更高的要求。目前，消费者追求的更多的是有深度的浸入式旅游体验，对观光自然山水、探访历史古迹等较传统的旅游方式关注变少，人们在娱乐消遣的同时开始注重人文素养的熏陶和自身能力的提升，旅游服务企业也应对消费者导向的市场变化更加敏感，及时迅速地在营利模式上做出相应的调整。与此同时，从问卷调查的反馈情况来看，旅游服务企业也应注重自身非财务绩效的提升，打造地方、国际旅游特色口碑，对消费者形成积极、正面的价值导向。

9.3.3　拓宽融资方式，降低融资成本

1. 政府层面

在融资方面，政府应引导企业和金融机构之间的沟通与合作，积极创新融资方式的同时加强推广，让企业真正了解更低成本的融资渠道、选择更低成本的融资渠道。当前，我国旅游服务业中的大多数小微企业对创新融资方式了解程度较

低，政府及相关单位应加强引导，重视推广，为企业选择融资方案提供咨询和其他帮助。

2. 企业层面

在项目建设前期，我国旅游服务企业的资金主要来源于银行贷款与财政拨款，然而在项目中后期，随着政府优惠政策力度的逐渐减弱和项目日常运营成本的增加，企业债务负担日益加重。此时，如果企业抓住了更优质的投资机会，往往面临资金匮乏的问题。对旅游服务而言，优质的旅游资源是项目可持续发展的必要条件，在日常资金周转困难的情况下，建议企业注重以下两个方面的完善。

1）考虑资本市场上的相关渠道，多元化融资方式

与银行贷款相比，我国资本市场上公司债、短期融资券、各种形式的流动贷款等融资方式的成本可能更低，可作为公司资金匮乏时进行必要投资的资金补充方式。此外，旅游服务企业还可凭借自身经验优势与政府开拓 PPP 项目的合作，参与旅游项目的公共设施建设工程，在文化、旅游类项目的开发建设、运营管理上建立合作伙伴关系。

2）重视税收筹划，从融资环节上缓解税务负担

正如前文所述，旅游企业税收筹划对缓解企业资金压力而言至关重要。企业应加强对税收筹划的重视，提升税务人员专业性和胜任能力，紧跟税制改革步伐，了解税收优惠政策及相关制度的变化。同时，企业应根据自身运营情况，在项目投融资阶段就开始设计专项的税收筹划方案，缓解融资压力。

9.3.4　加快智慧旅游和旅游公共服务体系建设

智慧旅游是以云计算为基础，以移动终端应用为核心、以感知互动等高效信息服务为特征的旅游信息化发展新模式。作为旅游服务企业转型升级、提升绩效的重要方式之一，尽管智慧旅游在我国已经处于迅速发展的过程中，但离成熟、完善的智慧旅游体系还存在一定的差距。加快智慧旅游和旅游公共服务体系建设，既是政府及相关单位有待攻克的重要关卡，也是旅游服务企业运营发展和游客消费服务的重要方式。

1. 政府层面

由于智慧旅游体系复杂、功能强大，政府部门是智慧旅游建设过程中的资金主体，政府应明确自身角色定位，加大财政资金、国债资金、专项资金对智慧旅游体系的支持力度。在加快我国智慧旅游和旅游公共服务体系建设过程中，主要

以游客服务、管理服务为两条主线，同时还应注意以下几点。

（1）重视大数据等信息化工具，加快建设智慧旅游公共服务中心。旅游业体量大、各方信息多、信息的来源渠道广而杂，因此海量数据的管理成为智慧旅游发挥作用的前提条件之一。同时，由于各省的旅游发展水平、信息化基础条件不同，各省应建立客流统计、车船调度等各类专项数据库，对多方旅游信息进行妥善管理，确保各项数据来源统一、数据形式规范合理，使得海量旅游大数据为智慧旅游服务做好铺垫。

（2）以游客需求为导向，设计能满足广大游客需求的移动客户端。各地旅游分为城市旅游和乡村旅游两类，城市旅游中外地游客居多，乡村旅游中本地游客居多。各省应分析实际情况，设计针对不同类型游客的专业、权威的移动客户端，满足游客多方面的需求。

（3）加强旅游局与游客之间联系纽带建设，开发双方互通的新型游客体验终端。利用网络多媒体技术，在旅游局和游客之间搭建信息互通桥梁，使旅游局及相关单位能针对游客及时发布旅游服务相关信息，如相关预告、预警、注意事项等。同时，游客也能在智能终端和信息平台上与旅游局官方机构、旅游项目管理机构进行实时互动，及时查询相关资讯、反馈相关信息。此外，还可借助该平台向游客开放评价渠道，游客可根据旅游项目的直观体验对地方各类旅游项目进行打分，以此更好地促进旅游项目运营的单位或企业提高服务水平，改善旅游体验。

（4）加速乡村旅游平台建设，促进乡村旅游稳中向好良性发展。与城市旅游观光项目相比，乡村旅游在信息交流上较为迟缓，乡村旅游相关资讯难以传达至游客。借助乡村旅游平台，帮助游客了解郊区景点等信息，进一步促进乡村旅游发展。

（5）加速管理部门信息平台建设，促进旅游监管执法部门效率提升。为旅游监管、执法部门专门开发、建立对应的工作平台，既可以方便市民办理相关服务、咨询相关信息，也可为旅游监管执法提供便利。

（6）关注"智慧景区"建设，政企合作升级消费体验。目前，我国也有大量景区正在试点"智慧景区"建设，政府及相关单位与旅游项目运营企业应加强合作，为游客提供智能导航、导游服务和 VR（virtual reality，虚拟现实）体验等多种科技含量较高的服务，既可以吸引游客，也能加深游客的感官体验。

（7）全面协调多方利益关系，促进利益共享、多方共赢。智慧旅游体系建设过程中涉及多方利益关系，如政府与运营企业、政府与游客、运营企业与游客、运营企业与地方居民等。政府管理部门应积极协调统筹多方关系，作为项目资金的提供方和项目的协调方，全面促进运营企业对旅游项目加强管理。

（8）加快智慧旅游的标准化建设，健全各项法律法规。由于我国智慧旅游尚未发展完善，相应的各项法律法规也有待陆续制定、出台。政府及相关单位应加快健全各项法律法规的步伐，同时，综合各省市智慧旅游的发展现状，制定规范、统一的标准体系，为智慧旅游各个环节的监管提供有利条件。

（9）建设完善、统一的智慧旅游绩效考评体系。目前，智慧旅游在我国还处于发展初期，各地方对智慧旅游的成效评价标准不一，暂未形成相应的绩效考评体系。政府及相关单位应加快该领域的研究进程，综合各地智慧旅游的发展现状，总结智慧旅游发展过程中的重点难点问题及基本特征，逐步建立起完善统一的智慧旅游绩效考评体系。

（10）借鉴国内外优秀经验，引导企业进行智慧旅游管理。西方发达国家的智慧旅游体系相对而言更完善、更规范，我国政府及相关单位在建设智慧旅游体系时应积极参考国外案例，分析、借鉴国内外优秀经验，形成具备中国特色社会主义市场经济特征的生态系统。同时，政府也应积极发挥自身的关键作用，为我国中小型旅游服务企业提供更多的引导。

2. 企业层面

对于企业而言，作为智慧旅游的运营方，企业自身应积极配合政府部门相关工作，同时加强自身信息化建设，不断学习新兴技术，并且将各类信息工具利用到企业日常工作的运营管理中，为进一步开拓业务、提升绩效做出贡献。具体而言，在建设智慧旅游体系的过程中企业应注重以下几点。

（1）加强信息化系统建设，引入先进的智慧旅游基础设施。智慧旅游的基础条件是具备先进的信息化系统，企业应逐渐完成企业内部各类信息化平台的搭建，如引入或量身定制适合自身发展的 ERP、CRM（customer relationship management，客户关系管理）系统，提升企业日常管理、运营效率。

（2）利用大数据准确分析游客需求，完善多元化、个性化的服务体系。明确消费者需求、合理进行市场定位和产品定位是提升营利能力的必要条件，企业应充分发挥大数据的功能，准确分析客户需求，为消费者提供多元化、个性化的各类服务与产品，不断推进旅游产品和销售策略创新。

（3）实现智慧旅游标准化管理，全面提升服务质量。我国旅游业的大型旅游集团旗下都设有诸多旅行社，集团直接管理这些旅行社、小微旅游企业难度较大，因此，现阶段我国大多数旅行社、旅游服务小微企业暂未建立一套完善的智慧旅游标准体系，在智慧旅游的各个环节中如何进行科学管理和绩效评价是小微旅游服务企业发展的瓶颈所在。在这种情况下，各级企业应积极配合集团各项战略部署，集团对旗下分公司既要设立统一、灵活的管理标准及智慧旅游各环节的标准，又要根据不同级公司的实际情况进行差异化管理，努力推进智慧旅游的部署工作。

（4）加强人才队伍建设，培养具有复合背景优势的智慧旅游专项人才。智慧旅游在我国旅游服务业的推广，离不开企业专业人才的支持。信息技术的发展、人们旅游需求的转变、旅游业的转型升级等多方形势都对旅游服务业专项人才提出了更严格的要求，企业应不断挖掘、培养具有旅游经济管理、工程管理、信息系统管理等复合教育背景优势的管理人才，保持企业自身与时俱进。

9.3.5　加大政策优惠力度，对优质项目进行持续性支持

我国目前针对旅游服务业的相关政策优惠主要集中于旅游项目投资开发时期，而在项目中期运营及后续工作上优惠较少，然而，企业正是在项目的中后期阶段最需要政府及相关部门的政策扶持。

1. 政府层面

（1）重视旅游项目潜力股，持续性进行帮扶。政府应积极沟通商榷，深入一线了解企业实际情况，对于市场前景广阔、有潜力的优质旅游项目进行全程重点帮扶，积极发挥优质旅游项目的社会效益。

（2）考察优惠政策实际效用，对财政资金进行全面的绩效管理。旅游业的优惠政策体系实际上已经较为健全和完善，然而在政策的实际落地过程中会遇到各个方面的困难。各级单位应注重政策的实际效果，分析企业的真正诉求和反馈，同时建立起规范、完善的财政资金绩效管理体系，加强对财政专项资金的专项审计，促进各项政策落到实处，真正给企业带来效益和帮助。

2. 企业层面

除了上述需重点关注的内容，旅游服务企业各方主体还应为上述建议措施的落实提供保障。

（1）企业应积极配合、支持政府及相关单位的税制改革工作。目前，我国与资产相关的税种较多，旅游服务企业在对旅游资产进行投资管理和日常运营时的税务负担较重，进而对企业的财务绩效产生影响。企业自身应提高对税收筹划的重视程度，在投融资方式和资产管理等多个环节着重进行税收筹划，以求在合理合法纳税的前提下少缴税、减轻税务负担。

（2）企业应紧跟政策变化，合理利用各项优惠政策。大部分小微民营企业对我国优惠政策的了解程度不够，这部分企业应在不断提高自身实力的同时加深对旅游业优惠政策的了解，向大型集团企业学习优秀经验，利用各项优惠政策为企业运营创造便利。

（3）旅游服务企业自身应改变运营观念，向消费者提供更优质更全面的旅游服务。如前文分析所述，我国旅游业的消费者目前更偏好深层的旅游体验，游客偏好已经从"观光式"向"浸入式"过渡，面对市场趋势和社会思潮的巨大变革，

企业应在提供优质、全面的旅游服务时，更关注旅游产品、旅游服务的根本价值所在。同时不断学习西方先进的旅游观念，使旅游增值服务成为企业收益的主要来源，不断提升自身市场竞争力的同时，关注旅游本身给消费者、给社会带来的价值导向与社会效益。

3. 银行等金融机构层面

银行等金融机构应结合旅游项目实际情况，科学合理进行信用评级。我国目前针对各个类型服务业的信用评级指标体系尚不完善，虽然旅游业的融资途径和方式众多，但信用评级的结果仍然有待规范。国有旅游企业往往拥有更多的土地资产，但现阶段大多数银行更关注企业各项财务指标，前期投入大、中期收益低的旅游企业财务绩效并不理想，因此常常在信用评级上有所欠缺。银行等金融机构的信用评级指标体系应更关注企业的实际情况，而非仅仅凭借一纸报表轻易拒绝企业的贷款需求。

9.4　全面提升高新技术服务企业绩效的建议措施

高新技术服务业是现代服务业中的重要一环，以研发创新为核心，对我国的产品更新换代、产业升级与产业结构调整起到重要的推动作用，是当代服务业经济发展的重点与趋势。但由于高新技术服务企业自身存在所需投入高、财务风险大、资产稳定性差等特点，目前我国高新技术服务企业普遍规模较小，且在融资中往往处于被动地位。

一方面，企业研发投入主要来源于风险投资，但整体来说，我国私人资本仍不活跃，限制了中小型高新技术服务企业利用庞大而便捷的私人资本进行融资。另一方面，银行等金融机构因该行业企业实物资产偏少，经营风险较大，出于稳健和安全考虑不愿向其放贷，尤其是初创期的中小企业，因技术不完善，高新技术的优势无法发挥，导致企业陷入融资难、融资贵、融资渠道窄的困境。加之国家促进行业发展相关政策力度不足、财政性资金支持有限，高新技术服务企业在初创期一直处于亏损状态，只有在形成核心竞争力迅速占领市场后，才能改善其经营绩效，取得飞速发展。

9.4.1　完善风险投资体系

目前，我国风险投资正面临着渠道单一且风险资本总体规模小的难题。但从我国现实的资本情况来看，虽然存在着巨大的风险资本供给源，却缺少稳定而又庞大的供给量，目前急需采取一系列措施来完善风险投资体系。我国资本市场的发展虽然取得了很大的进展，但存在的问题也不少，较为妥善的方法是从当地的经济情况出发，逐步建立并完善风险投资体系，尽可能为企业"开绿灯"，降低融资成本，加快企业自身资本壮大的速度，从而达到企业经济效益增长的目标。

1. 政府层面

政府要继续加大对高新技术行业的财政投入，加大财政支持力度，充分发挥政府投资在高新技术行业风投市场上的导向作用，合理引导其他投资主体对该行业进行投资，以满足该行业发展巨大的资金需求。

1）加强风险投资法治建设

目前我国针对风投市场的法律法规尚不健全。建立和完善风投制度体系的核心就是加快风险投资的立法与修订进程，政府应加快出台相关法律法规，解决风险投资运作、风险投资退出和风险投资监管方面存在的问题，以促进我国风险投资市场健康有序发展。

2）完善风险投资退出机制

退出机制的完善是风险投资产业产生增值作用的关键环节，我国目前应加快风险投资退出渠道建设。第一，深入发展我国私募市场，引导高新技术服务企业逐渐通过私募市场融资，拓宽融资渠道。第二，借科创板东风，把握机会，加快高新技术企业上市进程。第三，完善我国产权交易市场，加大产权交易市场的基础设施投入，推进相关制度监管建设，规范区域性产权交易市场。

3）建立财政参与控股的高科技风险投资基金

对于此类高风险、高收益的行业，政府应该加大专项基金扶持力度，给予此类企业相应的资金支持，缓解其资金困难现状，促进企业发展。第一，政府主导建立财政参与控股的高科技风险投资基金，对本地支柱行业带动性强的高新技术企业投入一定比例资金，通过财政资金的示范效应，引导其他投资主体投入高新技术服务业。第二，建立高新技术业专项基金体系，根据目前我国高新技术业产品供给和需求特点，重点培育适应市场需求的高新类产品。

2. 企业层面

1）加强企业自身建设

风险资本支持下的高新技术企业的持续发展与企业团队建设、制度规范、研发能力培育等因素密不可分，随着风险投资投入的加大，市场对企业的要求随之增高。高新技术企业只有不断加强自身建设，并建立与风险资本家之间良好的沟通机制，才能发挥风险投资与高新技术企业良性互动作用，促进高新技术企业更好更快发展。

2）进一步创新金融工具

目前我国高新技术服务企业融资来源过于单一，企业有必要进一步创新金融工具来拓宽企业的融资渠道，有效解决风投市场上投资主体与被投资企业之间严重的信息不对称问题。企业也可努力争取与国际风险投资机构合作来重庆设立风险投资公司，或者争取其直接投资高新技术企业项目资金。

9.4.2　健全多元融资体系

随着我国高新技术企业的迅速发展，融资问题成为企业亟待解决的关键问题，融资体系的不完善制约了高新技术服务企业的发展，健全多元化融资体系势在必行。

1. 政府层面

1）加大对高新技术企业的财政投入

政府应加大科技投入力度，支持高新技术企业发展。不仅要出台促进产业发展的相关政策，加大产业转型升级和产品更新换代的优惠政策补助，还要加强高新技术产业基础设施建设和相关公共技术平台建设。

2）建立和完善信用担保体系

政府应对现有的担保机构进行整合，建立高新技术中小型企业信用担保体制和机制，同时各地方政府要主导逐步建立有地方特色的多形式再担保机制和以国家政策为主的担保机构内部资金运作机制等。改变我国目前担保只注重有形资产的现象，允许高新技术企业以其专利、商标等无形资产作为向担保机构的反担保。并且，鼓励担保机构与金融机构建立良好关系，加强二者间的合作，引导金融机构加大高新技术产业的贷款投入和政策支持。

2. 企业层面

1）进一步加大科技开发投入力度

我国在对高新技术企业的认定上有一定硬性要求，企业研发数量必须达到规定限额，才能继续获得国家对高新技术企业的认可和政策扶持。保证和加大对研发资金的投入，不仅能为企业带来诸多政策优惠，还能使高新技术企业不断形成独特的市场竞争优势，使投资者更加清楚企业的价值与发展前景，有利于企业的融资。

2）全面考虑融资方式和融资成本

高新技术企业应立足于企业自身行业特点，根据企业不同阶段资金流量、流速上的不同需求，充分考虑各种融资方式，并注意各融资方式的成本和其股权债务属性，以争取实现最优组合，形成合理的资本结构，以满足企业发展的巨大资金需求。

3）发挥产业集群效应，全面推行商业信用

高新技术企业集群区要以诚信的形象，重新定位商业信用，延伸商业信用，整合区内高新技术企业的信用。在全区内实行诚信制度，设立专项商业信用风险防范准备金，面向区内信用度好、产业上下游关联密切的企业推行商业信用，扩大信用规模，使区内企业便利地取得较大规模的资金。

3. 金融机构层面

在国家政策法规的框架内，重庆的银行和非银行金融机构要把积极支持高新技术行业作为重要任务之一，同时制定相应的金融政策，推动整个信贷向高新技术行业项目倾斜，进一步增强科技开发贷款力度。

1）政策性银行加大科技贷款的力度

政策性银行应为企业提供长期低息研究开发贷款，用于新产品开发、技术改进、新技术的商品化、设备的生产和购置等。

2）商业银行创新贷款政策

商业银行可以通过直接贷款或与风险投资公司合作的方式增加对于高新技术企业的投入，还可以通过融资租赁业务来为企业融资，有了租赁物的担保既降低了融资风险，又为科技企业发展提供了资金。各商业银行可从高新技术企业中选出一些科技水平高、发展前景好、商业信誉高的企业作为重点扶持对象。

9.4.3　推进创新融资方式

金融创新能力与服务企业绩效水平之间存在着明显的正向关系，提高企业的金融创新能力，能够全面有效提升企业实体经济能力。由于高新技术企业在发展过程中展现出了投入资金多、财务风险大、创收收益高及技术要求高等特征，因此，对融资方式提出了形式灵活、抵押担保方式转变、高风险承受能力等新要求，只有不断推进创新融资方式才能不断满足高新技术企业发展的融资需求。

1. 政府层面——知识产权质押融资创新

知识产权是高新技术服务企业最重要的无形资产。要实现知识产权质押融资创新，就必须拥有完善的知识产权体系，包括知识产权保护体系、知识产权交易体系、知识产权质押体系等。

1）建立完善的知识产权保护体系

知识产权保护不仅关系到高新技术企业的融资，也关系到高新技术企业的生存。建立多层次司法保护体系，同时运用行政制度和仲裁制度保护高新技术企业的知识产权。政府还应该发挥行业协会的专业作用，与行业协会一起，协调高新技术企业之间的知识产权纠纷。

2）建立完善的知识产权交易体系

制约我国商业银行等金融机构提供知识产权质押融资业务的一个重要原因，就是我国现在没有一个完备的知识产权交易市场。一方面，应该完善知识产权登记制度，建立起全国统一的知识产权动态信息数据库，以方便知识产权交易、知识产权质押、知识产权评估、知识产权维权等各方查询知识产权的归属状态、经营状态、市场价格等相关信息。另一方面，应该整合各地的知识产权信息交易平台，建立沟通机制，降低不同地区之间的知识产权交易成本。

3）建立完善的知识产权质押体系

虽然目前已有一些法律法规对我国的质押融资制度进行规范，但这些法律法规大多只适用于不动产质押及货物等有形动产的质押，对于版权、商标、专利等知识产权质押的法律法规并不完善。在现有《中华人民共和国物权法》、《中华人民共和国担保法》和《中华人民共和国著作权法》的基础上，我国应该对知识产权的许可制度、知识产权转让的条件、知识产权质押的范围、财产属性等进行修订和完善。

2. 企业层面——云融资模式创新

目前高新技术企业在融资方面的情况不容乐观，存在着融资双方信息不对称、风险与收益匹配度不高等融资障碍。对云融资模式进行创新，是高新技术企业进行的一种新型融资形式，其将大数据平台与数字经济相结合，不仅中和了现有融资模式存在的缺点，还能够降低企业融资风险，拓宽融资渠道，以达到降本增效的融资目标，实现高新技术企业对云融资模式的有效运用。

云融资，如图 9-1 所示，是企业在融资方面的一个新突破，企业能够利用自身的优势条件，通过云融资平台，将融资需求者与融资供应者的信息进行匹配，充分发挥内源融资与外源融资的优势，实现企业低成本、高效率获得所需资金的目标。

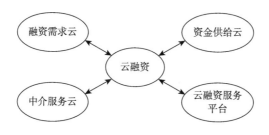

图 9-1　云融资平台

1）云融资平台简介

高新技术企业中存在许多中小型企业，而中小型企业由于资产规模有限、信用程度整体水平偏低等，经常被银行列入劣质贷款人名单中。但是中小企业在国民经济的发展之中起到重要作用，能解决大量就业人口，辅助地区经济发展，因此解决中小企业融资问题是非常有必要的。

第一，融资需求云。中小型科技公司作为资金需求大、周期短的企业，在资金缺口方面存在着不稳定性和时限性，随着研发的进一步深入，科技型企业可能需要更多的资金，而且资金的需求通常是不可预测的，因此中小型高新技术企业将在此模式中，发起融资需求，等待银行或者其他金融机构"接单"。与此同时，中小型高新技术企业也需要将自身的财务状况、经营水平和现金流等情况按时按量地汇报至平台之中，让金融机构及投资人能够对企业有一个理性的认识。

第二，云融资服务平台。云融资服务平台搭建的目的是让金融机构、个人和风险投资者能够与企业的资金需求进行对接。该平台能够将中小企业的信息集中进行发布，让外部的金融机构和个人风险投资者通过云融资服务平台对该地区的中小型科技企业有一个全面的了解和认识。此外，云融资服务平台的主体既可以由地方政府或者金融机构进行主导，也可以由个人或企业进行主导。

第三，资金供给云。资金供给云主要由独立投资、风投机构、天使投资和证券公司等一系列金融机构或个人组成。在传统的融资模式中，由于信息不对称、投资者偏见等问题，真正需要资金进行发展的中小企业往往面临着融资难和融资成本高的问题。云融资模式由于中小企业和云融资平台的同时存在，信息不对称的风险大大降低。同时，大量个人投资者的融入能够很好地缓解中小企业融资时限短、周期短等问题。由于个人投资主体对风险的把控能力有限，他们往往愿意通过短期的"过桥贷"来赚取中间的利息。

第四，中介服务云。注册会计师、保险机构、信用担保机构、咨询机构是中介云服务的主体。中介云服务主要是为了保证财务信息的质量安全。对于所有上传到云信息平台的中小型科技企业的数据情况，会计师事务所有义务进行尽职调查，金融机构将会根据其上传的数据判断公司的风险，并对企业进行走访调查取证等。风险控制是中介服务云最重要也是最核心的功能，在风险控制的基础之上，投资者和企业才能够实现真正意义上的资金对接。

2）企业应根据自身融资需求建立云融资体系

高新技术企业所处的融资环境较为多变，云融资模式需要对融资环境进行实时更新、主动适应，并对资金主体的信息进行全面了解，分析其融资成本与效率及所面临的风险大小。

第一，在企业种子期和初创期，一般都会面临暂时性资金短缺的问题，企业可以通过云融资平台、依靠企业的原始积累和股本等内部资源进行内源融资，也可通过实物抵押等私有云模式进行融资。

第二，在企业快速成长期和发展期可以通过外部云和公有云模式进行融资。

例如，依靠向银行等金融机构借款、申请风险投资等外部云融资模式。

第三，在高新技术中小型企业的成长过程中，企业应结合自身的发展特点与情况，选择一个适合自身发展现状的云融资模式，从而达到有效融资，保障企业平稳快速发展，加快企业壮大进程。

3）建立多元化的资源渠道，强化资金主体间的互动性

第一，企业可以根据自己的实际情况，选择合适的融资途径，使企业能够实现高效率融资。

第二，企业在云融资平台里，政府机构和中介机构等创新主体应主动发挥其主导性作用，积极与企业进行交流沟通，收集企业在融资环境中的信息反馈，进而做好查漏补缺。

第三，企业可以借助云融资平台，加强融资个体之间的沟通协作，建立一个多元化的资源渠道。该做法在一定程度上能够保障云融资模式实现高效低成本的融资，进而为不同时期的高新技术企业的融资提供帮助，使企业在满足资金需求的情况下快速发展。

9.4.4　充分发挥科创板作用

1. 政府层面

1）建立本地新创企业孵化基地

政府要积极扶持本地新创企业的孵化和成长，建立孵化基地，打造"双创"空间，构建产学研协同创新平台，做好大学、科研院校与创业企业的有效对接。并且要建立中小微企业的创业融资机制，繁荣风险投资市场，给小微企业雪中送炭。在资本市场的帮助下，帮助小微企业成长，只有获得足够的成长性，才能进一步利用科创板市场实现更大的发展。

2）建立科创板后备企业库

由金融监管、科技、国家发展改革委、工业和信息化等部门在本省现有高新技术企业中筛选一批符合科创板要求的企业，建立科创板后备企业库，尽快出台培育科技型企业综合性政策措施，扩大科技型企业群体，为科创板持续提供优质后备企业。鼓励中小企业直接融资，重点培育一批能力强、潜力大、冲劲足的企业与科创板进行对接，同时，还应鼓励中小企业设立研发机构，增强中小企业核心竞争力。

3）打造区域股权市场"科技板"

制定专项政策，支持地方股权交易所、地方技术产权交易所联合设立本省区域股权市场的"科技板"，吸引省内外优秀证券中介机构、科技服务机构重点针对科创板后备企业，提供股份制改造、技术创新能力提升、技术产权交易、发行私

募可转债、债务重组、资产清算等综合服务。与上海证券交易所建立紧密型信息、资源、服务对接机制，提升企业在科创板上市成功率。

4）强化落实财税支持政策

在地方政府贷款贴息、科技发展计划专项资金、中小企业发展专项资金、风险补偿资金等政策性扶持补贴方面，向科创板上市的后备企业倾斜，同时在引进创新人才、建设创新平台、配置重点项目等方面针对科创板后备企业建立"绿色通道"。

5）加大金融扶持力度

鼓励支持新兴产业基金、产业园区政府性引导基金设立政策性种子基金、天使基金，重点投资拥有核心技术和较大成长空间但短期营收、营利不显著的科技创新企业，弥补其早期融资能力的不足。支持各类投融资服务平台举办多元化科创板后备企业与金融机构对接活动，引导不同层次、不同类型的金融机构为企业提供创业投资、信用担保、信用贷款、财产保险等金融支持，满足企业上市过程中的投融资需求。

2. 企业层面

科创板帮助企业进行股权融资，能够发现和扶持最具成长性的企业，特别是高新技术企业。作为产业支持平台，它可以更高效地对接资本的供需双方，一边为创业企业筹得资金，获得发展，一边为投资者提供更具成长性的投资机会。高新技术企业应该主动作为，借力科创板实现更大的发展。

1）明确科创板重点帮扶对象

科创板主要支持的对象类型是具有高端技术、节能、环保的高新技术新兴产业，并推动大智移云①时代下智能制造的深度融合。从目前的政策来看，设立科创板的主要意义在于帮助那些专注于技术体系的长期投入，有核心技术竞争力、有产业技术储备、并能形成持续长期价值的公司，在某些条件还无法达到现有上市条件的情况下，打开新的融资通道，助推企业更快地发展。企业只有明确了自身定位，才能更好地利用科创板取得新的发展。

2）小微企业加快做大做强

我国小微型高新技术企业应该加快自身扩张速度与发展速度，通过合并、联合等方式做大做强，抓住科创板时机，尽快达到上市条件取得股权融资。同时，小微型高新技术企业应该与股权投资机构建立良好关系，便于调整自身生产经营方向，以及把握上市条款及财政规章制度等，为实现企业早日上市打好坚实基础。

3）大中型成熟企业抓住机遇，争取上市

公司规模大、业务范围广、技术领先、产品成熟的科创型企业，应该把握机会，

---

① 大智移云，指大数据、智能化、移动互联网、云计算。

按照上市的要求完善公司规章制度,实现公司的模范运营,争取早日在科创板上市。并且应积极参与市政府有关部门主办的科创板政策宣讲会等一系列活动,通过深度解读科创板相关政策,进一步提升企业对科创板的认识,助力企业做大做强。

3. 金融机构

尽管科创板的落地对非银行金融机构的影响更直接,但对银行业的影响也不容忽视。银行要高度重视、提前布局,以把握这一资本市场的红利。

1)倒逼银行金融服务升级

我国银行的传统信贷服务模式仍未形成共担风险、共享收益的机制,科创板的设立在一定程度上倒逼银行业思考如何更好地服务新经济,加大支持科研基础设施力度,不断提升科技金融服务能力。一方面,科创板设立将进一步引导银行从关注企业营利、实物抵押物的审贷模式,向判断企业科创能力的审贷模式转型;另一方面,科创企业的知识密集型、行业差异化特征又将促进银行充分利用金融科技手段,加强数据整合运用和专业团队建设能力,升级风控系统,进一步降低风险成本。此外,科创板的推出还会倒逼银行大力开拓在线会计和报税、在线进销存、订单管理、供应链金融、企业员工个人金融服务等增值产品线。

2)部分银行支持科创走在前列

目前已有不少银行认识到服务科创企业的重要性并积极布局,走在同行业前列。综合来看,银行业支持科创企业主要从两个方向着手,一方面,针对高新技术企业开发金融理财产品,尽可能地覆盖高新技术企业的生命周期;另一方面,尽量在横向上囊括科技企业可能产生的任何金融需求。

3)机制保障提供"源头""活水"

科创板制度的陆续落地,将推动科创企业发展开启新篇章。

第一,银行支持科创企业应做好三方面的机制保障。一是加大金融科技领域的资金投入,充分利用科技手段,加强数据整合运用和专业团队建设能力,升级风控系统。同时,设立科创金融专家库,由高校专家、中介机构、科技类企业高管组成,进一步夯实专业化风险控制水平,降低风险控制的成本。二是针对科技金融专营机构和人员实施信用贷款管理与考核评估机制,主要考核科技贷款的贷款结构、期限、金额数量及科技创新成果,考虑适度提高科技贷款风险容忍度。三是进一步厘清协调机制,畅通信息沟通渠道,达到信息共享,提高科创类企业的沟通效率,加强对科技创新企业提供持续的金融服务。

第二,商业银行成立与企业对接的专业团队。商业银行应整合总行投行中心、同业战略客户部、分行投行部及证券子公司等经营单位,确定专人负责,组成专家团队,对科创类企业客户进行对接,主动了解和跟踪其上市需求,做好咨询服务和牵线搭桥工作,为科创板提供"源头"。推动子公司积极做好准备,研究设立以科创板上市企业为投资标的的基金，为科创板提供"活水"。

9.5　全面提升物流服务企业绩效的建议措施

近年来，我国物流业企业整体经营绩效有所改善，物流市场集中度持续提升，经历了粗放型物流—系统化物流—电子可视化物流—智能物流的演变过程。但在我国物流行业的发展过程中还存在以下问题：物流企业成本不断增加，税费负担沉重；公路运输交通环境有待改善，操作费用高，物流仓储地价高；物流企业融资渠道少，融资成本高，劳动力成本持续上升，业务熟练的员工流失率高，这些问题都对我国物流业企业的资产负债率产生了影响，进而影响其绩效。

对此，本节从加快物流行业国有企业混改、构建智慧物流体系、优化物流供应链金融及推进无车承运人发展方面提出以下建议。

9.5.1　加快物流行业的国有企业混改

国有企业中存在内部人控制、委托代理问题，国有企业行为使国有资本运营效率很低。为了解决这个问题，有必要引入非国有资本，进行混合所有制改革，以最终实现国有企业的可持续发展。

1. 政府层面

1）加快国企混合所有制改革专项立法建设

法律条文明确界定政府介入的范围，明确政府的过度介入惩戒措施，真正的"政企分开，政资分开"。法律法规可进一步消除非国有资本在国有企业混合的弱势群体意识，使资本自愿组合，形成一个良好的混合所有制改革的参与机制。

2）完善国有企业混合所有制改革的政策体系

各级国资委应该针对国有资本投资和运营公司完善资本监管制度，提高国有资本的管理效率和管理领域，对国有企业的细分行业不再干预；明确国有资本投资和运营公司的各种细分行业监管职责，保证国有企业投资行为合理化。

3）促进国企分类改革优先进行

对于完全竞争领域的业务市场，应按照市场规律进行国有资本控股、参股。国有资本应该绝对控制每个细分行业的业务在国家战略中的位置，并建立相应的利益共享机制。同时各产业领域的细分，应该将方针政策的发展及行业的发展趋势联系在一起。

2. 企业层面

1）股权激励

为了解决经营层和骨干专业技术人员与企业的长期捆绑问题，实现利益与风险的一致性，建议制定员工持股制度，实现员工持股。但考虑到股市波动大，且员工普遍收益不高，难以在员工持股中完全出资，建议在混改后以增发方式，面向包括公司经营层、骨干专业技术人员在内的激励对象发行限制性股票。这样将有利于国有企业吸引、激励和保留优秀人才，激发关键人才主人翁意识和创新热情。因此，许多国有企业将包括员工持股在内的股权激励视为混改的必要步骤，并将员工持股、社会资本引进与原有国有股份一并称为国有企业混改的"铁三角结构"。

另外，我们总结所参与的国有企业员工持股与股权激励案例，提出以下国有企业股权激励模型，将国企股权激励归纳为十个问题。

股权激励是混改过程中比较有难度的部分，也是企业关键人才最关注的部分，需要方案制订者充分发挥专业能力和聪明才智，制订有针对性的方案，才有可能得以实施并获得实效，如图 9-2 所示。

图 9-2　企业股权激励模型

2）治理规范化

第一，明晰治理层与经营层权责。项目以权责分配表的形式，在治理层和经营层之间明确了企业所有重大事项的权责，并对每一事项在董事会层面的决策程序与原则做了规定。在此基础上全面放权经营层，为其承担经营责任创造条件。

第二，加强董事会决策执行。一方面，通过股东会、董事会和监事会议事规程，充分发挥其具有的战略掌控权、财务监控权和人事任免权，以保证公司始终处于正确的经营轨道上；另一方面，增加提案管理、会议管理、信息管理和决议督办管理等执行性文件，让董事会决策执行在法理层面得到保障。

9.5.2　构建智慧物流体系，推进产业转型升级

智慧物流，如图 9-3 所示，是基于互联网、物联网、人工智能、云计算等信息技术的应用，可与传统物流机械化、自动化、标准化相结合，以满足个性化需求，能够有效地支持其他商业创新，实现高效、绿色、安全的物流发展。智慧物流逻辑架构可以简化为 technology（技术）—decision（决策）—application（应用）三层架构。具体来看，包括技术层（提供基础功能支持）、决策层（确立智慧升级模式）、应用层（呈现具象发展形态）。其系统主要包含以下几个重要组成部分和关键维度，即自动物流、产品智能、智能交通系统和物联网及自组织物流。

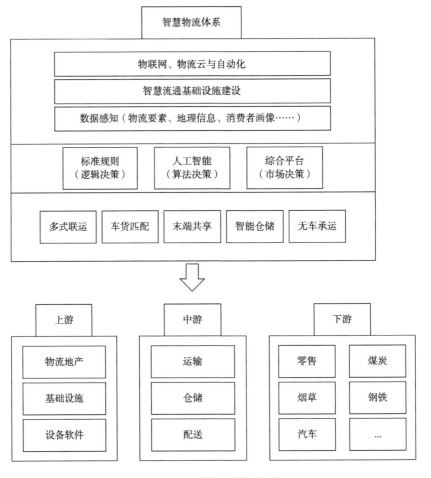

图 9-3　智慧物流体系架构

智慧物流的发展主要包括信息技术的建设，通过在物流业中应用各种先进

的信息技术，实现采购、运输、仓储、配送等，并通过各种传感器、RFID（radio frequency identification，射频识别）技术、GPS（global positioning system，全球定位系统）和自动化物流设备等，实现物流的自动化、可视化与智能化，以此解决物流业运营成本持续增加、人力成本高等问题，进而提升物流业企业绩效，将"汗水物流"转变为智慧物流。对此，提出以下建议。

1. 政府层面

对政府而言，智慧物流体系的建设需要政府等多部门联合，给物流业高质量发展提供保障，通过"补短板""降成本""增效益"等措施加快建设以"互联网+物流"为特征的智慧物流业链，全面推动物流业的转型升级。

1）补智慧物流短板

由于物流业还存在基础设施空间布局不平衡、物流标准不统一、行业创新动力不足、运营管理模式落后等短板，政府部门应充分发挥新一代信息技术对智慧物流发展的驱动作用，科学合理地规划物流枢纽，建立智慧物流骨干网，强化数字物流基础设施，推动物流基础设施建设；加大力度推动物流技术创新，建立信息共享平台，改善物流基础设施设备，发展"互联网+车货匹配""互联网+合同物流""互联网+货运经纪""互联网+库存管理"等新模式、新业态。

2）促物流业转型升级

智慧物流能够将制造、采购、电子商务、配送、仓储等产业各环节有机联系起来，实现物流业链各节点资源的优化配置，使物流企业随时掌握市场需求动态，实现对物流业的精细化、动态化管理，推动物流业转型升级。建立开放共享的物流信息平台和智能终端，简化物流信息传递过程，深度挖掘物流资源，打破信息孤岛和信息不对称，使物流业组织结构更加扁平化、丰富产品内容、升级物流服务，提升物流效率，降低物流成本。

3）增加物流业产业效益

第一，政府部门通过将智慧物流与消费需求对接，使企业精准掌握当前服务需求、预测未来市场走向，同时为企业向消费者提供小批量服务和私人定制服务创造条件。这不仅能大大提高物流企业经济效益，还能显著提高一个地区、一个国家的经济效益和社会效益。

第二，政府部门应充分发挥智慧物流"增效益"的作用，围绕医药、生活用品、邮政、食品等民生领域发力，让人民群众拥抱智能物流时代、共享智能物流生活，为构建智慧物流业链营造良好环境。

2. 企业层面

对企业而言，部分大型物流企业对智慧物流已有初步理解，但大型物流企业在进行信息化建设的过程中也常遇到决策周期长、进度缓慢、预算超支等问题。同时，对于中小型物流企业而言，智慧物流似近实远，概念的意义远大于实际意义。因此，积极促进物流企业实施智慧物流的方法亟待提出。

对于中小型物流企业而言，企业持续生存的核心是营利，缺乏对物流信息化的建设意识，以及无力投入物流信息化建设。对此，中小型物流企业应转变智慧物流思想，依托与大型物流企业的合作从而实现共同发展。

第一，中小型物流企业全员必须树立智慧物流现代思想，智能升级中小物流企业设施设备。中小型物流企业通过不断更新观念，通过与大型物流企业的联盟，体验智慧物流的"甜头"以此达到思想观念的转变。同时，通过"以大带小"等方式，让大型物流企业帮助中小型物流企业智能升级物流设施设备，实现"以大带小"的商业模式。

第二，建立物流企业战略联盟，重组中小物流企业业务流程。中小企业在建设自身物流品牌的同时，应与其他大型物流企业建立物流业务合作关系，形成战略联盟以弥补功能单一和分散的缺陷，从而构建物流竞争优势。

第三，中小型物流企业应利用政府或核心企业公共信息平台进行智能决策与优化，整合公司内外资源，达到降低成本提高实效的目的。

9.5.3　优化物流业供应链金融

供应链金融已成为供应链研究的热点话题。供应链金融不同于以往的物流金融。已有的仓单质押融资、合同质押融资和信用融资等传统物流金融模式，有效地利用了中小物流企业的动产质权，进行比例融资或杠杆融资，但往往因为责权利不统一而造成质押物过度货损。同时，核心企业难以自证信用使得金融风控过严和风控成本过高，无法达到供应链金融服务实体经济、高效低价推进中小微企业融资且可以控制金融风险的综合目标。因此，我们建议企业利用大数据和物联网支撑供应链金融、结合"区块链+供应链金融"应用于实际业务；建议金融机构积极发展供应链金融业务、推进反向保理及供应链金融资产证券化。

1. 企业层面

1）利用大数据和物联网支撑供应链金融

第一，受安全保护且能共享的第三方大数据和云服务可以形成穿透全供应链真实信息的信用平台；支撑闭环供应链万物互联的物联网则可以精准控制全链资源的实时监控与自动匹配；基于人工智能的资金闭环则能够低成本、高效率地实现机器授信与智慧风控功能。因此，更多中小微物流企业则需要更多依赖不直接涉及投资企业收益的大数据模式，来增强供应链各环节的征信和风控能力。

第二，利用大数据和云服务技术为供应链金融赋能，整合供应链第三方支撑数据与业务服务功能，将更好地让物流业供应链金融为供应链创新与应用服务。

2）结合"区块链+供应链金融"应用于实际业务

物流企业在实际业务中应当做到"供应链金融与区块链技术天然契合"，核心企业将信用穿透顶部和底部的产业链，大大提高小微企业融资效率，降低融资成本。

2. 金融机构层面

1）积极发展供应链金融业务

银行应围绕核心企业和上下游关系大力发展供应链金融业务，促进供应链金融发挥功能作用，在降低中小企业、小微企业融资成本的同时，形成健康、完善的供应链金融业务体系，形成良好的供应链金融生态环境。

2）推进反向保理及供应链金融资产证券化

反向保理以企业供应链为核心，进口的资信企业向中小出口企业提供保理服务。该方式特别适用于供应链财务管理意识和合作程度高的物流企业。在保理过程中，上游供应商应进一步加强金融支持，选择稳定安全的核心企业进行保理服务。

9.5.4　推进无车承运人发展，积极探索降税措施

由于无车承运人拥有较强的低成本扩张能力，能够快速扩大其在货运市场的辐射范围，促使企业在更大范围内整合资源，提高物流效率，推动物流业转型升级，解决物流业难以取得增值税专业发票等税务问题，从而改善企业资产负债率，提升企业绩效。

1. 政府层面

1）健全税收制度

第一，政府要全面健全税收制度，充分考虑物流企业现实情况，加大减税降费力度，落实现有税收政策。尽管政府提出实施更大规模的减税降费力度，将交通运输业现行的10%的税率降至9%，但相比"营改增"前后物流业税率上升8个百分点而言，交通运输业增值税率的降低并不能抵消"营改增"带来的税负增加问题。因此，政府应当继续推进物流行业减税降费政策，将物流业增值税降低到6%及以下才能解决"营改增"对物流业税费的影响。

第二，扩大物流业进项抵扣项目。税务部门可以根据物流企业发展情况适当加大进项税抵扣范围，如将保险费、租赁费等纳入进项税抵扣范围。

第三，剥离物流业务中的特殊业务，实行差异化税率政策。例如，政府部门

可将物流业的"货物运输服务"从"交通运输服务"中剥离，对其采用较低税率。同时，针对特殊物流业务设置特殊税目，针对不同业务进行不同税率纳税，建立物流业差异化税率体系。最后，对中小型物流"精专"企业进行专项补助，助力物流业发展。由于中小型物流企业在重庆较多，政府应设置"精专"物流企业、"小巨人"物流企业标准，并对其进行专项补助，扶持中小物流企业，避免税负增加给企业正常经营带来的不利影响。

2）推进无车承运人发展

第一，政府应积极实施无车承运人相关税收政策。以重庆为例，重庆市政府将利用江苏和河南的先进经验，创新税收管理理念，充分考虑货车司机分散独立的特点，推进无车承运人增值税扣除的实施；税务机关应利用先进的信息技术，加强对运输业务真实性的验证，扩大在线税务服务，降低试点企业的税负。

第二，政府需要加强对试点企业运营的监控，加强试点企业风险体系的建设。政府部门应定期公示试点公司异常率情况，并与保险部门协调信息；完善无车承运人运输管理体系，明确无车承运人运营管理责任制度，创造良好的发展环境。

3）新物流业发票代开平台

第一，政府应协助建立物流业代开发票平台。大型互联网物流平台与发票代开平台结合，可直接通过发票平台上的用户信息、自动发送发票申请、开具发票、接收发票等。

第二，政府部门应结合交通运输行业的特殊情况，制定一个更简单、用户友好的支持系统。由于货车司机的受教育水平较低，而发票服务系统运作相对复杂。简单易用的系统可以减少用户的操作错误，解决无法顺利取得通行费电子发票等问题。

2. 企业层面

1）建立无车承运人生态链

第一，在推进无车承运人方面，大型的无车承运平台企业应大力主攻生态建设，打通产业链，在油品、ETC、维修等领域加强布局，为长期取得合理合规的进项打开大门。

第二，对于区域性无车承运人或小型传统三方物流企业，由于资金没有那么雄厚，完成不了自行打通生态建设的任务，这类企业应该与现有的平台合作，享用平台的互联互通、资源的优势互补，共建生态，共享价值利益链。

2）减轻无车承运人平台企业税收负担

无车承运人平台企业可以成立分公司或使新公司到低税负地区（如重庆市黔江区），在所得税方面，不仅可以解决销售收入增加、费用项目不足问题，还可以通过合理分流利润，降低所得税税负。同时由于低税负地区一般为老少边地区，这些地区对企业的税收扶持政策多，无车承运人平台企业注册到低税区，就可以享受当地一定比例的财政扶持奖励政策。

3. 金融机构层面

1）打造专属中小微物流金融服务

按照传统的银行贷款服务制度，由于中小微物流企业缺乏抵押担保品，其贷款方式及规模受到限制。因此，金融机构可专注于小微物流金融服务的新金融平台，找准企业资产端定位，并以此为着力点，通过前沿科技的加持，不断强化对小微物流企业的金融服务能力，通过创新"物流贷"等方式，打造专属中小微物流金融服务的融资方式。

2）构建贷款风险控制体系

金融机构除了大力扶持物流企业开展融资贷款以外，也要创新其贷款风险控制体系，通过叠加互联网大数据、公开商业数据、第三方合作伙伴的用户数据和交易数据、第三方信用机构的数据等大数据技术实现风控的严密把控。

通过直接减负降税及联合无车承运人的模式，物流业将实现在线资源的充分配置、线下物流的高效运营及车辆等零散物流资源的集约整合和科学运输，优化物流市场结构，规范业务流程，促进物流业转型。

第10章 助推服务业转型升级的配套措施

我国已进入服务业加快发展的重要时期，服务企业的转型升级是当前推进服务业快速发展的重点工作之一。针对我国服务业的资本结构问题，本章认为，在上述重点行业重点政策建议的基础之上，各类服务企业和各级政府部门应进一步加强协作，补充、完善相应的配套措施，进一步减轻服务企业的融资压力。对以旅游服务为代表的高杠杆服务企业，加快降低资产负债率的步伐；对以物流服务、高新技术服务为代表的较低杠杆企业，进一步减少融资壁垒，减轻企业融资压力。因此，在企业、政府、银行等金融机构、行业协会各方共同努力的同时，服务企业资本结构的优化和绩效的提升，还需要以下一系列助推服务企业转型升级的配套措施。

10.1 加强服务业基础设施建设

我国服务业已经走到全面快速发展、规模持续扩大、传统产业加快转型升级、新兴产业蓬勃兴起的发展时期。相应地，其基础设施建设也成了重中之重。

10.1.1 积极探索基础设施建设路径

长期以来，基础设施建设几乎由政府独家经营，造成了建设速度慢、负债包袱重、大量资本被闲置或低效运行等情况。为进一步提升服务型企业绩效，基础设施建设必须走投资多元化、运营市场化、管理科学化的道路。

1. 充分利用现有土地资源

政府应全面实行基础设施建设用地公开招标、拍卖和挂牌交易出让，充分利用存量建设用地，以入股、联营、租赁等形式进行投资开发，逐步建立起基于竞争的"收购、整理储备、出让"机制对基础建设土地进行市场化经营，实现土地资本化和城镇建设资金的良性循环。

2. 多形式盘活现有基础设施

政府应采取灵活多样的形式改变现有基础设施建设经营机制，实行合资、独资及股份制形式的建设和经营，对于已建成的基础设施可以整体出售转让，由外资或民营企业经营，促进资产重新配置和优化组合，使基础设施建设在市场经济体制下快速健康发展。

10.1.2　改革基础设施投资管理体制

在服务业基础设施的投资管理上，政府需积极转变职能，完善市场准入制度和经营许可制度，对基础设施投资管理体制进行改革，从而进一步规范市场准入行为，同时鼓励社会资本加入，维护各方竞争者的公平权益，逐步使服务企业的基础设施投资管理机制多元化、合理化。

10.1.3　开放基础设施建设经营市场

我国服务企业经营市场有待进一步完善，具体包括融资机制的完善、政策的进一步开放和优惠等。在基础设施建设上，政府可鼓励更多的社会资本进入该领域，无论是独资、合资还是其他资本投入方式，都可参与城市市政公共事业等服务企业基础设施的建设。服务业基础设施建设经营市场的建设步伐，有待进一步加快。

10.1.4　逐步完善基础设施体系构建

基础设施建设必须与区域经济发展水平相适应，在布局合理、结构合理、协调发展的基础上，重点以旅游、物流、高新技术等产业为核心突破口，通过以点带面的方式，不断延伸，逐步建立起完善的区域基础设施体系，从而把各个高端服务行业联结为一个密不可分的有机整体，最终促进我国服务业进一步深化发展。

10.1.5 关注重点行业基础设施建设

1. 加强旅游业基础设施建设

1）完善旅游公共基础设施

旅游业的蓬勃发展离不开完善的公共基础设施建设，铁路、公路、游客集散中心等多类公共服务设施的建设可提升游客的服务体验，对地方经济发展的作用不容忽视。当前，在信息化的时代背景下，老旧的基础设施应逐步升级，向自动化、智能化过渡，为游客带来更深刻的体验。同时，还应加强对基础设施的维护力度，对于景区卫生、环境保护等方面，地方政府应予以应有的重视。

2）丰富旅游产品和服务

随着人民日益增长的精神文明需求，消费升级助力旅游产品和服务升级，同时，丰富文化和旅游产品及服务供给能够进一步创新业态和消费模式，推动旅游业的发展。

2. 加强物流业基础设施建设

1）加强交通运输基础设施建设

"经济强国，交通先行"，我国应进一步加强交通基础设施建设，建成公路、铁路、水路、航空等多种运输方式相互协调，合理布局，能力可满足我国服务业经济发展需要的现代交通运输网络；其主要表现为以国家建设投向和投资政策为导向，调整和完善交通发展规划，做好我国新一轮交通发展规划，进一步加大交通基础设施建设和投入力度；其主要包括加快交通重点工程建设、大力发展农村公路建设、加快客货运和物流设施建设，以此促进我国服务业经济健康、高效、绿色增长。

2）引入现代物流业基础设施理念

第一，通过及时引入现代化的物流管理思维、一体化的物流运营模式，从长远角度解决物流服务业绩效瓶颈。第二，加强物流中心信息化建设，通过依托大型物流园区、物流中心，开发和建设公共物流信息平台，促进资源的综合利用与整合。第三，合理利用区位优势，合理推进交通枢纽、港口等重点物流区域的建设和规划，切实从物流业增量不增质的外延式发展路径转变为服务质量优先、兼顾数量的科学发展路径，增加物流业对产业发展的边际贡献。

3. 加强高新技术服务业基础设施建设

1）加大公共物品设施投入

目前，由于基础设施的公共性和经济外部性特征，高新技术服务相关基础设施的投资方多为地方政府。随着高新技术服务业的逐步发展，其对公共物品设施、基础设施的依赖性越来越强，这也成为行业发展的外部硬件环境条件之一。

2）加强信息基础设施和信息服务网络建设

由于高新技术服务业对信息基础设施和信息服务网络的依赖性较强，加强信息基础设施和信息服务网络建设对加速高新技术服务业的发展具有不容忽视的作用。首先，在逐步完善信息基础设施和信息服务网络建设的过程中，地方政府应重视前期的统筹规划，根据高新技术园区的实际情况逐步建设。其次，对于信息基础设施和信息服务网络的共享，相关部门应进一步加强这方面的标准体系和法规建设，使得资源共享有法可依、有据可循。再次，数据安全是信息基础设施和信息服务网络建设工作过程中的重中之重，对企业自身而言也相当重要，在园区规划时地方政府应提高数据安全意识，保障各类企业的数据安全。最后，相关的法治环境和政策体系也有待进一步完善。

10.2　提升服务业招商引资实效

随着世界经济快速发展及全球化进程加快，招商引资已逐渐成为一个地区发展经济的第一要务。我国每个历史时期的社会、政治、经济等背景都不同，这使得在每个不同阶段招商引资的发展呈现不同的特点。随着改革开放不断加大，各地政府通过建设开发区或新城的形式，有效地聚集了资金、技术、人才等要素，进一步提升服务业招商引资实际效率。

10.2.1　不断改进招商引资工作方式

目前，我国服务企业的招商引资已经取得了一定的成果，但招商项目的对接率和成功率仍然有待进一步提高。不断改进招商引资工作方式，既是企业与地方经济的需求，也是顺应市场变化和时代发展的必然需要。

无论是外资、民资还是国资，招商工作都应该将其视为重点对象，三大类资金齐头并进，借助招商引资，发展其他类型的新型服务业，如信息、中介、金融等业态类型。同时，招商引资工作方式的持续改进还需要进一步的机制支持。招商项目跟踪服务机制的引进和完善，对于地方加强招商项目的管理工作而言帮助较大。此外，地方政府还可通过激励员工等方式进一步促进招商引资工作方式的改进。

10.2.2　加快招商引资新型载体创建

产业园区作为招商引资的载体，对扩大利用外资、带动地方经济发展具有重要作用。因此，在改进招商引资工作方式的同时，还需要关注招商引资新型载体的创建。"引进来，走出去"的政策方针需要持续贯彻落实，而对于招商引资载体的规划也相当重要。相关部门应明确地方经济需求和城市转型升级需求，重视产业基础和空间布局，促进中外合作产业园区建立在具备区位优势的地方，逐步把招商引资新型载体创建成开放意识强、市场前景大的地方经济助推剂。

10.2.3　完善招商引资市场监管体制

市场秩序的完善离不开科学化、系统化的市场监管体制，完善招商引资市场监管体制是招商引资工作的重要基石。目前，由于我国中小微服务企业、个体户居多，违法经营、违规占地等行为层出不穷。相关部门应进一步履行监管职责，根据法律法规加强管理，对不法行为严厉打击，使监管部门维护市场秩序这一功能妥善发挥，为市场经营者打造一个公平公正、健康安全的市场环境。

10.2.4　加大招商引资对外宣传力度

招商引资工作的正常开展离不开恰到好处的宣传策划，各级政府及相关单位应进一步重视宣传工作，为招商引资工作打下坚实的基础。首先，各方主体应重视宣传策划工作，将招商引资工作的实施情况呈现在受众眼前。其次，各方主体应加强呼吁招商引资工作的重要性，对于未来目标和已完成工作进行宣传报道。再次，对于招商引资工作中的重难点问题，相关部门可进行专题报道，投放在政府官网、手机报或地方电视台、视频音频平台等媒介上。最后，注意招商引资工作的实时更新，对最新信息进行呈现，使得宣传工作跟上招商引资工作发展的步伐。

10.2.5　关注重点行业招商引资措施

1. 促进旅游业招商引资

1）围绕项目创新灵活多样的招商引资方法

由于旅游业自身的特殊性，各级单位应围绕旅游项目的自身特色，灵活多样地开展招商引资工作。首先，明确旅游项目的发展目标，依据旅游市场运作规律和宏观经济规律，引导招商引资工作，逐步完善相应的市场运作机制体系。其次，在遵循市场规律的基础上，深入了解不同旅游项目的不同特征，顺应市场，突出特色，将旅游项目的优势、特色之处呈现在外商与游客面前。最后，旅游项目的招商引资工作要因地制宜，注意地方群众对旅游项目的评价，同时根据评价与反馈逐步完善旅游项目的招商引资工作。

2）政绩引资与公众监督

从目前来看，城市要发展相关的旅游业首先应该考虑引进哪些项目和企业，但这些主要是由当地政府决定的，缺乏公众的参与和有效的建议及公众的监督。因此，大众积极参与到招商引资工作中来也是重中之重，大众的参与不仅能起到制约监督的作用，同时对招商引资工作的公正公开程度也有所助力。

2. 促进物流业招商引资

1）完善物流业信息系统

第一，构建物流信息系统。物流信息系统是联结外向型加工企业及第三方物流的信息中枢，物流中心应当实时掌控物流供应链的发展动态，获取实时物流信息，提高对物流过程的深入了解。完善的物流信息系统也有利于改善客户服务，提高企业自动化水平，降低操作人员的工作压力。

第二，发展保税物流电子商务。在物流领域建立互联网平台，不仅可以使上下游之间的关系更加协调、紧密，还可以促进商品信息流的运作，使得反应速度更快，对市场响应也更快。在完善的保税物流电子商务体系下，盲目生产的损失会有所减少，产品的质量也会有所提升，成本被进一步压缩，市场占有率扩大。另外银行也可参与进来，大大提高企业结算效率，形成一个金融业参与的物流供应链，这有利于延长物流业链，降低交易成本。

2）完善物流业产业结构

第一，在招商前期应充分了解本地的资源优势，或如何确立招商优势，产业结构一旦建成，以后的招商引资工作就要围绕其进行。

第二，招商引资同社会发展现状、经济条件等众多因素具有直接的关联。在具体工作落实之前，政府必须了解当地的经济状况，根据本地现存的产业结构状况，通过产业招商调整当地产业链，促进产业的优化升级。

第三，招大引强——产业园区的项目引进必须以产业链为前提，只有形成产业链，园区才能形成竞争力。产业园区的工作重心应放在大项目、好项目上，对于优质项目，政府在制定优惠政策时可以适当倾斜。针对企业长远规划，运用针对性强的优惠政策增强优质企业的进园投资欲，以好项目带动相关配套产业落户园区，使得园区初具规模后形成产业链和产业聚集效应，最大限度上弱化同一产业链上其他产业所受影响，进一步提高招商引资工作效率。

3）加强招商项目管理建设

第一，构建招商项目评价体系。提升招商人员对项目的评估意识，在项目评估准备工作阶段应当熟悉招商项目内容；在项目评估中应当利用招商人才，聘请业内资深专家进行综合评估，保证项目的科学性、可行性，注重招商项目的质量，聘请多方专家参与项目论证，从中择优。此外，物流正逐步向绿色过渡，企业不能仅仅局限于经济效益，物流相关业务对生态环境的影响也应得到更多的重视。

第二，建立重大项目建立机制。引进"互联网+物流""绿色物流"等重点项目，优化产业链，提高现代物流业的辐射范围。无论是在用地规划还是项目审批上，各级单位都应考虑市场规律和地方产业的发展，以长远目光追求重大项目的可持续发展。

3. 促进高新技术服务业招商引资

1）制定产业发展规划

第一，立足特色产业优势，打造具备地方特色的产业体系。

第二，瞄准战略性新兴产业。促进战略性新兴产业和传统产业双轮驱动发展，鼓励招引战略性新兴产业。

第三，以科技创新驱动为先。提升科技研发水平，与省内外高校和科研机构建立密切联系，为创新发展提供智力支持。

第四，坚持低碳生态可持续。按照生态可持续发展要求，推动产业的持续性发展。

2）聚焦产业区内企业

第一，做强企业龙头。重点支持开发区内龙头企业的培育和发展，通过合资、联合、并购等方式增强资本实力，扩大经营规模。同时要利用龙头企业在主导产业领域的带动力及其资源优势，并不断向产业链的上下游两端延伸。

第二，做精行业标杆。紧紧围绕主导产业，挖掘潜力、拉高标杆，建立现代企业制度。大力培育行业单打冠军、隐形冠军，占据国内乃至国际细分领域制高点。加速孵化小微企业，对于市场前景大、创新能力一流的企业进行重点培育。

10.3 完善服务业监管体系建设

为促进服务业健康快速发展，政府各部门要创新服务业监管理念，形成统一高效的服务业综合市场监管与专业科学的行业监管的协调配合。

10.3.1　树立先进监管理念，促进政府职能转变

政府部门要摒弃传统监管理念，树立依法依规、独立专业、程序透明、结果公开的现代监管理念。在监管工作中，原本与行业挂钩的监管工作应该加强适应性，逐步向功能性监管过渡，原本分散的多部门监管应该加强协同效应，逐步向综合监管过渡。此外，政府监管要有法可依，相关的法规应该向社会大众公开。

10.3.2　打造综合监管平台，完善政府监管体系

政府部门要建立以高效统一的综合市场监管为主、专业科学的行业监管为辅的服务业整体监管模式。根据服务业市场监管体制，各行业内部建立适合本行业发展的监管模式，以服务业综合市场监管协调机构为重点理顺综合市场监管与行业监管的关系。

在综合市场监管层面，建议政府部门建立统一权威的综合市场监管协调机构，统筹监管资源，提升市场监管，尤其是发挥特殊服务业领域监管的有效性。同时，依托大智移云等新技术，促进数据共享与效率提升。

在行业监管方面，建议相关部门联合各行业协会根据本行业发展特点，量身打造相应的监督机制，考虑各行业的自身特征与发展需求，帮助行业实现发展目标。

10.3.3　加强数据公开共享，创新智慧监管方式

监管方式的创新离不开新技术的支持，信息化水平的提升对加强数据公开共享工作刻不容缓。政府相关单位与部门应该重视大数据，坚持以数据为核心，加强数据公开共享，将数据贯穿至工作的上下游，实现无缝对接。同时，在信用管理的监管工作上，也应进一步加强数据公开共享工作。公众信息平台的建设是为了使监管数据公开共享，因此，可通过公众反馈、与公众进行交流，减少信息不对称程度，相关部门在提升自身服务水平的同时也能提升监管效率。

10.3.4　培养专业管理人才，提升服务监管水平

政府部门要提高服务业监管队伍及监管能力的要求，建议国务院进行全国各城市服务业市场监管队伍试点；探索监管部门预算管理新模式，下放人事管理权，在预算约束的前提下允许监管部门自主聘任服务业监管技术人才。

10.3.5 关注重点行业发展，完善监管体系建设

1. 完善旅游业监管体系

1）树立旅游全过程监管理念

相关部门在对旅游活动前的监管中，应提前制定相关预防机制，在对旅游活动结束后的监管工作中，应更加注重旅游者的反馈与投诉，对于发生的事件认真调查审慎处理，改进监管思路。

2）规范旅游业监管工作

政府要进一步健全综合立法，对法律规定进行细化，通过制定完善与《中华人民共和国旅游法》相配套的细则法规，在立法中对旅游业的业务范围进行细分，对旅游服务人员的职责进行界定；对我国各地进行有针对性的分类立法，对症下药设立旅游细则，分别设定不同的标准来进行分化管理，以达到因地制宜的效果。

3）落实政府及相关部门监管责任

政府在履行监管职责的同时应注重监管权力的合理配置，厘清旅游业监管主体的责任清单，多方监督制衡，防止权力的滥用；科学划分好中央与地区旅游业监管主体的权限范围，合理处理好中央监管部门与地方监管部门的关系，实现中央适度集权与地方适度分权。

4）转变传统旅游监管手段

政府部门要适当放松经济性监管手段，强化社会性监管手段；在旅游业政府监管手段行使过程中，应当由原来的强制性监管手段向非强制性监管手段转变；政府在严格依法监管基础上，充分运用大数据技术创新出符合我国国情及旅游业实际的行政监管手段，使旅游业监管更加公开、透明。

2. 完善物流业监管体系

1）完善各类运输方式的相关法律法规体系

在公路运输中，不断完善相关的法律法规，不断实现公路的设施、各类运输管理及工具等一体化，不断完善各类处罚制度，逐步地建立起相关的等级处分的监管依据；在水路运输中，不断梳理和完善相关的法律法规，逐步地实现水路运输过程中的各个要素的一体化，对于《航运法》要不断完善及快速出台，从而为水路运输提供更有效的管理依据；在铁路运输建设中，要不断以《铁路运输安全保护条例》和《中华人民共和国铁路法》作为基准，对于原有的各类设备及相关的人员要不断地进行完善和提升，遵守各类规章制度，使政府能够更有效地进行监管。

2）建设物流业标准化体系

政府部门对制定的相关法律必须明确指出物流标准的推广和实施单位，并在

特定的时间段内，在特定的行业内，员工必须强记物流标准，从而提高工作效率；物流业监督管理部门应针对所提示的物流服务差、投诉多的公司进行整治，对违纪行为进行公开批评，促进现代物流企业实行诚信为本、顾客为上的经营理念，进而创造出高效完好的市场秩序。

3）提高物流中介机构行业监管职能

中介机构要能够很好地管理整个现代物流业，从而实现运筹帷幄、正常经营、设定规则、监管市场和保证市场健康持续发展；能够借助目前的条件和资源，扩大行业的经营范围，优化产业升级，从而能够很好地全面统筹整个现代物流业的健康发展。对于中介机构，政府部门也应该给予充分的支持和帮助，及时监管和引导其发展。

3. 完善高新技术服务业监管体系

1）加大高新技术服务业监管力度

国家各部门要加强战略层面的综合协调，领导小组要在宏观协调和统筹集成方面发挥主要作用，妥善处理各部门行政自主和国家宏观协调之间的关系，打破封闭格局；站在宏观角度对高新技术企业的发展进行统一规划和部署；此外，要站在监管政策顶层设计的高度，对我国的科技管理体系进行改革，使其早日走向规范化、法治化。

2）加强高新技术服务业知识成果监管

科研机构、高等院校、政府相关部门要加强知识产权保护和监督管理力度，重视培育和拓展本国知识产权产品市场，创造和保护本国产品的市场需求。

10.4　引导服务业人才队伍培养

服务业健康有序发展离不开企业人才队伍建设，然而，我国服务业人才断层现象明显，基层人员不受重视，各类高端人才紧缺。服务企业的人才队伍培养问题，已经成为企业绩效提升、产业转型升级的重点话题。为进一步加强服务型企业人才队伍建设，引导服务业人才队伍培养，企业、政府及相关部门可以通过以下多种方式进行。

10.4.1　搭建人才成长平台，积极营造组织氛围

企业应积极营造能够吸引、激励人才的组织氛围，提供让人才充分发挥出能

力与水平的机会和舞台。企业决策者应打破论资排辈的人才晋升传统，根据所承担的项目设立项目部、工作室、事业部等创新型机构，给予优秀年轻一代更多机会。同时，不断搭建、完善人才成长平台，引导企业年轻员工的职业发展。

10.4.2　完善人才发展服务，加速人才成长进程

企业要建立起帮助人才快速成长的服务体系，为人才学习和发展提供资源、方法、专业人员和机制保障。人才发展服务建立在人才标准的基础上，必须依据人才标准建立相应的学习发展计划，才有可能产生实效。为加速人才成长，企业需要在关键岗位建立后备梯队，通过培训授课、行动学习、项目历练、轮岗培养等"训战结合"的方式，依据人才标准迅速丰富其知识，增加其历练，培养其潜能，以期人才为企业发展作出贡献。

10.4.3　重视职业发展轨迹，实施人才发展项目

在明确人才发展政策制度、提供人才发展专业服务的基础上，企业应有针对性地开展实施人才发展项目，在企业招聘工作前就做好对应岗位人才的职业发展规划。

第一，后备梯队和发展项目应针对可产生企业增量的批量岗位。后备梯队建设重点应放在最能影响业务增长的项目部经理、工作室主任和事业部总经理三个关键岗位上。

第二，积极促进内部人员广泛参与。后备人才培养过程需要公司内部人员广泛参与，尤其是公司决策层及各级经营单元负责人。一方面，公司决策、管理人员本身作为企业内部的杰出代表，参与其中才能真正起到师傅带徒弟的效果；另一方面，只有参与到培养过程中，才能充分了解人才培养体系、不断完善人才培养体系。

第三，坚持理论与实际兼顾，坚持训战结合。一方面，训战结合要求企业人才培养放在战略层面，把每一个战略动作都视为培养人才的良好机会。另一方面，企业应重视在关键事件中锤炼人才。察其言、观其行，激发其潜能，丰富其历练。

10.4.4　挖掘重点行业人才，关注人才发展规划

1. 引导旅游业人才培养

1）充分发挥政府引导

结合实际情况，认真做好旅游人才发展规划，旅游行政管理部门应根据文化

和旅游部的方针政策，落实人才强旅战略；在全面总结实施旅游业"十二五""十三五"人才规划的经验和成效基础上，结合未来旅游业的发展需求和目前的现实问题，编制出可操作性强且能真正指导未来五年我国旅游人才队伍建设的旅游人才规划；并能以规划为指导，认真实施，做好各类旅游人才的管理工作。

2）建立人才激励机制

企业应深化旅游业用人制度改革，建立健全人才选拔和激励机制，建立以市场为导向的激励机制，加强舆论引导，创造尊重旅游人才的社会氛围；形成公正、合理的人才选拔、晋升机制，以更好地调动旅游人才的积极性；加大旅游人才引进力度，建立旅游人才保障机制；加强旅游行业协会的机构建设和职能完善，以发挥其在旅游人才队伍建设中的积极作用。

3）完善市场化人才配置机制

企业应充分利用新媒体，建立旅游人才市场及网络平台，充分利用网络，搭建旅游人才网络视频的专用交流平台，建立旅游人才库，集求职招聘、新闻公告、培训教育、综合查询于一体，及时公布供求信息，定期发布旅游人才的流动情况；规范旅游人才中介机构和人才市场的设置和管理，营造公开透明、竞争有序、规范运作、恪守诚信的人才服务市场。

4）加强旅游人才培训力度

企业应加强旅游人才引进和培训力度，制定良好的制度，优化人才发展环境，引进和招聘高层次的人才，做好旅游人力资源开发的调研、分析、规划工作，推动旅游人力和人才资源的整体开发；转变旅游人才培训观念，将企业培训与院校教育和继续教育有机结合，企业可以派遣员工去高校或海外进行学习，提高员工的理论知识水平，并将培训与员工的个人需求结合起来，充分调动员工的学习积极性。

2. 引导物流业人才培养

1）建立人才培训基地，实施培训机制

对于物流企业而言，无论是大型物流企业还是中小型物流企业都渴望招纳"信息+物流+金融""信息+物流""物流+金融"等复合型人才，以实现企业更好更快发展。建立人才培训基地，通过专业化的培训机制解决物流信息化建设过程中决策周期长、进度缓慢、预算超支等问题。

2）加强现代物流人才供给

建议整合物流智力资源，开展政府与高校、企业与高校等不同领域的多方合作；建议在研究生教育、本科教育、职业技术培训三个层面支持高校和职校建设物流教育高地，培养不同层次的物流人才；扶持高校发展物流管理与工程学科，设立专项培训经费支持物流行业培训与职业资格认证。

3）人才培养以"师徒"形式针对性训练

物流管理专业人才培养基于现代学徒制可以从不同方面进行革新与升级。学校可以依据企业的实际要求，与企业联手制定全新的招生模式，在原有基础上不断扩大招生范围，改变传统的录取方式与考核内容。还可以根据技术人才的发展规律及工作岗位的实际需求，共同制订合理的教学方案及教学研究系统。学校与企业共同签订合作协议，学校的主要任务是对学生们进行相对系统的技能训练，组织他们进行专业知识的学习；而企业则通过"师徒"形式，根据实际培养方案对学生们进行针对性训练。

4）建立教学运行与质量监控体系

学校与企业共同建立教学运行与质量监控体系，严格监督学生们的整个学习过程。合作企业制定有针对性的管理模式，目的在于从根本上保证学生们的基本权益，还要根据具体学习内容给学徒安排合适的岗位；学校根据学生们边上班边学习的特点，不断完善教学管理与运行机制；试点院校要与合作企业共同实施考核评价，考核内容还包括学徒在岗位上完成任务的实际情况。

5）加强在职人员培训

关于在职人员的培训，可以借鉴发达国家或地区的实战经验。要求各物流企业上交相对应的培训费用，这笔费用的主要用处是设立培训基金对在职人员进行针对性培训。

3. 引导高新技术服务业人才培养

1）激励人才创新

加强政策引导作用，鼓励高新技术人才和高级管理人才创业，为海外归来的人才提供一些优惠政策；鼓励并引导对收入和分配制度进行改革，如高技术人才可以以自身技术或相关专利入股，进行股权激励等保障技术人员的利益并激励他们积极创新。

2）促进人才合理配置

对目前人事管理的不合理之处进行指正和改革，取消人才自由流动的地区或部门限制，促进高新技术人才的合理配置；构建规范的具有权威性和统一性的职业技术资格认证制度，保障技术人才的流动。

3）设立人才专项基金

政府需设立高新技术人才专项资金，补贴特定部门特定高新技术人才；通过税收来引导企业加强人才投入，坚持以人为本原则，促进科技人才开发与培养；积极鼓励高新技术企业投资人力资本，并将企业培训费用占利润比重作为企业所得税优惠的指标；对于一些需重点扶持的高新技术领域，政府需根据公司对不同技术人员层次给予的补助资金不同程度地抵扣企业税收，提高高新技术人才创新的积极性，促进技术引进、消化和吸收。

　　综上，加强服务业基础设施建设、提升服务业招商引资实效、完善服务业监管体系建设、引导服务业人才队伍培养等一系列配套措施可为政策措施的逐步落实保驾护航，使服务业转型升级过程中的政府、企业、行业协会、金融机构等各个主体，注意在各个方向、各个层面、各个主体上有所侧重，进一步加速服务企业绩效的提升和产业整体的转型升级。此外，在当前我国服务型企业发展的关键节点，各级主体还应注重软实力的提升，积极吸纳、借鉴国外发达国家的既有经验，创造百花齐放、百家争鸣的多元化发展环境。企业应更关注我国消费群体服务需求的转变，政府及相关单位应秉承协调多方利益的工作原则，从根本原因入手进一步改善整个服务业的经济环境，从多个环节用多种方式引导企业安排合理的资本结构，积极调节资产负债率水平，综合多方影响因素，共同助力服务企业绩效的全面提升。

参 考 文 献

曹廷求, 孙文祥, 于建霞. 2004. 资本结构、股权结构、成长机会与公司绩效. 南开管理评论, (1): 57-63.

陈耿, 周军. 2004. 企业债务融资结构研究——一个基于代理成本的理论分析. 财经研究, (2): 58-65.

陈辉, 顾乃康, 万小勇. 2010. 股票流动性与资本结构动态调整——基于时变的股票市场摩擦的视角. 金融评论, 2 (4): 90-102, 126.

陈良华, 吴凡, 王豪峻. 2019. 银行债务融资对创新投资效率的影响——基于沪深 A 股科技企业的经验证据. 东南大学学报 (哲学社会科学版), 21 (5): 34-44, 146.

陈维云, 张宗益. 2002. 对资本结构财务影响因素的实证研究. 财经理论与实践, (1): 76-79.

陈祥义. 2019. 独董制度对公司财务杠杆的影响研究. 会计之友, (23): 2-8.

陈晓, 单鑫. 1999. 债务融资是否会增加上市企业的融资成本? 经济研究, (9): 39-46.

陈治鹏. 2015. 我国中小企业负债融资对公司绩效影响的实证检验. 商业经济研究, (9): 90-92.

褚玉春, 刘建平. 2009. 债务融资对制造业经营绩效的影响效应研究——基于广义矩法估计的动态面板数据分析. 数量经济技术经济研究, 26 (9): 79-91.

戴金平, 江向阳, 罗荻. 2009. 我国上市公司资本结构决定因素的理论与实证分析. 上海金融, (4): 38-40.

邓建平, 曾勇. 2011. 金融生态环境、银行关联与债务融资——基于我国民营企业的实证研究. 会计研究, (12): 33-40, 96-97.

段伟宇, 师萍, 陶建宏. 2012. 创新型企业债务结构与成长性的关系研究——基于沪深上市企业的实证检验. 预测, 31 (5): 34-39, 46.

方颖. 2014. 我国交通运输上市公司债务融资的财务治理效应研究. 财会通讯, (30): 106-109.

房林林, 姜楠楠. 2016. 产品市场竞争、代理成本与资本结构动态调整. 大连理工大学学报 (社会科学版), 37 (1): 57-63.

冯根福, 吴林江, 刘世彦. 2000. 我国上市公司资本结构形成的影响因素分析. 经济学家, (5): 59-66.

冯建, 罗福凯. 2006. 我国公司财务杠杆总体水平实证研究. 财经科学, (1): 119-124.

宫汝凯, 徐悦星, 王大中. 2019. 经济政策不确定性与企业杠杆率. 金融研究, (10): 59-78.

顾海峰, 刘子栋. 2020. 高管薪酬激励、银行关联与企业资本结构偏离——来自 A 股上市公司的证据. 证券市场导报, (8): 40-50.

顾研, 周强龙. 2018a. 政策不确定性、财务柔性价值与资本结构动态调整. 世界经济, 41 (6): 102-126.

顾研, 周强龙. 2018b. 宏观经济不确定性、融资环境预期与企业杠杆. 金融评论, 10 (1): 11-27, 124.

郭鹏飞, 孙培源. 2003. 资本结构的行业特征: 基于中国上市公司的实证研究. 经济研究, (5): 66-73, 93.

郭雪萌, 梁彭, 解子睿. 2019. 高管薪酬激励、资本结构动态调整与企业绩效. 山西财经大学学报, 41 (4): 78-91.

郭泽光, 敖小波, 吴秋生. 2015. 内部治理、内部控制与债务契约治理——基于 A 股上市公司的经验证据. 南开管理评论, 18 (1): 45-51.

韩金红, 潘莹. 2021. 产业政策、产权性质与资本结构动态调整. 投资研究, 40 (3): 131-148.

韩廷春, 王宝玉. 2009. 影响中国企业资本结构因素的实证研究. 科研管理, 30 (3): 124-131.

韩云, 张云, 吕纤. 2020. "强制"的股利平稳性是去杠杆还是加杠杆——基于差异化分红监管政策的评估研究. 财贸经济, 41 (9): 86-99.

何靖. 2010. 宏观经济环境影响资本结构调整速度吗?——来自中国上市公司的经验证据. 南方经济, (12): 3-16.

贺康, 李盼盼, 刘巍. 2017. 股权集中度与资本结构动态调整研究. 南京审计大学学报, 14 (2): 49-57.

洪爱梅. 2011. 债务期限、债权治理和公司绩效的实证分析——基于我国电子类上市公司的经验证据. 财会通讯, (9): 110-111.

洪道麟, 熊德华, 刘力. 2007. 所有权性质、多元化和资本结构内生性. 经济学 (季刊), (4): 1165-1184.

洪锡熙, 沈艺峰. 2000. 我国上市公司资本结构影响因素的实证分析. 厦门大学学报 (哲学社会科学版), (3): 114-120.

洪艺珣. 2011. 宏观经济前景与资本结构动态调整——以中国上市公司为样本的实证设计. 厦门大学学报 (哲学社会科学版), (3): 88-95.

胡锋, 林冰茹. 2015. 货币政策对公司资本结构的影响效应研究——来自中国上市公司的证据. 山西财经大学学报, 37 (11): 27-40.

胡国柳, 黄景贵. 2006. 资本结构选择的影响因素——来自中国上市公司的新证据. 经济评论, (1): 35-40.

胡跃红, 郑震. 2005. 我国上市公司资本结构影响因素的实证分析. 统计与决策, (8): 103-105.

黄辉. 2009. 制度导向、宏观经济环境与企业资本结构调整——基于中国上市公司的经验证据. 管理评论, 21 (3): 10-18, 9.

黄辉, 王志华. 2006. 资本结构行业差异及其影响因素的实证分析——来自我国上市公司的经验数据. 财经理论与实践, (1): 67-72.

黄继承, 姜付秀. 2015. 产品市场竞争与资本结构调整速度. 世界经济, 38 (7): 99-119.

黄继承, 阚铄, 朱冰, 等. 2016. 经理薪酬激励与资本结构动态调整. 管理世界, (11): 156-171.

黄珺, 黄妮. 2012. 过度投资、债务结构与治理效应——来自中国房地产上市公司的经验证据. 会计研究, (9): 67-72, 97.

黄乾富，沈红波. 2009. 债务来源、债务期限结构与现金流的过度投资——基于中国制造业上市公司的实证证据. 金融研究，（9）：143-155.

黄世英，吴琼. 2015. 宏观经济环境、终极控制人与上市公司资本结构——基于系统广义矩估计的动态面板数据分析. 财会月刊，（8）：15-19.

黄文青. 2010. 我国上市公司债权融资的治理效应研究. 财经问题研究，（8）：69-72.

贾明琪，罗浩，辛江龙. 2015. CEO 背景特征对资本结构决策的影响——资本结构动态调整视角的实证分析. 科学决策，（8）：1-15.

江龙，宋常，刘笑松. 2013. 经济周期波动与上市公司资本结构调整方式研究. 会计研究，（7）：28-34，96.

江轩宇，贾婧，刘琪. 2021. 债务结构优化与企业创新——基于企业债券融资视角的研究. 金融研究，（4）：131-149.

姜付秀，黄继承. 2011. 市场化进程与资本结构动态调整. 管理世界，（3）：124-134，167.

姜付秀，屈耀辉，陆正飞，等. 2008. 产品市场竞争与资本结构动态调整. 经济研究，（4）：99-110.

蒋灵多，张航. 2020. 国有企业改制重组与企业杠杆率. 中南财经政法大学学报，（6）：13-24.

焦小静. 2021. 独立董事职业背景多元化与资本结构动态调整. 会计之友，（13）：106-112.

靳光辉，刘志远，黄宏斌. 2015. 投资者情绪与公司投资效率——基于薪酬激励与债务融资治理效应的实证研究. 当代财经，（3）：119-129.

金桂荣. 2016. 区域因素影响下我国上市公司资本结构动态调整研究. 中国软科学，（7）：125-133.

赖晓东，赖微微. 2008. 分位数回归方法在资本结构影响因素分析中的应用. 数理统计与管理，（2）：227-234.

李传宪，赵紫琳. 2020. 民营上市公司债务结构与企业绩效关系研究——基于债务多元化的实证检验. 会计之友，（4）：93-97.

李芳，郝晓雁，田苗俊. 2019. 股票流动性对资本结构动态调整的影响——基于 A 股上市公司的研究. 会计之友，（21）：152-157.

李飞，何敏. 2014. 行业特征与资本结构影响因素的实证研究. 会计之友，（25）：32-36.

李国重. 2006. 中国上市公司资本结构的动态目标调整：制度特征导向. 会计研究，（12）：68-75，96.

李娟，杨晶晶，赖明勇. 2020. 金融市场化促进了企业部门结构性去杠杆吗？——来自中国制造业企业的证据. 财经研究，46（10）：33-47.

李世辉，雷新途. 2008. 两类代理成本、债务治理及其可观测绩效的研究——来自我国中小上市公司的经验证据. 会计研究，（5）：30-37.

李寿喜. 2007. 产权、代理成本和代理效率. 经济研究，（1）：102-113.

李爽，裴昌帅. 2019. 经济政策不确定性与资本结构非线性动态调整. 财经论丛，（1）：43-51.

李维安. 2000. 制定适合国情的《中国公司治理原则》. 南开管理评论，（4）：1.

李心愉. 2000. 财务杠杆效应研究. 中国统计，（9）：13-15.

李洋，吕沙. 2013. 上市公司债务融资效应的实证检验——基于多样化效应的关联性. 金融与经济，（8）：66-71.

李义超，徐婷. 2020. 企业创新与杠杆率动态调整关系实证研究——创新效率视角. 科技进步与对策，37（7）：87-94.

李云鹤，李湛. 2011. 自由现金流代理成本假说还是过度自信假说？——中国上市公司投资——现金流敏感性的实证研究. 管理工程学报，25（3）：155-161.

李朝霞. 2003. 影响中国上市公司融资结构的主要因素分析. 数量经济技术经济研究，（10）：5-12.

李志军. 2011. 我国上市公司资本结构影响因素的实证分析. 统计与决策，（15）：150-152.

林爱杰，梁琦，傅国华. 2021. 数字金融发展与企业去杠杆. 管理科学，34（1）：142-158.

林慧婷，何玉润，王茂林，等. 2016. 媒体报道与企业资本结构动态调整. 会计研究，（9）：41-46.

林晚发，刘颖斐. 2019. 信用评级调整与企业杠杆——基于融资约束的视角. 经济管理，41（6）：176-193.

林毅夫，李周. 1997. 现代企业制度的内涵与国有企业改革方向. 经济研究，（3）：3-10.

凌鸿程. 2018. 分析师跟踪与资本结构动态调整. 财经论丛，（7）：60-69.

刘金全，艾昕. 2020. 经济政策不确定性视角下宏观杠杆的调控效应及其策略选择. 改革，（3）：74-84.

刘莉亚，刘冲，陈垠帆，等. 2019. 僵尸企业与货币政策降杠杆. 经济研究，54（9）：73-89.

刘啟仁，黄建忠. 2016. 产品创新如何影响企业加成率. 世界经济，39（11）：28-53.

刘清江. 2009. 公司债券融资与银行债务治理效应的实证分析. 开放导报，（5）：93-97.

刘胜强，刘星. 2011. 上市公司负债水平对企业 R&D 投资的影响. 科技进步与对策，28（11）：87-90.

刘思，吴迪. 2019. 高管薪酬与资本结构动态调整——基于我国 A 股上市公司的经验数据. 会计之友，（16）：57-65.

刘晓光，刘元春. 2019. 杠杆率、短债长用与企业表现. 经济研究，54（7）：127-141.

刘晓光，张杰平. 2016. 中国杠杆率悖论——兼论货币政策"稳增长"和"降杠杆"真的两难吗. 财贸经济，（8）：5-19.

刘星，蒋水全，付强. 2015. 制度环境、政治关联与资本结构调整——来自民营上市公司的经验证据. 华东经济管理，29（5）：40-45.

刘行，赵健宇，叶康涛. 2017. 企业避税、债务融资与债务融资来源——基于所得税征管体制改革的断点回归分析. 管理世界，（10）：113-129.

柳松. 2005. 资本结构的公司特征影响因素及其评价模型——来自中国上市公司的经验证据. 华南农业大学学报（社会科学版），（2）：53-60.

卢斌，曹启龙，刘燕. 2014. 融资约束、市场竞争与资本结构动态调整——基于产业异质性的研究. 产业经济研究，（3）：91-100.

陆玉梅，王春梅. 2011. R&D 投入对上市公司经营绩效的影响研究——以制造业、信息技术业为例. 科技管理研究，31（5）：122-127.

陆正飞，何捷，窦欢. 2015. 谁更过度负债：国有还是非国有企业？经济研究，50（12）：54-67.

陆正飞，辛宇. 1998. 上市公司资本结构主要影响因素之实证研究. 会计研究，（8）：36-39.

罗如芳，周运兰，潘泽江. 2015. 债务融资结构对财务绩效的影响研究——以我国民族地区上市公司为例. 会计之友，（10）：64-69.

罗韵轩. 2016. 金融生态环境、异质性债务治理效应与债务重组——基于中国上市公司的实证研究. 会计研究，（3）：43-49，95.

雒敏, 聂文忠. 2012. 财政政策、货币政策与企业资本结构动态调整——基于我国上市公司的经验证据. 经济科学, (5): 18-32.

吕长江, 韩慧博. 2001. 上市公司资本结构特点的实证分析. 南开管理评论, (5): 26-29.

吕长江, 王克敏. 2002. 上市公司资本结构、股利分配及管理股权比例相互作用机制研究. 会计研究, (3): 39-48.

吕长江, 徐丽莉, 周琳. 2004. 上市公司财务困境与财务破产的比较分析. 经济研究, (8): 64-73.

吕峻, 石荣. 2014. 宏观经济因素对公司资本结构影响的研究——兼论三种资本结构理论的关系. 当代经济科学, 36 (6): 95-105, 125-126.

吕明晗, 徐光华, 沈弋, 等. 2018. 异质性债务治理、契约不完全性与环境信息披露. 会计研究, (5): 67-74.

吕炜, 高帅雄, 周潮. 2016. 投资建设性支出还是保障性支出——去杠杆背景下的财政政策实施研究. 中国工业经济, (8): 5-22.

马草原, 朱玉飞. 2020. 去杠杆、最优资本结构与实体企业生产率. 财贸经济, 41 (7): 99-113.

马君潞, 周军, 李泽广. 2008. 双重代理成本与债务治理机制的有效性——来自我国上市公司的证据 (1998-2006). 当代经济科学, (3): 92-100, 127.

马力, 陈珊. 2013. 我国新兴中小企业债务融资治理效应研究——以创业板上市公司为例. 南京审计学院学报, 10 (6): 1-9.

马文婷, 蒋先玲, 俞毛毛. 2021. 数字金融发展能够降低企业杠杆率吗? 西南民族大学学报 (人文社会科学版), 42 (11): 101-110.

麦勇, 胡文博, 于东升. 2011. 上市公司资本结构调整速度的区域差异及其影响因素分析——基于 2000~2009 年沪深 A 股上市公司样本的研究. 金融研究, (7): 196-206.

梅波. 2009. 债务类型的公司治理价值效应实证研究. 山西财经大学学报, 31 (12): 84-91.

闵亮, 沈悦. 2011. 宏观冲击下的资本结构动态调整——基于融资约束的差异性分析. 中国工业经济, (5): 109-118.

聂文忠, 雒敏, 茅宁. 2017. 股票市场发展与公司资本结构动态调整. 南京社会科学, (4): 44-51.

牛冬梅. 2011. 制造业上市公司债权治理效应的实证分析. 财会月刊, (9): 61-63.

彭熠, 徐业傲, 徐国锋. 2014. 企业债务融资财务成本效应、治理作用与绩效反应分析. 中央财经大学学报, (1): 64-71.

邱永辉, 石先进. 2017. 企业最优资本结构的影响因素研究. 经济与管理研究, 38 (8): 105-114.

上官绪明. 2016. 影响我国中小企业资本结构的因素研究——基于生命周期理论的分析. 上海经济研究, (3): 96-103.

邵希娟, 崔毅. 2000. 企业风险与杠杆效应. 山西大学学报 (哲学社会科学版), (4): 57-59.

沈红波, 张广婷, 阎竣. 2013. 银行贷款监督、政府干预与自由现金流约束——基于中国上市公司的经验证据. 中国工业经济, (5): 96-108.

盛明泉, 丁锋, 谢睿. 2021. 多个大股东并存与资本结构动态调整. 会计之友, (15): 17-23.

盛明泉, 戚昊辰. 2014. 高管薪酬差距与资本结构动态调整研究. 商业经济与管理, (12): 32-38.

盛明泉, 张春强, 王烨. 2016. 高管股权激励与资本结构动态调整. 会计研究, (2): 44-50, 95.

盛明泉, 张敏, 马黎珺, 等. 2012. 国有产权、预算软约束与资本结构动态调整. 管理世界, (3): 151-157.

盛明泉,章砚. 2015. 股票流动性对资本结构动态调整速度的影响. 财经问题研究,(11):85-91.

盛明泉,周洁,汪顺. 2018. 产权性质、企业战略差异与资本结构动态调整. 财经问题研究,
    (11):98-103.

宋献中,吴一能,宁吉安. 2014. 货币政策、企业成长性与资本结构动态调整. 国际金融研究,
    (11):46-55.

孙巍,耿丹青. 2021. 市场冲击、资产配置与债务融资——兼论后疫情阶段制造业复苏背景下的
    "稳杠杆". 当代经济科学,43(2):27-35.

孙巍,耿丹青,董恺强. 2021. 市场冲击、企业负债水平与"去杠杆"的政策选择. 西安交通大
    学学报(社会科学版),41(1):16-28.

孙铮,刘凤委,李增泉. 2005. 市场化程度、政府干预与企业债务期限结构——来自我国上市公
    司的经验证据. 经济研究,(5):52-63.

谭小芬,李源,王可心. 2019. 金融结构与非金融企业"去杠杆". 中国工业经济,(2):23-41.

唐国正,刘力. 2006. 公司资本结构理论——回顾与展望. 管理世界,(5):158-169.

唐洋,宋平,唐国平. 2014. 企业生命周期、债务融资与企业绩效——来自我国制造业上市公司
    的经验证据. 财经论丛,(11):49-56.

田侃,李泽广,陈宇峰. 2010. "次优"债务契约的治理绩效研究. 经济研究,45(8):90-102.

童年成. 2010. 上市公司资本结构影响因素分析. 商业研究,(10):136-140.

童盼,陆正飞. 2005. 负债融资、负债来源与企业投资行为——来自中国上市公司的经验证据.
    经济研究,(5):75-84,126.

童勇. 2004. 资本结构的动态调整和影响因素. 财经研究,(10):96-104.

汪勇,马新彬,周俊仰. 2018. 货币政策与异质性企业杠杆率——基于纵向产业结构的视角. 金
    融研究,(5):47-64.

汪玉兰,窦笑晨,李井林. 2020. 集团控制会导致企业过度负债吗. 会计研究,(4):76-87.

王娟. 2019. 商业信用融资对股价崩盘风险的影响——基于债务治理效应视角. 经济与管理评
    论,35(3):108-119.

王娟,杨凤林. 2002. 中国上市公司资本结构影响因素的最新研究. 国际金融研究,(8):45-52.

王连军. 2018. 金融发展、财务柔性与公司去杠杆——来自我国上市公司的经验研究. 当代财
    经,(6):50-62.

王韧,李志伟. 2020. 货币政策操作类型差异与制造类公司的杠杆响应机制变化. 当代经济科
    学,42(3):80-91.

王晓亮,邓可斌. 2020. 董事会非正式层级会提升资本结构决策效率吗? 会计研究,(8):77-90.

王新奎. 2019. 高质量的内部控制能促进国企去杠杆吗——兼论国家审计监督的调节效应. 会
    计之友,(24):94-98.

王艳辉,王晓翠. 2007. 我国上市公司债务结构与经营绩效的实证研究. 山西财经大学学报,
    (S1):134-135.

王运通,姜付秀. 2017. 多个大股东能否降低公司债务融资成本. 世界经济,40(10):119-143.

王朝才,汪超,曾令涛. 2016. 财政政策、企业性质与资本结构动态调整——基于 A 股上市公
    司的实证研究. 财政研究,(9):52-63.

王朝阳,张雪兰,包慧娜. 2018. 经济政策不确定性与企业资本结构动态调整及稳杠杆. 中国工

业经济，（12）：134-151.

文芳. 2010. 产权性质、债务来源与企业 R&D 投资——来自中国上市公司的经验证据. 财经论丛，（3）：71-78.

巫岑，黎文飞，唐清泉. 2019. 产业政策与企业资本结构调整速度. 金融研究，（4）：92-110.

吴非，刘嘉文，常曦. 2020. 地方产业政策与企业杠杆率：促进还是抑制. 广东财经大学学报，35（6）：17-31.

吴敬琏. 1994. 什么是现代企业制度. 改革，（1）：17-34.

伍中信，张娅，张雯. 2013. 信贷政策与企业资本结构——来自中国上市公司的经验证据. 会计研究，（3）：51-58，96.

武力超，乔鑫皓，陈玉春，等. 2016. 资本结构对企业绩效影响的新证据——基于产品市场竞争程度的研究. 金融论坛，21（8）：62-80.

武力超，乔鑫皓，韩华桂，等. 2017. 公司治理对企业资本结构动态调整速率的影响. 经济与管理研究，38（8）：94-104.

肖坤，秦彬. 2007. 我国上市公司债务融资治理效应研究. 经济问题，（3）：113-115.

肖明，张静亚，常乐. 2016. 自由现金流、公司治理与资本结构动态调整. 财会月刊，（12）：14-19.

肖味味. 2019. 制度环境、资本结构调整速度与研发投入. 中国注册会计师，（12）：35-39，3.

肖作平. 2003. 资本结构影响因素：理论和证据. 证券市场导报，（6）：58-63.

肖作平. 2004a. 资本结构影响因素和双向效应动态模型——来自中国上市公司面板数据的证据. 会计研究，（2）：36-41.

肖作平. 2004b. 资本结构影响因素和双向效应动态模型——来自中国上市公司面板数据的新证据. 经济评论，（2）：98-103.

肖作平. 2009. 制度因素对资本结构选择的影响分析——来自中国上市公司的经验证据. 证券市场导报，（12）：40-47.

肖作平，廖理. 2007. 大股东、债权人保护和公司债务期限结构选择——来自中国上市公司的经验证据. 管理世界，（10）：99-113.

肖作平，吴世农. 2002. 我国上市公司资本结构影响因素实证研究. 证券市场导报，（8）：39-44.

谢辰，应惟伟，彭梓倩. 2019. 高管薪酬与资本结构动态调整. 经济评论，（1）：121-132.

谢周亮，周素华. 2021. 数字金融是否推动了企业去杠杆——基于沪深 A 股上市公司的证据. 会计之友，（23）：23-29.

解维敏，方红星. 2011. 金融发展、融资约束与企业研发投入. 金融研究，（5）：171-183.

邢天才，袁野. 2013. 我国上市公司资本结构决定因素的实证研究. 宏观经济研究，（2）：34-40，55.

徐晟，张勇，李雨. 2012. 股票流动性对公司资本结构的影响研究. 投资研究，31（2）：132-143.

颜景金. 2015. 通信服务业上市公司资本结构对公司绩效影响的实证研究. 河北大学硕士学位论文.

杨广青，丁茜. 2012. 行业特征、创新战略与资本结构——基于跨层次模型的实证研究. 经济管理，34（6）：45-53.

杨楠. 2014. 创业板高新技术中小企业资本结构的影响因素分析. 暨南学报（哲学社会科学版），36（3）：136-143，164.

杨兴全. 2004. 企业债务融资结构与公司治理. 审计与经济研究，（4）：54-57.

杨兴全，陈旭东.2004. 负债融资契约的治理效应分析. 财政研究，（8）：53-56.

于博.2017. 技术创新推动企业去杠杆了吗？——影响机理与加速机制. 财经研究，43（11）：113-127.

于博，刘洪林.2017. 研发投资与上市公司杠杆率动态调整. 上海经济研究，（7）：49-59.

袁春生，郭晋汝.2018. 货币政策变化对企业资本结构动态调整影响研究——来自中国上市公司的经验证据. 宏观经济研究，（7）：19-32.

袁卫秋.2006. 上市公司债务期限结构与经营业绩关系的实证研究. 河北经贸大学学报，（4）：73-81.

曾海舰.2010. 宏观经济因素与公司资本结构. 暨南大学博士学位论文.

张斌彬，何德旭，张晓燕.2020. 金融科技发展能否驱动企业去杠杆？经济问题，（1）：1-10，69.

张博，韩亚东，李广众.2021. 高管团队内部治理与企业资本结构调整——基于非 CEO 高管独立性的视角. 金融研究，（2）：153-170.

张琛，刘银国.2013. 债务的公司治理效应——基于现金流代理成本的考察. 经济与管理评论，29（3）：55-62.

张广婷，洪佳萍，金晨.2020. 货币政策对中国民营企业的影响——基于资本结构动态调整的视角. 复旦学报（社会科学版），62（3）：169-177.

张锦铭.2005. 债务融资的治理效应：理论分析与实证检验. 山西财经大学学报，（6）：124-129.

张亮亮，黄国良.2013. 管理者超额薪酬与资本结构动态调整. 财贸研究，24（5）：148-156.

张鸣.1998. 财务杠杆效应研究. 财经研究，（5）：58-63.

张维迎.1999. 中国股票市场存在什么问题？港澳经济，（7）：49-50，52-53.

张蔚虹，陈长玉.2011. 基于财务杠杆效应的企业负债融资决策分析. 西安电子科技大学学报（社会科学版），21（3）：90-94.

张一林，蒲明.2018. 债务展期与结构性去杠杆. 经济研究，53（7）：32-46.

张兆国，何威风，闫炳乾.2008. 资本结构与代理成本——来自中国国有控股上市公司和民营上市公司的经验证据. 南开管理评论，（1）：39-47.

张志强，肖淑芳.2009. 节税收益、破产成本与最优资本结构. 会计研究，（4）：47-54，97.

章砚，盛安琪.2018. 高管持股激励对资本结构动态调整速度的影响. 财会通讯，（26）：34-37.

章之旺，吴世农.2006. 财务困境成本理论与实证研究综述. 会计研究，（5）：73-79，96.

赵冬青，朱武祥.2006. 上市公司资本结构影响因素经验研究. 南开管理评论，（2）：11-18.

赵芮，曹廷贵.2022. 数字金融发展有助于企业去杠杆吗. 现代经济探讨，（1）：71-82.

赵兴楣，王华.2011. 政府控制、制度背景与资本结构动态调整. 会计研究，（3）：34-40，94.

赵兴楣，杨小锋.2010. 国有控股与资本结构动态调整. 会计之友（下旬刊），（5）：76-78.

赵玉珍，张心灵.2011. 债务治理与公司经营绩效关系的实证. 统计与决策，（6）：151-152.

郑长德，刘小军.2004. 我国上市公司资本结构行业差异的实证分析. 西南民族大学学报（人文社科版），（9）：48-53.

周菲，赵亮，尹雷.2019. 去杠杆的路径选择：财政去杠杆还是金融去杠杆？——基于企业部门的分析. 财政研究，（2）：75-90.

周三深.2009. 资本结构对公司绩效影响的研究——基于 2007 年沪深两市 A 股上市公司的研究. 科学技术与工程，9（5）：1379-1382.

朱佳俊，王敏. 2018. 库存去化周期、股权激励与资本结构动态调整. 财会通讯，（30）：95-98，129.

朱乃平，孔玉生. 2006. 我国高科技上市公司债务结构治理效应的实证研究. 商业研究，（22）：71-74.

邹萍. 2015. 货币政策、股票流动性与资本结构动态调整. 审计与经济研究，30（1）：74-82

Altman E I. 1984. A further empirical investigation of the bankruptcy cost question. The Journal of Finance，39（4）：1067-1089.

Basana S R，Tandarto T，Soehono C. 2020. Capital structure determinants in property and real estate company in 2013 to 2018. SHS Web of Conferences，76（3）：1-9.

Czerwonka L，Jaworski J. 2021. Capital structure determinants of small and medium-sized enterprises：evidence from Central and Eastern Europe. Journal of Small Business and Enterprise Development，28（2）：277-297.

Daskalakis N，Balios D，Dalla V. 2017. The behaviour of SMEs' capital structure determinants in different macroeconomic states. Journal of Corporate Finance，46：248-260.

Gunardi A，Firmansyah E，Widyaningsih I，et al. 2020. Capital structure determinants of construction firms：does firm size moderate the results？ Montenegrin Journal of Economics，16（2）：93-100.

Kokeyeva S. 2019. SMEs capital structure determinants：empirical evidence from Kazakhstan. Financial Sciences. Nauki o Finansach，24（3）：13-22.

Lisboa I. 2017. Financial crisis and capital structure determinants：a study of portuguese listed firms. Economy and Business，11（1）：481-498.

Modigliani F，Miller M H. 1963. Corporate income taxes and the cost of capital：a correction. The American Economic Review，53（3）：433-443.

Robichek A A，McDonald J G，Higgins R C. 1967. Some estimates of the cost of capital to electric utility industry，1954—1957：comment. The American Economic Review，57（5）：1278-1288.

Šarlija N，Harc M. 2016. Capital structure determinants of small and medium enterprises in Croatia. Managing Global Transitions，14（3）：251-266.

Stefania M，Fabrizio M，Francesco P. 2018. Capital structure determinants in family firms：an empirical analysis in context of crisis. International Business Research，11（4）：65-83.

Titman S，Wessels R. 1988. The determinants of capital structure choice. The Journal of Finance，43（1）：1-19.

附录（一）

关于重庆市企业资产负债率与企业绩效情况的访谈记录

访谈时间： 2019 年 7 月

访谈地点： 重庆旅游投资集团有限公司

访谈对象： 公司财务部部长

访谈目的： 聚焦企业的负债融资现状，了解企业的运营情况、营利能力及战略方向，总结企业在调节资产负债率及安排资金结构上面临的主要问题或挑战。并考察企业如何评价现有的相关优惠政策体系，以及现阶段对债务融资与相关政策制度的诉求。为获得相关一手资料，我们在重庆市进行了实地调查，与重庆旅游投资集团有限公司财务部部长见面并进行访谈，具体访谈记录以问答形式呈现如下：

1. 随着国家对服务业的日益重视和政策的不断调整，贵公司所在行业整体的发展情况怎么样？贵公司的业务和效益受到了什么影响？

旅游业受地理位置、环境资源等先天条件影响较大，重庆旅游资源较丰富多样，凭借特殊的地理环境和气候条件建成了一个世界文化遗产、两个世界自然遗产和四个国家级自然保护区等自然、人文景点。并且旅游业受社会环境、经济运行情况等宏观环境影响较大，随着我国经济的快速发展和国民消费水平的日益提高，重庆旅游业也进入一个高速发展时期。

公司目前先后整合开发了天坑、白帝城、张飞庙、金佛山、神龙峡、金刀峡、阿依河等景区，初步形成了"一心两带"的发展布局。并且，"黄金游轮"项目年游客接待量占长江三峡年游客总量的 1/3。此外，重庆旅投还打造了 J·W 万豪、两江酒店等 12 个中高档酒店，拥有近 400 个门店的国际旅行社，为重庆旅游建设做出了较大贡献。目前公司每年服务 1 000 多万名海内游客，已成功跻身全国旅游业集团 20 强。

2. 贵公司主要的负债融资方式是什么？为什么选择这些方式进行负债融资？贵公司怎样评价现有的负债融资结构？贵公司如何评价所在行业整体的负债

融资情况？

由于旅游业自身的特点，公司在发展的各阶段负债融资有所不同。重庆旅投原为重庆交通旅游投资集团（重庆交旅）的旅游板块，2006年市政府委托重庆交旅负责对全市重要旅游资源进行规划开发、建设和经营管理，在建设和管理公路资产期间，集团逐步向旅游板块靠拢，并升级为市属重点企业。2011年7月29日，集团下属全资子公司重庆旅游投资集团有限公司提升为市国资委出资的企业集团，重庆旅投正式成立。旅游项目的前期投入较大，资产负债率随项目投入的不断增大而提高，融资来源主要为银行长期借款和财政拨款。在经营期间，公司通过信用发债、短期流动贷款等方式偿还前期以土地、房产等固定资产向银行进行抵押而取得的长期借款利息。

目前公司资产负债率水平在73%左右，企业还本付息较为困难。在负债结构上，目前以短期的银行贷款为主。

旅游业整体负债率在75%左右，大部分在勉强维持运营。在银行借贷方面，银行等金融机构往往因不了解旅游市场实际情况而低估旅游项目的投资回收期，目前政府部门提出希望将旅游业资产负债率降至65%，实现这一目标很困难。

3. 您如何评价贵公司的资金周转情况？贵公司进行负债融资的时机是否与经营的淡旺季有关？目前的负债融资水平能否满足企业现阶段和未来发展的需要？为了实现公司的战略目标，贵公司认为更为理想的负债融资结构应该是怎样的？

旅游产品价格、景区门票价格受国家的宏观调控和限制，前期投入往往很难在短时间内收回，又由于企业权益融资有缺失，项目前期只有政府投入，项目后期政府给予的资金支持力度不够。企业目前总体来说资金周转较困难，公司也正在尝试用公司债券、短期融资券等其他方式进行资金周转。

公司进行负债融资的时机与经营的淡旺季有关，旅游业因企业业务存在旅游淡旺季差异而表现出季节性高额负债融资、季节性资金短缺等特征。

目前的负债融资水平不太能满足企业现阶段和未来发展的需要，我们希望适当降低企业资产负债率，创新多渠道融资，减轻企业债务负担，轻装上阵发展。

4. 请问目前贵公司的运营情况如何？如何评价当前形势下企业的营利能力和扩张能力？为了提升各个方面的财务绩效，贵公司未来可能会在负债融资方面落实哪些举措？在将来，企业的发展战略的重点是什么？

2016年公司景区业务收入达到3亿多元，2017年上半年，公司已实现景区收入1.71亿元。公司的营利能力在整个行业内算得上前几名，但公司每年纳税额就约占营业收入的20%，再加上大量的人力成本，约占营业收入的40%，到最后企业净利润实际上并不乐观，营利能力不算太好。

公司从2015年开始不断扩大经营业务，在重庆主城新建重庆两江酒店，逐步打造口碑酒店。同年成立全资子公司重庆仁义在线旅游业服务有限公司。2016

年，重庆旅投加速旅游项目投资开发与管理的脚步，金佛山天星国际温泉城打造完成，乐和乐都水上乐园正式开放，内蒙古师范大学佛学文化研究院金佛寺实践基地在金佛山金佛寺成立。2017 年，公司进一步优化子公司渝之旅公司和阳光国旅公司，将重庆旅投的全部股权无偿划转至重庆渝富控股集团有限公司，公司扩张能力较强。

公司目前逐步向轻资产发展，打算改变商业模式，迎合信息技术时代人们需求的新变化，重点着眼于智慧旅游，通过大数据服务平台实现消费方式的现代化转变，并且公司打算加快推广增值服务。例如，设计具备重庆旅游特色、川渝文化特征的文旅产品、文创产品，在各景点适当区域及电商平台进行推广销售，让外来游客走进重庆，把重庆带回家。

5. 请问贵公司在调节负债融资水平和优化负债融资结构上的主要挑战是什么？对此，贵公司有什么样的应对策略？贵公司认为金融机构和政府相关部门应该如何支持协作？

银行等金融机构的信用评级体系不完善、不灵活，对于旅游业的土地等资产的评估不到位，导致贷款审批困难。并且他们因不了解旅游市场实际情况而低估了旅游项目的投资回收期，即使有合适的债务融资渠道企业也难以在计划的时期内还本付息。政府落地的部分政策中对企业的优惠力度较小，相关补贴也并不能减轻企业的债务压力。

希望政府能推荐更多的土地等优质的自然资源，并且能加大优惠政策的支持力度，持续地对旅游业进行帮扶。银行等金融机构能够进一步完善信用评估体系和担保体系，帮助企业拓宽融资渠道。我们更希望政府及相关单位能进一步促进金融服务发展，为旅游项目贷款提供更灵活、更人性化的信用评估服务。

6. 请问贵公司目前享受了哪些财税优惠政策？对此，企业的负债融资情况在哪些方面有所改善？目前的相关政策能否满足企业自身发展基本需要？业内人士普遍对这些优惠举措如何评价？

公司目前享受的政策有《重庆市旅游发展总体规划》《长江三峡旅游金三角一体化发展规划》等，但相关政策不能满足企业自身发展基本需要。

目前旅游业税收方面仍存在较多问题。就行业总体来说，第一，旅游景区布局在区县的企业很难取得专票，专票具有抵税功能，因为资质等条件的限制，区县比主城更难取得专票。第二，优惠政策有缺失，相关政策落实不到位，力度不够，额度不足以填补资金缺口。第三，优惠政策不持续，无法帮助企业应对投资回收期过长的问题，并且由于营改增、国企走向市场化等变化，以前有的相关优惠政策目前已取消。第四，旅游业中与资产相关的税种较多，有些项目单税收就占到营收的 20%，纳税压力大。

我们希望税务相关部门能够更重视旅游企业的税收压力，同时更关注税收优惠政策的实际效果，积极推进税制改革。同时，也希望税务部门能够在税收筹划上为企业提供引导和咨询，在合法合理的前提下，进一步降低企业各个环节的税收压力。

7. 服务业在未来发展过程中，也会面临诸多的机遇和挑战，您如何看待贵公司所在行业的发展态势？您认为中国服务业发展可能会存在哪些难点和瓶颈？对此您有哪些建议？

我认为未来旅游业会呈多样化发展趋势，观光型旅游将向多样化发展，如休闲娱乐型、运动探险型等。并且旅游者多样的个性化需求对旅游基础设施的多样化提出了更高的要求。未来旅游也会呈大众化趋势。旅游不再是高消费活动而是作为日常生活进入千家万户。我国服务业发展存在严重的区域性失衡，东部地区服务业发展水平远高于西部地区。重庆旅游业发展水平也远低于其他较发达城市，这需要政府资金支持和政策支持，将发展重点移到中西部地区。并且服务业需要加快产业转型升级，带动其他产业发展，增加服务业就业人员。

附录（二）

关于重庆市企业资产负债率与企业绩效情况的访谈记录

访谈时间：2019 年 7 月

访谈地点：重庆浪潮云计算中心

访谈对象：重庆浪潮云计算中心负责人

访谈目的：聚焦企业的负债融资现状，了解企业的运营情况、营利能力及战略方向，总结企业在调节资产负债率及安排资金结构上面临的主要问题或挑战。考察企业如何评价现有的相关优惠政策体系，以及现阶段对债务融资与相关政策制度的诉求。为获得相关一手资料，我们在重庆进行了实地调查，与重庆浪潮云计算中心负责人见面并进行访谈，具体访谈记录以问答形式呈现如下。

1. 近年来，随着国家对服务业的日益重视和政策的不断调整，您认为服务业目前是否面临着巨大变革？行业整体的发展情况如何？企业业务和效益受到了什么影响？这些影响具体体现在哪些方面？

（1）我认为服务业目前面临巨大的改革。一方面，目前服务业领域的民营经济占比偏低，致使市场活力不足。因此，需要强化竞争政策的基础性作用以扩大民营经济在服务业领域的比重，从而激发服务业市场活力，提高效率。另一方面，在我国的产业结构当中以服务业为代表的第三产业增长相对较快，而推动整体经济发展的同时第三产业结构也出现了许多不合理的问题，因此供给侧结构性改革的目标之一是实现服务业转型升级。服务业供给侧结构性改革并不是单纯地对服务业产业结构进行简单调整，而是要实现服务业产业资源优化整合、供给与服务方式转变及生产方式改革等多方面目标。其本质在于促进服务业健康稳定发展，同时从供给侧与生产端入手优化服务产品供给、稳定服务市场、提升群众的生活质量，最终建立起现代化服务业。

（2）目前科技行业持续发展，IT 服务行业处于转型之中。数字技术的快速部署、工作负载加速向云端转移、智能手机的广泛使用等给传统的 IT 行业带来了巨大的冲击。对于 IT 服务商来说，市场正在转变为一种生态系统。提供商需要创新解决方案，并整合这些解决方案来解决客户面临的行业特定问题。

（3）企业业务方面，2018年我们公司顺应数字化转型的需求，围绕云+数，利用云计算、大数据、物联网、人工智能及区块链等新技术，全面加速升级管理软件产品和云服务，以浪潮云ERP作为企业转型升级的新动能，助力客户打造智慧企业；加快向云转型，推出PSCloud等云产品，为大中小微企业提供全面云ERP解决方案和服务。

（4）企业效益方面，我们公司面向大型企业市场，公司持续优化大型企业云服务平台GSCloud，加大推广财务云、人力云、采购云、协同云、差旅云、税管云、营销云等产品，发布EA企业大脑、企业智能型机器人EAbot，推动大型企业数字化转型。通过对浪潮天元通信的收购和业务重组，以及对软件外包业务进行转型调整，公司的管理软件业务覆盖行业和客户群得到进一步扩展。目前在国内已覆盖中国移动、中国联通、中国电信及中国铁塔的总部及各大运营商的31个省级子公司，报告期内，管理软件实现收入稳定增长。

2. 受信息技术迅猛发展及经济全球化的影响，我国服务业的整体负债融资水平也有了较大突破。然而与此同时，企业也面临着财务风险和融资成本过高而带来的巨大压力，负债融资结构的合理安排和优化成了推动服务业发展的重要前提。请问贵公司的负债融资水平如何？贵公司主要的负债融资方式是？为什么选择这些方式进行负债融资？贵公司怎样评价现有的负债融资结构？同类型其他企业的负债融资情况是否也与此类似？贵公司如何评价所在行业整体的负债融资情况？

（1）2018年我司的资产负债率为0.44，2017年为0.53，2016年为0.43。我司的主要负债融资方式为银行贷款，因为具备抵押贷款的能力，因此贷款速度快，贷款利率低。我司2016~2018年3年的资产负债率水平均在40%~60%，因此属于适宜的水平。

（2）同类型其他企业的负债融资情况与我司不完全类似，如金蝶的资产负债率在30%~40%，用友的资产负债率低于30%。此外，由于金蝶、用友公司无法达到满足银行抵押贷款的能力，因此难以通过银行贷款的形式进行债务融资。

（3）对于IT服务行业来说，如果缺乏政府的扶持及健全的信用评审制度，中小型企业要想通过银行贷款或者其他信贷的方式获得融资则比较困难，因此IT服务行业的企业的资产负债率均处于较低的水平。

3. 资产负债率不仅是企业在进行财务决策时的一项重要指标，其对企业各个业务部门的绩效和公司的整体发展也有着重要影响。根据现阶段的负债融资情况，请问贵公司的日常资金运作情况如何？负债融资是否会受资金流运作影响？具体体现在哪些方面？目前的负债融资水平能否满足企业现阶段和未来发展的需要？贵公司进行负债融资的时机是否与经营的淡旺季有关？为了实现公司的战略目标，贵公司认为更理想的负债融资结构应该是怎样的？

（1）2018 年我司的流动比率为 1.38，存货周转率为 26.5，应收账款的周转率为 8.2，总资产的周转率为 0.65，销售费用、管理费用和财务费之和占销售额的比例为 0.38。

（2）我司负债融资水平会受到资金流运作的影响。目前的负债融资水平能够满足企业现阶段和未来发展的需要，并且公司进行负债融资的时机与经营的淡旺季无关。

（3）我认为更理想的负债融资结构应该是股权融资的边际代理成本等于债务融资的边际代理成本。

4. 请问目前贵公司的运营情况如何？目前贵公司的发展水平处于什么阶段？如何评价当前形势下本企业的营利能力和扩张能力？为了提升各个方面的财务绩效，贵公司未来可能会在负债融资方面落实哪些举措？在将来，企业的发展战略的重点是？

（1）2018 年，本集团完成重组浪潮天元通信，合并后整体营业额为 2 442 616 000 港元，较上年增加约 24.3%。2018 年集团净利润创新高，本年度股东应占溢利约为 324 030 000 港元，相比上年同期营利增长 132.8%，公司目前处于稳步上升的阶段。

（2）2018 年我司营业额实现新高，较上年同期增加约 24.3%，可以看出我司的营利能力也在稳步提升；2018 年我司不仅完成重组浪潮天元通信，同时也与 Odoo 设立合资公司，推出首款开源云 ERP 产品 PSCloud，由此也可以看出我司具有一定的扩张能力。

（3）我们未来可能会进一步扩大负债融资的比例。

（4）中国经济将会稳中求进，预期随着新一轮国企改革和企业间重组的推进，以及云（云计算）、数（大数据）、物（物联网）、智（人工智能）等新技术的应用，将进一步激发企业高层决策者的信息化需求，我们预期整体软件及服务业仍将保持稳定的增长。除持续拓展管理软件业务之外，我们亦将密切关注市场上的并购重组机会。

5. 随着供给侧结构性改革的提出，国家继续积极推动"三降一去一补"，力图降低企业的融资成本。重庆市也陆续出台了相关政策性文件，进一步缓解企业融资压力。请问贵公司是否了解这些政策文件？目前的金融支持政策优惠给企业带来了哪些帮助？企业的负债融资情况在哪些方面有所改善？目前的金融支持政策体系能否满足企业自身发展基本需要？

我们对相关文件有一定了解，如重庆增值税、企业所得税、个人所得税优惠政策和重庆市 IT 行业企业贷款优惠政策。目前优惠政策中对我司帮助最大的是税收优惠政策，为公司带来一定程度上的税收减免，我司负债融资的利息也有所降低。我认为目前的金融支持政策体系能满足我司自身发展基本需要。

6. 现阶段，重庆市在服务业负债融资方面的金融支持政策优惠主要包括财政直接拨款、税收优惠、降费奖补、非不动产抵押贷款等方式。请问贵公司是否享受过这方面的政策优惠？业内人士普遍对这些优惠举措如何评价？政策优惠的实施力度是否有待加强？为了满足企业现阶段发展及实现未来战略，贵公司认为较为理想的金融支持政策体系应该包括哪些内容？

（1）我司有享受过这方面的优惠政策，但政策优惠的实施力度还有待加强。行业内获得优惠的企业评价较高，但也有部分企业表示获得优惠的资格难度较大。整体来说行业内享有政策优惠的企业不太多，部分审批要求有点过高。

（2）我认为理想的金融支持政策体系应该包括纳税辅导内容，可以帮助小规模、财务制度不健全的初创企业，建议提供针对性的纳税辅导，帮助企业用好、用足各项税收优惠政策。

7. 服务业在未来发展过程中，将面临诸多的机遇和挑战，您如何看待贵公司所在行业的发展态势？您认为中国服务业发展可能存在哪些难点和瓶颈？

中美贸易摩擦使得我国不敢轻易使用外国的软件，对本土软件公司来说是发展机遇；另外，供给侧结构性改革的背景下，无论是工业升级还是国有企业的混改，都是在强调效率，因此需要第三方 IT 服务商的支持和帮助。综上，对于 IT 服务行业来说，是一个发展较为明朗的态势。目前的服务行业由规模大、形式单一逐渐转变为规模小但总类多的形式，因此需要更多定制化的服务，将产品模块化，能让客户进行选择。

8. 那您认为在解决服务企业融资难题时，企业自身、金融机构、政府和行业组织间应该如何协调合作？

我认为政府要打造良好的营商环境；监管部门要坚持市场手段和行政手段"两手抓"，促进商业银行把源头活水引向企业；金融机构要坚持服务实体经济的初心，对各类企业一视同仁；对于企业来说，自身要加快转型、稳健经营。

附录（三）

关于重庆市企业资产负债率与企业绩效情况的访谈记录

访谈时间：2019 年 7 月

访谈地点：渝新欧（重庆）供应链管理有限公司

访谈对象：公司财务经理

访谈目的：聚焦企业的负债融资现状，了解企业的运营情况、营利能力及战略方向，总结企业在调节资产负债率及安排资金结构上面临的主要问题或挑战。考察企业如何评价现有的相关优惠政策体系，以及现阶段对债务融资与相关政策制度的诉求。为获得相关一手资料，我们在重庆进行了实地调查，与渝新欧（重庆）供应链管理有限公司财务经理见面并进行访谈，具体访谈记录以问答形式呈现如下。

1. 随着国家对服务业的日益重视和政策的不断调整，贵公司所在行业整体的发展情况怎么样？贵公司的业务和效益受到了什么影响？

渝新欧公司在全国中欧班列的运输行业中发展是较快的，从 2017 年 663 班一跃发展为 2018 年的 1 498 班，2019 年达 1 800 班左右，而且还是高质量地开行，在国内外的影响都比较大，因为我们是响应"一带一路"的号召，从事的"中欧"、"中亚"和"越南"国际铁路运输服务。从目前的情况看，公司整体的业务还是受到了全国各地中欧班列公司无序开行的影响，公司的收入也因其他公司的残酷"杀价"而有所降低，加上渝新欧主要是一个"平台"公司，目前的市场化程度还很低，所以暂时还谈不上什么效益。

2. 贵公司主要的负债融资方式是什么？为什么选择这些方式进行负债融资？贵公司怎样评价现有的负债融资结构？贵公司如何评价所在行业整体的负债融资情况？

公司目前负债融资方式还是质押贷款的方式，目前公司只向工商银行贷款 4 000 万元，上月已还款 500 万元，还余 3 500 万元。作为商业银行，也是企业性质，像我们这样的轻资产公司，银行要掌握到一定的质押物贷款才放心，这也可以理解。我们这样的平台公司，本身政策性就很强，目前主要是完成政治任务。同时，自己的资产也不是很多，目前各个商业银行对公司也不是很感兴趣，感兴趣的就是财政补贴拨款到账时的那段时间。目前公司的资产负债率达 76%，属于偏高的！主要还是因欠国际铁路沿线各代理商包括中铁公司的铁路运费所致！像公司这样的运行方式，对目前国内各"中欧班列"公司来说，基本上是一个普遍现象。随着财政部的"退坡"补贴政策的出台，国内各平台公司也包括我们在内，都在苦苦地寻求"市场化"之路，但这条路似乎还有点漫长。

3. 您如何评价贵公司的资金周转情况？贵公司进行负债融资的时机是否与经营的淡旺季有关？目前的负债融资水平能否满足企业现阶段和未来发展的需要？为了实现公司的战略目标，贵公司认为更理想的负债融资结构应该是怎样的？

公司目前资金周转情况还基本上过得去，当然也不是很理想。由于公司的任务及市场情况所迫，现在也在结合公司的实际情况努力想办法来改进，因为集团公司和股东都在督促我们降低"两金"，这对我们加快资金周转是有很大帮助的。公司的这次负债融资是用于购置"保温集装箱"，这与季节运输相关，但对公司的业务来讲，基本上不存在淡旺季。目前这种负债融资状况，基本上能满足公司现阶段的需求，当然就公司未来的发展来讲，还是有一定的差距。因为公司最终的发展战略是应政府有关主管部门和股东的要求逐步实现"市场化"、实现"渝新欧+"。要实现"渝新欧+"的这一战略目标，理想的负债融资结构应该是：资产负债率应该控制在 60%~70%而不能超 70%，欠铁路沿线各代理商的运费与向银行等相关金融机构的借款比例应是 6∶4 左右，同时，"两金"占资产的比例应控制在 30%以内，这样公司才基本上算是理想运行。

4. 为了提升各个方面的财务绩效，贵公司在未来可能会在负债融资方面落实哪些举措？

（1）在响应国家"一带一路"倡议和重庆市政府努力把重庆建设成为西部重要的物流枢纽的伟大号召的同时，公司要下大力气降低"两金"所占资产的比例，加大与"客户"的联络沟通，及时清收账款，根据客户的资信情况细分筛选公司的客户群体，清理并了结历史遗留的"两金"问题，为公司的高质量运行和逐步"市场化"扫清障碍。

（2）借助公司现有资源平台，加强与各金融机构的联系沟通，主动向其展示公司的闪光点，再加上政府相关职能部门的支持和推荐，尽最大努力与相关的金融机构结成战略同谋。寻求相关金融机构的最大支持，从而减轻公司的财务成本。

（3）发扬积极"走"出去战略，与国际铁路沿线各代理等相关供应商积极而有效的沟通，展现公司的"软"实力，尽最大努力赢得他们的信任和最大的支持。

（4）进一步加强公司的内部管理，扭转公司员工原有的一些固有观念，大力宣扬"增收节支"并落到实处，加强预算的执行和考核，降低公司的运行成本。

5. 请问贵公司在调节负债融资水平和优化负债融资结构上的主要挑战是什么？对此，贵公司有什么样的应对策略？贵公司认为金融机构和政府相关部门应该如何支持协作？

主要还是受目前面临的市场大环境影响：国内各平台公司要完成班列运输任务，中铁部公司又规定空箱不能出境，势必要"抢"出口货物，这就为公司在调节负债融资水平和优化负债融资结构上出了难题。对于这种情况，政府首先要有一个顶层设计，要有一个"大"的规划。

6. 请问贵公司目前享受了哪些财税优惠政策？对此，企业的负债融资情况在哪些方面有所改善？目前的相关政策能否满足企业自身发展基本需要？业内人士普遍对这些优惠举措如何评价？贵公司更希望得到的政策支持有哪些？

目前公司主要享受到了国际物流运输免征增值税、印花税及企业所得税、"西部大开发"政策的福利。这些福利，可以满足企业自身发展的需要了。

附录（四）

关于资产负债率对服务企业绩效影响研究的问卷调查

您好！我们是重庆市统计局统计科研课题组的研究人员，现针对贵公司开展调研活动。这是一份关于"资产负债率对服务企业绩效影响研究"的问卷调查，感谢您在百忙之中填写该问卷，对我们的工作给予支持和帮助。（本问卷采取不记名方式，我们将严格保密调查所涉及的相关信息，请您放心作答）

1. 企业类型

A. 批发、零售业

B. 交通运输、仓储及邮政业

C. 信息传输、软件、信息技术服务业

D. 住宿和餐饮业

E. 其他_____

2. 企业性质

A. 国有

B. 民营

C. 外资

D. 合资

3. 企业规模

A. 微型企业

B. 小型企业

C. 中型企业

D. 大型企业

4. 贵公司的资产负债率的大致范围在

A. 15%以下

B. 15%~30%

C. 30%~50%

D. 50%~80%

E. 80%以上

5. 贵公司资产负债率_____

A. 非常合理

B. 较为合理

C. 不太合理

D. 完全不合理

6. 贵公司负债融资方式主要有_____（多选）

A. 银行借款

B. 商业信用

C. 公司债券

D. 非银行金融机构借款

E. 其他企业借款

7. 贵公司的负债主要来自_____

A. 长期借款

B. 短期借款

8. 贵公司筹资常面临_____等问题（多选）

A. 筹资渠道少

B. 资金到账慢

C. 资金量不够

D. 期限不灵活

E. 利率高

9. 导致贵公司融资难的原因有_____（多选）

A. 企业自身能力欠缺

B. 金融机构审批困难

C. 相关制度管控欠妥

D. 其他_____

10. 贵公司成本较低的融资渠道主要有_____（多选）

A. 银行借款

B. 商业信用

C. 公司债券

D. 非银行金融机构借款

E. 其他企业借款

11. 贵公司最希望得到的支持是_____

A. 银行贷款审批放宽

B. 非银行金融机构密切合作

C. 政府部门政策支持

D. 行业相关制度改善

E. 其他_____

12. 贵公司的债务额度是否满足企业自身发展需要?

是/否/不了解

13. 贵公司的债务融资时机是否与业务淡旺季相关?

是/否/不了解

14. 贵公司是否面临着较大的资金成本压力?

是/否/不了解

15. 贵公司的还款压力大吗?

大/小/不了解

16. 贵公司目前已享受的政策优惠有_____(多选)

A. 政府补贴

B. 税收优惠

C. 降费奖补

D. 不动产抵押贷款

E. 担保贷款贴息

F. 其他优惠政策_____

G. 暂时没有享受过相关优惠政策或不了解

17. 贵公司所在行业现有的优惠政策_____

A. 方式多样,实施到位

B. 方式多样,优惠力度有待加强

C. 方式有限,政策方向与企业需求有差异

D. 方式有限,优惠力度有待加强

18. 贵公司最希望得到的优惠政策是_____

A. 利息优惠政策

B. 税收优惠政策

C. 财政支持政策

D. 补贴奖励政策

19. 贵公司的资本投资效率如何？（请选择您认同的数字，数值越高表示效率越高）

1　2　3　4　5
○　○　○　○　○

20. 贵公司的营利水平如何？（请选择您认同的数字，数值越高表示水平越高）

1　2　3　4　5
○　○　○　○　○

21. 贵公司的业务扩张速度如何？（请选择您认同的数字，数值越高表示速度越快）

1　2　3　4　5
○　○　○　○　○

22. 贵公司的客户满意度（请选择您认同的数字，数值越高表示越认同）

1　2　3　4　5
○　○　○　○　○

23. 贵公司的市场占有率（请选择您认同的数字，数值越高表示越认同）

1　2　3　4　5
○　○　○　○　○

24. 贵公司的员工满意度（请选择您认同的数字，数值越高表示越认同）

1　2　3　4　5
○　○　○　○　○

25. 贵公司的品牌形象（请选择您认同的数字，数值越高表示越认同）

1　2　3　4　5
○　○　○　○　○